KB107651

지도로
읽는다

한눈에 꿰뚫는
세계민족
도감

지도로
읽는다

한눈에 꿰뚫는
세계민족
도감

21세기연구회 지음

전경아 옮김

이다미디어

차례

1장 • 민족과 언어

4장 • 토착민족과 소수민족

5장 • 민족의 대립과 분쟁

6장 · 중동 · 아랍과 유대

이데올로기 시대가 가고,
민족 문제가 새롭게 부상

'이데올로기'를 대신해 '민족'이 세계 각지의 분쟁 원인

이슬람 과격파가 주로 미국을 표적으로 삼고 저지른 테러는 1990년대부터 눈에 띄게 늘었다. 또한 1993년에 미국의 정치학자 새뮤얼 헌팅턴(Samuel Huntington)이 〈포린 어페어즈〉에 '문명의 충돌(The Clash of Civilization?)'이라는 제목의 논문을 발표하기도 했는데, 1996년에 출판할 때는 '?'를 없애버리고 《문명의 충돌》이라는 제목으로 책을 출간하게 되었다.

결국 냉전이 종결된 후, 민족의식과 종교의 봉인이 해제된 구소련과 동구권에서는 막혔던 둑이 터지듯 민족 문제가 한꺼번에 불거지게 된 것이다.

유고슬라비아가 해체하는 과정에서 분쟁이 일어나자, 민족주의자

카이로의 과거에서 현재로 가는 길, 1872년, 루이스 컴포트 티파니, 브루클린 미술관

들은 노골적으로 패권 확보나 정치적 거래를 위해 민족의식을 이용해 전쟁을 부추긴 측면도 있다. 또 세계 각지에서 동서 간에 진영 싸움이 벌어지면서 국제 사회에서 애써 무시되어온 민족 문제가 새롭게 부상했다.

'이데올로기'를 대신해 '민족'이 세계 각지의 분쟁의 원인으로 작용하기 시작한 것이다. 이런 시대에 '문명의 충돌'이라는 키워드를 들고 나온 헌팅턴의 주장은 다양한 논의를 낳았다. 그리고 9·11테러 이후 헌팅턴의 주장은 부시 정부가 선포한 대테러 전쟁을 정당화했다.

이슬람과 서양의 충돌에 국한해서 보면 문명의 충돌이라는 견해가 옳다. 그러나 문명의 충돌과 관계없는 분쟁도 숱하게 발생하고 있다. 애초에 이슬람권과 기독교권이 대립한다는 전제가 타당한지도 의심스럽다. 그래서 이 책에서는 세계에서 일어나는 전쟁과 분쟁 등 여러 현상을 이해하는 실마리로 '민족'을 키워드로 삼으려고 한다.

'민족'이란 무엇인가? 그 정의는 너무 애매하고 가변적이다. 지구상의 인류를 정의하는 명확한 기준이 없기 때문이다. 예를 들어 '다민족국가 미국'이라고 하면 대개 백인, 흑인, 황색인이 사는 나라라고 규정하는 등 제일 먼저 인종의 특징을 내세운다.

민족을 구분하는 기준으로 '인종'보다 '언어'가 더 적합하다

그러면 인종이란 무엇인가? '인종'이란 신체적 특징에 따라 니그로 인종(흑인), 몽골 인종(황색인), 코카서스 인종(백인)의 세 종류로 분류하거나, 여기에 오스트레일리아 인종(몽골 인종에서 갈라져 나와서 오스트레일리아 대륙 · 환태평양 지역에 분포)을 추가하여 넷으로 분류하는 것이 일반적이다. 하지만 피부나 눈의 색깔 차이는 인류가 지구상의 각 지역에서 자연환경에 적응한 결과이므로, 이 개념이 생물학적 분류 기준으로 유효하다고 할 수는 없다.

19세기에서 20세기에 걸쳐 서양 사회에 퍼진 인종주의는 흑인이나 황색인보다 신체적으로도 문화적으로도 우수한 백인이 유색인종을 지배해야 한다는 백인 중심 사상을 근간으로 하며, 식민지 제도를 정당화하는 데 이용되었다.

대항해 시대의 식민지 정책 이전의 인종 분포(1492년)

몽골 인종(Mongoloids)
황색이나 환한 갈색 피부, 검은 머리털, 넓고 둥근 얼굴이 특징이다. 한국, 중국, 일본을 비롯한 동아시아 대륙과 인도 태평양제도와 아메리카 일부에 거주한다.

코카서스 인종(Caucasoids)
보통 백인종을 뜻하는데, 피부가 희거나 밝은 갈색에 금발이나 갈색 머리털이 특징이다. 유럽 전체와 아메리카, 서남아시아에 주로 거주한다.

아시아

유럽

북아메리카

북대서양

아프리카

인도양

오세아니아

남태평양

남아메리카

남대서양

니그로 인종(Negroids)
스페인어와 포르투갈어로 검은색을 뜻하며, 검은 피부와 좁은 얼굴, 곱슬머리가 특징이다. 주로 중남부 아프리카와 아메리카 일부에 거주한다.

오스트레일리아 인종(Australoids)
중키에 곱슬머리와 어두운 피부가 특징이며, 3대 인종에는 속하지 않는다. 오스트레일리아에서 발생했으며, 몽골 인종에서 분화된 인종이다.

요컨대 인종이란 굳이 '사회적 인종'을 따로 떼어서 생각하지 않아도 생물학적인 특징과 문화적 특징에 따라 인류를 나누는 개념이었던 것이다. 이런 배경이 있는 탓인지 인종주의(racism)나 인종 차별 등 인종이라는 말에는 대개 부정적인 뜻이 내포되어 있게 마련이다.

2006년에 열린 독일월드컵에서는 'Say no to racism(인종 차별 반대)'이라는 슬로건이 사람들의 시선을 끌었다. 독일에는 인종 차별의 역사가 짙은 상흔으로 남아 있고, 현재도 터키계 이민자가 많아서 심각한 사회적 갈등을 일으키고 있다. 그런데 독일이 월드컵에서 연승 행진을 이어가자 터키계 이민자와 독일인이 하나가 되어 기뻐하는 훈훈한 모습이 연출되기도 했다.

어쨌든 생물학적으로 별반 의미가 없는 '인종'이라는 개념은 '민족이란 무엇인가'라는 질문에 명확한 해답을 주지 않는다. 오스트레일리아의 토착민족인 애버리진(Aborigine) 중에는 다른 민족과 피가 섞여서, 겉모습만 봐서는 백인과 구분되지 않는 사람이 있다. 멕시코의 백인 가정에서도 토착민에 가까운 용모의 아이가 종종 있는데, 이것은 오랜 세월에 걸쳐 혼혈이 진행된 결과이다. 신체적 특징은 민족을 구분하는 하나의 기준이 될지는 몰라도, 인종과 민족은 전혀 다른 개념이다.

민족을 구분하는 기준으로 인종보다 훨씬 적합한 것이 '언어'이다. 언어는 문화의 한 요소로, 이것을 집단이나 개인의 정체성과 연결해서 생각하는 사람이 매우 많다. 단, 개별적인 언어나 언어를 계통별로 분류한 '~어족'은 어디까지나 언어학상의 구분이며, 언어와 민족이 겹치는 것은 아니다.

　예를 들어, 이디시어(Yiddish, 유대인들이 쓰는 서게르만어군 언어로 히브리문자를 오른쪽에서 왼쪽으로 쓴다)를 쓰든, 러시아어나 영어를 쓰든 유대인은 유대인이다. 중앙아메리카 지역의 토착민 마야는 마야계 언어를 쓰는 사람의 총칭이지만, 언어 집단 하나하나를 각기 하나의 민족으로 보기보다는 전체로 뭉뚱그려서 마야 민족으로 여긴다. 이 경우, 정확히 말하면 언어 집단 하나하나는 민족을 구성하는 하위 집단 에스닉 그룹(ethnic group)으로 파악된다. 민족 집단에 대해서는 뒤에서 다시 설명하겠다.

아메리카 대륙에 살고 있는 원주민들. 현재 약 6,050만 명이 영어, 스페인어, 포르투갈어, 프랑스어, 네덜란드어 등을 사용하며, 다양한 종교와 문화를 가지고 생활하고 있다.

대부분이 민족이란 무엇인가를 제대로 이해하지 못하고 있다

언어 외에 종교도 민족의 정체성을 규정하는 한 요소가 될 수 있다. 예를 들어 중국의 후이족이나 필리핀의 모로족은 무슬림(이슬람교를 믿는 사람)이냐 아니냐가 주변인과 자신들을 나누는 기준이 된다. 물론 이런 기준이 모든 종교와 민족에 해당하는 것은 아니다.

신체적 특징, 언어, 종교, 거기에 전통문화나 관습 등은 비교적 객관성이 있는 기준이지만, 민족을 고려할 때에는 '우리'라는 주관적인 기준도 중요하다. 또 국민국가를 형성하는 민족(nation)과, 한정된 풍토와 환경 속에서 같은 집단에 속해 있다는 감각이 자연스럽게 밴 집단(ethnos, 문화를 공유하는 집단)을 구분해서 생각해야 할 때도 있다.

어느 나라 사람이든 민족이란 무엇인가를 깊이 생각하지 않거나, 또는 제대로 이해하지 못하고 있는 실정이다. 심지어 아프리카 부족 또한 '우리'와 '그들'의 차이는 알지만, 민족이라는 개념은 이해하지 못한 채 살아왔다. 그런데도 그들은 식민지 시대의 부정적인 유산을 짊어지고 '민족 분쟁'의 당사자가 되고 있다. 민족이라는 이 개념은 아시아에서도 식민지 정부의 민족 분열 등 통치 정책에 이용되었고, 일부에서는 도를 넘어선 형태로 식민지 지배에 이용되었다.

과거에는 느슨하게 연결되어 공존하던 사회가 영문도 알지 못한 채 특정한 민족과 집단에 귀속되도록 강요받고 분열된 예는 수없이 많다. 또 강요된 민족의식이 단결의 요인으로 작용하기도 하지만 분열의 씨앗이 되는 사례도 적지 않다. 민족의 자부심과 편협한 민족주의의 혼동은 정도의 차이는 있지만 세계 각국 어디에서나 볼 수 있는 현상이다. 어쨌든 민족 문제는 그 정의부터 쉽지 않은 문제라고 할 수 있다.

이 책은 2000년에 초판본이 발행되었지만 그동안 세계 정세가 엄청나게 바뀌었다. 테러가 횡행하고 그 보복으로 대테러 전쟁이 정당화된 지금, 역사적·정치적·문화적 요인이 복잡하게 얽혀서 파생된 민족 문제가 자칫 '정의와 악'의 이원론으로 악용되는 상황은 심히 걱정스럽다.

이 책은 초판본을 바탕으로 전체 구성을 바꾸고 새로운 정보를 보강했다. 이 책을 통해 '민족'을 키워드로 세계의 정세와 문제를 제대로 이해하는 데 도움이 되기를 바란다.

21세기연구회

세계의 국가

아이슬란드

노르웨이
스웨덴
핀란드

러 시 아

A 뒤에 상세 지도

영국
아일랜드

우크라이나

카자흐스탄
우즈베키스탄
키르기스스탄

프랑스
스페인

C

포르투갈

터키

투르크
메니스탄

타지키스탄

그리스

B

이라크 이란

아프가니스탄

튀니지

모로코

알제리

리비아

이집트

쿠웨이트

파키스탄

바레인
카타르

사우디아라비아

오만

아랍에미리트

모리타니 말리

니제르

차드

수단

에리트레아

예멘

지부티

세네갈

부르키나파소

나이지리아

에티오피아

소말리아

스리랑카

감비아
기니비사우
시에라리온
라이베리아
코트디부아르

기니

가나

토고

베냉

적도기니

가봉 콩고
共

상투메
프린시페

앙골라

중앙아프리카共

카메룬

콩고 우간다
민주共
르완다
부룬디 탄자니아

케냐

나미비아

잠비아

말라위

모잠비크

대서양

보츠와나

마다가스카르

인도양

짐바브웨
스와질랜드
남아프리카共
레소토

★共 = 공화국의 줄임말

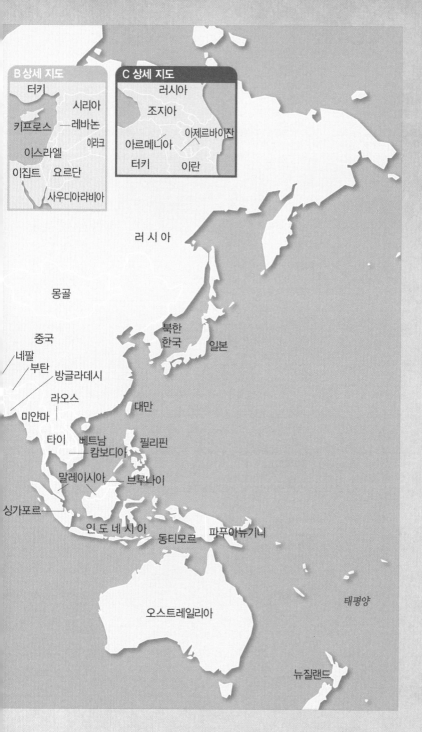

B 상세 지도

터키
시리아
키프로스 ─ 레바논
이라크
이스라엘
이집트 요르단
사우디아라비아

C 상세 지도

러시아
조지아
아제르바이잔
아르메니아
터키 이란

러 시 아

몽골

중국
네팔
부탄 방글라데시
라오스
미얀마
타이 베트남 필리핀
캄보디아
말레이시아 브루나이
싱가포르
인 도 네 시 아
동티모르 파푸아뉴기니

북한
한국 일본

대만

태평양

오스트레일리아

뉴질랜드

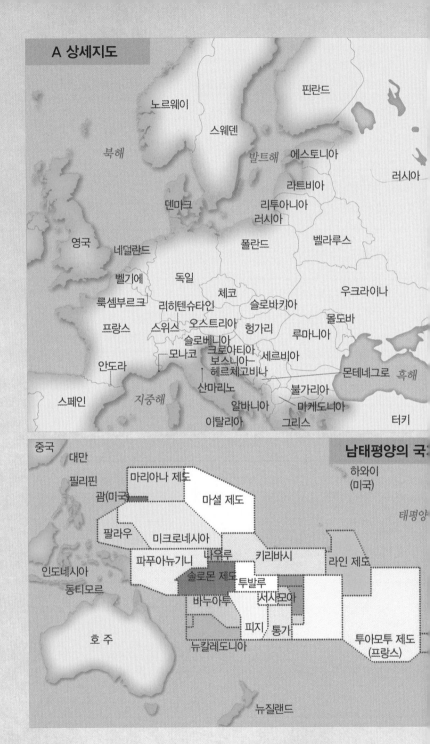

A 상세지도

노르웨이
핀란드
스웨덴
북해
발트해
에스토니아
러시아
라트비아
덴마크
리투아니아
러시아
영국
네덜란드
폴란드
벨라루스
벨기에
독일
룩셈부르크
리히텐슈타인
체코
슬로바키아
우크라이나
프랑스
스위스
오스트리아
헝가리
몰도바
슬로베니아
루마니아
안도라
모나코
크로아티아
보스니아-
헤르체고비나
세르비아
몬테네그로
흑해
산마리노
불가리아
스페인
지중해
알바니아
마케도니아
이탈리아
그리스
터키

남태평양의 국가

중국
대만
필리핀
마리아나 제도
하와이
(미국)
괌(미국)
마셜 제도
태평양
팔라우
미크로네시아
파푸아뉴기니
나우루
키리바시
라인 제도
인도네시아
솔로몬 제도
투발루
동티모르
바누아투
서사모아
호 주
피지
통가
투아모투 제도
(프랑스)
뉴칼레도니아
뉴질랜드

아메리카 대륙의 국가

그린란드
(덴마크령)

미국
(알래스카)

캐나다

미국

대서양

하와이
(미국)

멕시코

태평양

콜롬비아

기아나
(프랑스)

에콰도르

페루

수리남

브라질

볼리비아

파라과이
우루과이

칠레

아르헨티나

포클랜드
(영국)

미국(플로리다주)

바하마

쿠바

도미니카共

푸에르토리코섬(미국)

멕시코

자메이카

아이티

벨리즈

세인트키츠 네비스

앤티가바부다
과들루프섬(프랑스)

온두라스

도미니카 연방
세인트루시아

마르티니크섬(프랑스)

카리브해

세인트빈센트 그레나딘
그레나다

바베이도스

과라

니카라과

트리니다드 토바고

바도르

파나마

스타리카

콜롬비아

베네수엘라

가이아나

1장

/

민족과 언어

남아라비아 문장이 새겨진 꽃병, BC 3세기경, 루브르 박물관

민족이나 부족은 인종 · 언어 · 문화의 전통을 공유함으로써 역
사적으로 형성된 동족의식이 있는 사람들의 집단이다.

세계의 언어

세계의 언어를 어족으로 분류하는 연구는 지금도 진행 중이다. 그래서 아직 많은 부분이 확실하게 밝혀지지 않은 상태이다. 자세한 분류는 전문 서적을 참고하기 바라며, 여기에서는 대표적인 어족을 지도에 표시했다. 참고로, 전 세계에서 가장 널리 분포된 언어는 영어를 비롯한 인도·유럽어족이며, 사용자는 세계 인구의 절반에 이른다.

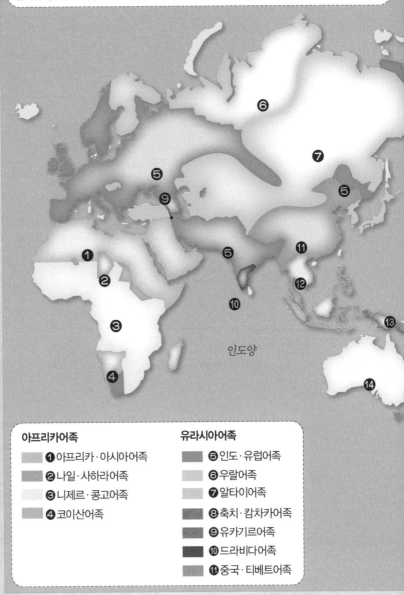

인도양

아프리카어족

■ ❶아프리카·아시아어족
■ ❷나일·사하라어족
■ ❸니제르·콩고어족
■ ❹코이산어족

유라시아어족

■ ❺인도·유럽어족
■ ❻우랄어족
■ ❼알타이어족
■ ❽축치·캄차카어족
■ ❾유카기르어족
■ ❿드라비다어족
■ ⓫중국·티베트어족

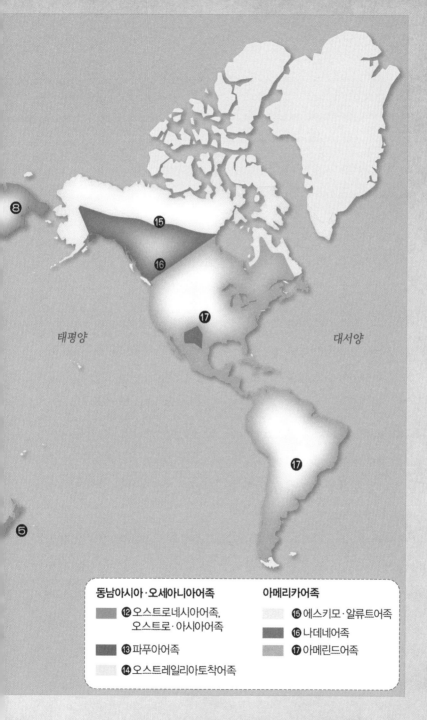

태평양

대서양

동남아시아·오세아니아어족

■ ⑫오스트로네시아어족,
　오스트로·아시아어족

■ ⑬파푸아어족

⬜ ⑭오스트레일리아토착어족

아메리카어족

⬜ ⑮에스키모·알류트어족

■ ⑯나데네어족

■ ⑰아메린드어족

언어가 다른 민족이면
야만인이다?

먼 옛날, 중국의 중원에 자리 잡은 한족은 옛날부터 자신들의 문화권을 세계의 중심으로 생각해 중화라고 칭하고 주변 민족을 동이(東夷), 서융(西戎), 남만(南蠻), 북적(北狄)으로 불렀다. 여기에서 이(夷)와 융(戎), 만(蠻), 적(狄)은 '미개한 야만인'이라는 뜻으로, 다른 민족을 낮춰 부르는 말이었다. 중화인민공화국이라는 국명에서도 알 수 있듯이, 중화사상은 한족 문화의 핵심이며 지금까지도 한족 민족주의의 바탕이 된다.

민족에 대한 자각은 '내부인'과 '외부인'을 구분하는 것에서 출발한다. 중화사상은 극단적인 예이고, 어느 민족이나 에스노센트리즘(ethnocentrism, 자민족중심주의)을 갖고 있다. 동서고금을 막론하고 자신들을 '인간', '진정한 사람'이라고 칭하고, 말이 통하지 않는 외부인을 '야만인'이나 '말이 통하지 않는 미개인'으로 부른 민족은 헤아릴 수 없이 많다.

예를 들어, 고대 그리스인은 다른 언어를 쓰는 민족을 '바르바로이 (barbaroi, 야만인)'나 '바버리즘(barbarism, 야만적인 행동)'이라고 불렀다.

문화의 우열이 분명하지 않은 집단끼리 서로 낮춰 부르는 일도 흔하다. 그래서 한 민족이 스스로를 부르는 이름과, 다른 민족이 그 민족을 부르는 이름이 다른 경우를 심심치 않게 볼 수 있다. 예를 들어, 아메리카 인디언 수족의 명칭에서 수(Sioux)는 '독사들' 혹은 '적들'을 의미하는 나두수(Nadouessioux)의 줄임말로, 다른 민족이 붙인 이름이다. 수족이 자신들을 지칭하는 말은 '동포'를 의미하는 다코타(Dakota)이다. 우리에게 잘 알려진 아파치라는 이름도 다른 민족이 붙인 이름으로 '적'을 뜻한다.

지금까지 '민족'과 '부족'이라는 말을 구별하지 않고 사용

지금까지 '민족'과 '부족'이라는 말을 구별하지 않고 썼지만, '부족'이라는 말 또한 민족과 마찬가지로 정의가 확실하지 않다. 사전적 의미로 '부족(tribe)'은 '인종·언어·문화의 전통을 공유함으로써 역사적으로 형성된 동족의식이 있는 사람들의 집단'으로 설명된다. 원래 영어의 'tribe'는 식민지 시대에 제국주의 열강이 식민지의 토착민을 낮춰 부르던 말이었다.

이런 차별적인 개념을 반성하는 의미에서 최근에는 '부족'이나 '~족'이라는 표현을 피하기도 한다. 그러면 북아프리카의 베르베르족을 베르베르인으로 바꿔 불러도 될까? 그것은 좀 곤란하다. 부족에는 비하의 의미도 있지만 국민국가를 세우려는 의식이 없는 집단이나 민족을 구성하는 하위 집단의 의미도 있기 때문이다(예를 들어, 베르베르 민족의 한 집단인 투아레그를 투아레그족으로 부르는 것처럼).

이런 하위 집단을 국민국가 네이션(Nation)과 구별하여 에스닉 그룹(Ethnic group)이라고 한다. 에스닉 그룹은 '우리'라는 의식을 공유하는 집단으로, 트라이브와 같은 특별한 개념을 포함하므로 이것이 트라이브라는 표현을 대신해왔다. 이 책에서도 '족'이라는 표현을 되도록 피하고 에스닉 그룹의 역어인 '민족 집단'을 쓰려고 한다. 단, 중국은 예외로 하겠다. 중국에서는 주요 민족이 스스로를 '한족'이라고 생각하고, 근방에 사는 소수민족도 저마다 '족'을 붙여서 정식 명칭으로 사용하기 때문이다.

앞에서 예를 든 베르베르는 북아프리카에서 가장 오래된 토착민족으로 현재 모로코와 알제리의 사하라 지방, 말리, 니제르 등 광대한 지역에 산다. 투아레그어와 카빌어, 샤위아어 등 베르베르어파에 속하는 사람들의 총칭인 '베르베르'는 그리스인이 쓰던 '바르바로이'의 라틴어인 바르바루스에서 유래했다. 다시 말해, 다른 민족이 붙인 이름이다.

각 지역에 사는 베르베르인은 원래 통합할 생각이 없었다. 그러나 20세기 후반부터 모로코, 알제리 등 마그레브 지역 전체에 강압적인 아랍화 정책이 펼쳐지자 일부에서 민족의식이 높아졌다. 베르베르인은 8세기 이후 이슬람교를 받아들였으나 독자적인 언어와 문화를 고

모로코의 베르베르인. ⓒ Christopher Michel, W—C

유럽축구연맹이 세계 최고의 축구 선수로 선정한 지네딘 지단도 베르베르인.

수해왔다. 그런데 20세기에 들어와서 아라비아어가 급속도로 퍼지자 위기감을 느끼고 정체성을 강화하기 시작했다. 베르베르인은 베르베르라는 이름을 싫어하여 스스로 '자유인, 고귀한 사람'을 의미하는 '이마지겐'으로 부른다. 여담이지만 유명한 베르베르인으로 축구 선수 출신의 감독 지네딘 지단(Zinedine Yazid Zidane)이 있다. 프랑스 국적의 지단이 알제리 이민자 2세인 것은 잘 알려진 사실이다. 지단의 양친은 알제리 북부 산악 지대를 중심으로 거주하는 카빌이라는 베르베르 민족 집단 출신이다.

인도 · 유럽어족 가설과
아리아 신화가 결합

인도 · 유럽어족은 세계에서 가장 광범위하게 퍼져 있고 인구도 많다. 인도와 유럽, 공간과 문화가 격리된 두 지역의 언어가 한 언어 그룹에 속한다는 것을 인식하게 된 것은 18세기 후기에 인도에 머물던 영국의 법학자 윌리엄 존스(William Jones) 덕분이었다. 어학에 재능이 뛰어나 그리스어와 라틴어에 정통했던 존스는 오래전부터 전해 내려오던 산스크리트어(Sanskrit, 인도 · 아리아어 계통으로 고대 인도의 표준 문장어)가 어휘와 구조 면에서 그리스어와 라틴어와 매우 유사할 뿐만 아니라, 그리스어 문법보다 복잡하고 정밀하다는 사실을 캘커타(현 콜카타) 학회에서 발표했다. 존스가 산스크리트어를 접한 지 2년도 되지 않은 1786년의 일이었다. 당시 그는 세 개의 언어가 이제는 존재하지 않은 하나의 조어(造語)에서 파생되었다는 것, 그리고 고트어와 켈트어, 고대 페르시아어마저도 같은 계통일 것이라고 확신했다.

카르낙 신전의 히에로글리프, 2007년, © Jon Bodsworth, 이집트 국립도서관

　존스의 발견을 계기로 19세기, 유럽에서는 비교언어학이 발전한다. 독일에서는 동화 작가로 유명한 그림 형제의 형 야코프 그림(Jakob Grimm)이 이 언어 그룹의 한 분류인 게르만어계에 속하는 언어의 변화에 관한 논문을 발표했다.

　그리고 영국의 의사 토머스 영(Thomas Young)은 풍부한 자료의 혜택을 받은 이 언어 그룹에 '인도 · 유럽어족'이라는 이름을 붙였다. 참고로 토머스 영은 프랑스의 샹폴리옹(Jean-François Champollion, 프랑스의 이집트학 연구가로 이집트 상형문자 해독에 커다란 공을 세움)에 앞서 로제타석에 새겨진 히에로글리프(hieroglyph, 고대 이집트의 돌이나 나무에 새긴 상형문자로, 고대 그리스어 '히에로글리피카 그람마타(Hieroglyphica grammata 신성하게 새긴 말)'의 줄임말)를 일부 해독하는 데 성공한 인물이었다.

인도 · 유럽어족에 속한 언어로는 인도 · 이란어파(힌디어, 페르시아어 등), 켈트어파(아일랜드어 등), 게르만어파(영어, 독일어, 노르웨이어 등), 슬라브어파(러시아어, 폴란드어, 불가리아어 등), 발트어파(리투아니아어, 라트비아어 등)와 그리스어, 알바니아어, 아르메니아어가 있다. 그 외에도 기원전 2000년경에 번성했던 히타이트제국의 언어를 비롯해 사라진 인도 · 유럽어족의 언어는 헤아릴 수 없이 많다.

그러면 이토록 다양하게 분류되기 전의 인도 · 유럽조어를 대체 어디에서, 어떤 사람들이 썼던 것일까? 결론부터 말하자면 이 의문은 아직 풀리지 않았다. 과거에 독일의 언어학자는 중부 유럽이 인도 · 유럽조어의 발생지라고 주장하기도 했다. 현재 인도 · 유럽조어에 관해서는 남러시아 · 중앙아시아에서 유래했다는 설, 소아시아(터키)에서 유래했다는 설 등 의견이 분분하지만 확실하게 밝혀진 것은 없다.

어느 지방에서 발생했는지 모르므로 당연히 인도 · 유럽조어가 어떻게 확산되고, 각각의 지역에서 어떻게 고유의 언어를 성립시켰는지도 추측의 영역을 넘어서지 못하고 있다. 단, 인도 · 이란어파로 대표되는 동방의 언어 그룹과, 유럽에 전해진 언어 그룹이 상당히 이른 시기에 갈라진 것은 사실이다.

최초 발생지 문제와 더불어, 인도 · 유럽조어를 모어로 한 민족에 대해서도 19세기부터 관심이 모아졌다. 1859년, 힌두교의 성전《리그베다》(기원전 1000년경에 만들어진 인도의 가장 오래된 문헌으로, 브라만교 및 힌두교의 근본 성전이다)의 번역에 참여했던 독일의 동양학자 막스

밀러(Max Muller)는 인도·유럽조어를 쓰는 아리아인이 동쪽으로는 인도, 서쪽으로는 유럽까지 광범위하게 분포했다는 가설을 세웠다. '아리아'는 산스크리트어로 '고귀한'을 의미하는 형용사인데, 인도·이란어파 언어를 쓰는 집단이 스스로 '아리아'라고 칭한 것을 근거로 '아리아'를 인도·유럽조어를 쓰던 사람들이라고 해석한 것이다. 아리아인이 유럽인, 페르시아인, 신분이 높은 인도인의 공통된 선조라는 설이 퍼지면서 인도·유럽어족이라는 언어학상의 개념이 편견으로 가득한 인종의 개념으로 바뀌었다.

당시 인도를 지배하던 영국은 밀러의 가설을 내심 환영했다. 반면, 아리아인이라는 백색 인종이 인도 토착민을 정복하고 그들을 지배하기 위해 계층을 넷으로 나눈 것이 힌두교의 시초라는 설은 힌두교도를 혼란에 빠트렸다. 북인도에 많이 거주하는 상류 계급의 외모가 남인도에 많이 사는 하층민들과 다른 것은 상류 계급이 아리아계이기 때문이라는 가설도 인도 사회를 분열시켰다.

한편, 밀러가 등장하기 직전에 프랑스의 동양학자 아서 드 고비노(Arthur de Gobineau) 백작은 《인종불평등론》(1853~1855)에서 백인의 우월성을 강조하는 데 아리아를 인용했다. 그는 역사상의 위대한 사건은 모두 아리아인이 이룩했다는 억지스러운 주장을 펼쳤다. '아리아인 신화'는 결국 나치의 세계관으로 계승된다.

고비노의 주장을 발전시킨 사람은 작곡가 바그너(Wilhelm Wagner)의 사위로 영국 출신의 휴스턴 스튜어트 체임벌린(Houston Stewart Chamberlain)이다. 체임벌린은 그의 저서 《19세기의 기초》에서 아리아인의 피를 순수하게 이어받은 게르만 민족을 지지하고, 셈족(Semites, 성경의 창세기에 나오는 인물로, 노아의 장남 '셈(Shem)'에서 만들어졌다)의 피에 오염되어서는 안 된다고 주장했다. 셈은 히브리어, 아라비아어를 포함한 어족의 명칭이다. 여기에서도 언어학과 인종을 혼동하는 일이 발생한다. 나치는 이런 주장을 근거로 삼아서 유대인과 로마인(집시), 슬라브인 등을 대학살하는 만행을 저질렀다.

앞에서 나온 존스의 연구 결과는 단순히 어학의 연구 결과였으나 후대에 언어와 인종을 결합한 비과학적이고 자의적인 해석이 정치에 악용되었다. 전후 '아리아 학설', '아리아인 신화'는 일종의 금기로 치부되었지만, 지금도 여전히 그것을 신봉하는 소수의 어리석은 자들이 있다.

한편, 인도 · 유럽어족의 연구로 배양된 비교언어학은 오늘날의 세계 언어를 아프리카 · 아시아어족(구칭 셈-햄어족), 우랄어족, 드라비다어족 등 20개의 그룹으로 분류한다.

03

소수민족의 언어가
점점 사라지고 있다

　수많은 민족이 함께 사는 나라에서 '공용어'는 관공서에서 사용하기로 정한 언어를 가리키며 '국어'와 같은 상징적인 의미는 없다. 다언어 국가의 정부에서 모든 언어를 사용하도록 하면 실무에 지장이 있기 때문에 특정한 언어를 정하여 사용하는 것이다. 예를 들어, 스위스는 독일어, 프랑스어, 이탈리아어 등 세 가지 공용어를 쓰는데, '스위스의 국어는 네 개'라고 알아챈 분이 있는가? 그렇다면 정답이다. 스위스에서는 소수 언어인 레토로망스어(Rhaeto-Romance language, 인도·유럽어족 중 라틴어에서 갈려나온 로망스어군에 속하는 언어로 '로망슈어'라고 부르기도 한다)를 네 번째 국어(정확히 말하면 국가어로 다수의 언어를 인정한다는 점에서 국어와 구별된다. 여기에서는 '국어'를 '국가어'와 같은 뜻으로 사용)로 정하고 소수 언어의 보호에 힘쓰고 있다.

　어쨌든 국어를 정하지 않은 나라가 압도적으로 많거니와, 국어가

자치권의 확대를 꾀하는 스페인의 주

스페인
북쪽으로는 안도라공국과 프랑스, 서쪽으로는 포르투갈과 마주하고 있는 스페인은 유럽과 아프리카 길목에 자리 잡은 이베리아반도에 있다. 한반도의 두 배 넓이로, 라틴족이 대부분이다. 하지만 원주민인 이베리아인, 로마인, 게르만인, 아랍인 등 혼혈 민족으로 나라가 구성되어 있으며, 90% 이상이 가톨릭을 믿는다.

카탈루냐
프랑스와 피레네산맥을 경계로 지중해를 끼고 스페인 북동부에 위치하고 있다. 자신들만의 언어와 전통을 가지고 있어서 계속 스페인으로부터의 독립을 요구했고, 훌륭한 교육문화도시로 성장했다. 그러나 스페인 내전 후 프랑코 정권이 들어서면서 자치권이 없어졌고, 카탈루냐어의 사용도 금지되었다.

대서양

갈리시아

아스투리아스

칸타브리아

바스크

프랑스

나바라

라 리오하

카스티야 이 레온

아라곤

카탈루냐

마드리드

포르투갈

에스트레마두라

카스티야-라 만차

발렌시아

발레아레스 제도

무르시아

안달루시아

카나리아 제도
1496년에 스페인에 정복당한 카나리아 제도는 북아프리카 서쪽 대서양에 있는 스페인령 군도를 말하며, 7개의 섬(그란 카나리아, 란사로테, 푸에르테벤투라, 테네리페, 라팔마, 라고메라, 이에로)으로 이루어져 있다. 서아프리카로 쉽게 진출할 수 있는 요충지이며 관광 서비스업이 주 수입원이다.

카나리아 제도
(스페인령)

모로코

모리타니

대서양

서사하라

※ 카탈루냐 지방을 제외한 다른 주들은 자치권 강화 방안이 발표된 주를 강조하여 주 이름을 표기했다. 카나리아 제도에서도 독립론이 일고 있다.

있어도 스위스처럼 공용어와 겹치지 않는 나라가 많다. 특히 인도와 아프리카처럼 한 나라에 여러 민족이 살고 식민지 생활을 오래 하여 예전 종주국의 언어가 정착된 나라에서는 언어 상황이 매우 복잡하다. 인도의 경우, 연방공용어인 힌디어, 준공용어인 영어 외에 아삼어, 벵골어, 타밀어, 텔루구어 등 총 17개의 헌법공인어가 있는데, 대부분이 지방공용어로 통용된다. 물론 그 외의 소수 언어도 헤아릴 수 없이 많아서 국민 모두가 이해하는 공용어가 따로 존재하지 않는다.

아프리카에서는 대부분 구종주국의 언어를 공용어로 쓴다

아프리카에서는 대부분 구종주국의 언어를 공용어로 쓴다. 아라비아어를 공용어로 하는 북부의 아랍권과, 프랑스나 영어를 공용어로 하는 사하라 이남 블랙 아프리카가 대표적이다. 민족의 언어를 공용어로 쓰는 나라는 에티오피아 등 몇 나라뿐이고, 대부분은 프랑스어나 영어를 민족어와 병행하여 복수 공용어를 채택하거나, 공용어는 별도로 하고 민족어를 국어로 쓰는 나라가 많다. 전자의 예로는 아프리칸스어, 영어, 줄루어 등 11개 언어를 공용어로 쓰는 남아프리카공화국이 있다. 후자의 예로는 프랑스어를 공용어로 쓰고 8개의 민족어를 국어로 정한 기니공화국과, 프랑스어를 공용어로 정하고 네 가지 민족어를 국어로 쓰는 말리공화국을 들 수 있다.

인도와 마찬가지로, 이들 나라에서도 영어와 프랑스어는 엘리트만 사용했는데, 각 민족 사이에서는 영어와 프랑스어가 중립적으로 작용하여 일종의 공용어 역할을 했다. 그래서 과거에 자신들을 지배했던 자들의 언어를 공용어로 삼는 것에 크게 반발하지 않았다.

한편, 독립국가공동체(CIS)와 발트 삼국, 즉 구소련을 구성한 나라들은 스탈린이 집권한 이후 러시아어와 키릴문자를 억지로 써야 했는데, 독립 후에 아제르바이잔은 아제르바이잔어, 타지키스탄은 타지크어를 공용어로 삼았다. 공용어를 정할 때 일부러 러시아어를 제외한 것을 보면 '국어'에는 민족주의의 성격이 짙게 배어 있다고 볼 수 있다.

조금은 지난 이야기지만, 구소련이 성립되었을 당시에는 민족자결주의에 따라 150개가 넘는 민족에게 민족 고유의 언어를 교육받을 수 있는 권리를 보장했다. 하지만 얼마 안 있어 소련을 통합하기 위해 러시아어를 쓰는 쪽으로 방향을 선회했다. 이는 러시아어와 모어를 둘 다 쓰라고 강요한 것이나 다름없었다. 또 처음에는 키릴문자를 제정러시아 시대에 민족을 억압한 장치로 치부하고 라틴문자를 사용하자는 식자 교육을 장려했다. 그러다가 십수 년 후에 키릴문자를 부활시켰을 뿐만 아니라, 그것도 모자라서 고유의 문자가 있는 모든 민족에게도 키릴문자를 쓰라고 강요했다. 다민족국가였던 소련은 민족 정책의 핵심인 언어 정책에서 길을 잃었다.

소수민족의 언어는 점점 사라지고 있다. 소수민족의 문화가 국가에 인정받아 적극적으로 보호받지 않는 이상 당연한 일이다. 이 당연한 흐름에 저항하여 모어를 보호하려는 사람들과, 별다른 저항 없이 다수파의 언어 환경에 흡수되는 사람들이 있다. 비율은 후자가 높다.

모어를 쓰면 사람들의 놀림감이 되기도 하지만, 모어만 쓰면 불이익을 당하기 때문이다. 소련도 겉으로는 소수민족의 권리를 옹호했으나 결국에는 러시아어를 쓰지 않으면 인간 취급을 하지 않았다. 그러나 아이러니하게도 러시아어 중심으로 국가 통합을 강행한 스탈린(Iosif Vissarionovich Stalin)은 조지아 출신이었다.

사라진 언어, 사라지고 있는 언어를 보면 문자가 없는 언어가 압도적으로 많다. 결국 문자가 없는 언어에 표기법을 도입하면 언어의 쇠퇴를 어느 정도 막을 수는 있다는 것이다. 이런 의미에서 소련이 초기에 문자가 없는 시베리아의 소수민족에게 문자를 도입한 것은 긍정적으로 평가할 만한 일이다.

소련은 몽골어족이나 튀르크어족(터키어계)처럼 러시아어와 계통이 다른 고유한 문자를 가진 민족에게도 키릴문자를 배우도록 강요해 혼란을 야기했다. 하지만 이 또한 '정책'의 하나였다. 예를 들어, 몽골공화국의 몽골어와 중국 내몽고의 몽골어의 맥을 끊어놓으려고 표기법을 강제로 바꾼 적도 있다.

언어를 쓰는 사람들이 모어를 어떻게 인식하느냐가 중요하다

민족어, 소수 언어의 운명은 국가의 언어 정책에 크게 좌우된다. 하지만 그보다 언어를 쓰는 사람들이 모어를 어떻게 인식하느냐가 더 중요하다. 소수민족의 언어 부흥 운동이 행정을 바꾼 예도 적지 않다.

마오리족의 전통춤 하카(상대를 제압하려는 전투 춤)를 공연하는 사람들, 2012년, © James N. Mattis, W-C

　뉴질랜드의 토착민 마오리는 1960년경까지 동화 정책을 강요받았으나 꾸준히 마오리어 부활 운동을 펼치다. 1982년에 마오리어 수복을 위해 유년언어학교인 '코항가 레오(Kohanga reo)'를 열었다. 그리고 마오리어로 교육을 하는 초등학교와 고등교육기관도 창설했다. 백인에게 토지를 빼앗기고 억압을 받았던 마오리와 정부 사이에는 지금까지도 해결되지 않은 문제가 많다. 하지만 언어로 상징되는 전통문화의 부흥만은 진전을 보이고 있으며, 정부 측에서도 마오리의 전통문화를 관광자원으로 보호하고 적극적으로 선전하고 있다. 한편 마오리어는 1987년에 영어와 함께 공용어로 채택되었다.

　영국의 웨일스는 스코틀랜드, 아일랜드와 마찬가지로 게르만계의 앵글로색슨인보다 먼저 살았던 켈트계 민족의 전통이 짙게 남아 있는 지역이다. 그래서 끊임없이 잉글랜드에 대항하면서 웨일스어 중심의 전통문화를 강조한다. 20세기 중반부터 웨일스어 진흥 운동을 끈질기게 펼친 결과, 1967년부터 영어와 웨일스어가 동등한 대우를 받게 되었고, 1988년에는 웨일스 학교에서 웨일스어가 필수 과목이 되었다.

스페인은 원래 지방마다 독립적인 성향이 강한데 그중에서도 카탈루냐인은 자신들의 정체성과 카탈루냐어에 대한 애착이 남달리 강하다. 카탈루냐어가 스페인어(카스티야어)와 사촌 관계이기는 하지만, 중세 카탈루냐 지방에서는 카탈루냐 고유의 문화가 번성했다. 한때 카스티야의 지배를 받아 카탈루냐어의 사용이 금지된 적도 있었으나, 카스티야에 대한 저항의식도 있어서 자신들만의 고유한 언어를 잃지 않았다.

19세기에 언어 부흥 운동을 거쳐 1932년의 자치권 획득과 함께 카탈루냐어도 복권되었으나, 스페인 내전 후 프랑코(Francisco Franco, 스페인의 총통, 국가원수 겸 수상) 독재정권이 민족주의를 탄압하면서 다시 지방어의 공적인 사용이 금지되었다. 1975년에 프랑코 총통이 죽고 카탈루냐 자치 정부가 발족하자 카탈루냐어는 카스티야어와 나란히 자치주의 공용어가 되었다. 그 후, 언어 정책이 카탈루냐어 중심으로 기울어지면서 스페인에 있는 초등학교에서 스페인어 교육을 받지 못하는 초유의 사태가 벌어졌다.

카탈루냐어로 상징되는 카탈루냐 민족주의는 결과적으로 카탈루냐

히브리어를 부활시킨 벤 예후다.

의 자치권을 확대하는 결과를 낳았는데, 자치권 확대를 요구하는 주가 많은 스페인에서는 이것이 자칫 지역주의로 흐르지 않을까 우려하고 있다.

이상으로 마오리, 웨일스, 카탈루냐의 언어 부흥 사례를 살펴보았다. 또 하나, 특수한 예로 히브리어의 '부활'을 소개하겠다. 이스라엘의 유대인이 쓰는 현대 히브리어는 '사어'였던 고대 히브리어가 어느 날 갑자기 부활한 것이 아니다. 히브리어는 실제로는 학자와 성직자를 통해 면면히 계승되었고 통신용 언어로 사용되었으나 음성언어로는 2,000년 가까이 잊힌 언어였다. 그러다 1881년에 리투아니아에서 팔레스타인으로 이주해서 살았던 벤 예후다(Eliezer Ben-Yehuda)라는 인물이 거의 혼자 힘으로 부활시켜서 보급에 힘썼다. 이스라엘이 세워진 후, 히브리어는 세계 각지에서 이주해 온 유대인의 공용어가 되어 유대인의 정체성을 강력하게 뒷받침하고 있다.

소수민족 언어의 90퍼센트가 100년 안에 사라질 것이다

언어의 소멸을 동식물의 멸종에 비유해 소수민족의 언어를 보호해야 한다는 생각이 일반화되었다. 그래도 각국의 주요 민족에게 무시당하고 사라지는 소수 언어는 앞으로도 계속해서 나올 것이다. 또 스스로 모어를 버리는 소수민족도 늘어날 것이다. 과거에 10,000종이 넘었던 언어는 문화의 다양성을 잃어가는 과정에서 그 수가 현저히 줄어들었다. 그뿐만 아니라, 고유의 언어를 잃어버리는 속도는 앞으로 더 가속화될 것이다. 세계화, 즉 세계적으로 문화의 균일화 및 통일화가 진행되고 있기 때문이다. 현재 지구에 존재하는 언어가 얼마나 되는지 정확하게 파악하는 것은 불가능하지만 대략 5,000종에서 6,000종으로 보고 있다. 이 언어의 90퍼센트가 앞으로 100년 안에 사라질 것이라고 한다.

과거에 민족과 언어는 밀접한 관계였다. 하지만 이주나 혼혈이 진행되면서 소수민족의 언어가 사라지는 오늘날에, 민족과 언어의 관계도 단순하지 않다. 민족, 집단, 개인에 따라 언어를 민족 정체성의 근거로 인식하는 수준이 각기 다르기 때문이다. 하지만 수많은 언어가 사라지면서 민족의 정체성과 밀접하게 연관되어 있는 언어 복권 운동도 앞으로 더욱 활발해질 것이다. 영어 보급의 첨병인 인터넷도 소수 언어를 보호하는 데 강력한 도구가 될 수 있다는 것을 참고로 말해둔다.

영국의 맨섬에서
맨어가 살아났다!

그레이트브리튼섬과 아일랜드의 중간에는 작은 맨섬이 있다. 일반적인 지명도는 그리 높지 않지만 1907년에 시작된 세계 최초의 오토바이 레이스인 '맨섬(Tourist trophy) 레이스'를 개최하여, 이곳은 '이륜레이스의 성지'로 불린다. 그런데 이 섬에서 집단 정체성과 언어와 관련된 흥미로운 일이 벌어졌다.

맨섬은 그레이트브리튼 및 북아일랜드연합왕국에는 속하지 않지만 자치권을 가진 영국왕실보호령의 하나이다. 외교와 군사는 영국에 위임하지만 의회와 정부는 독립되었고, 맹크스 파운드라는 화폐를 발행한다.

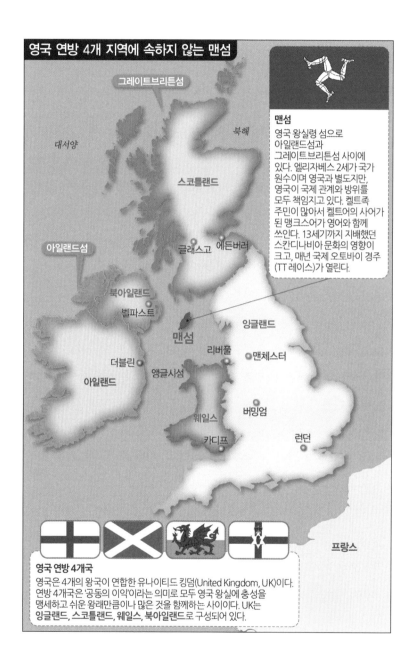

영국 연방 4개 지역에 속하지 않는 맨섬

그레이트브리튼섬

북해

대서양

스코틀랜드

아일랜드섬

글래스고   에든버러

북아일랜드
벨파스트

맨섬

잉글랜드

리버풀   맨체스터

더블린   앵글시섬

아일랜드

웨일스   버밍엄

카디프   런던

프랑스

맨섬
영국 왕실령 섬으로 아일랜드섬과 그레이트브리튼섬 사이에 있다. 엘리자베스 2세가 국가 원수이며 영국과 별도지만, 영국이 국제 관계와 방위를 모두 책임지고 있다. 켈트족 주민이 많아서 켈트어의 사어가 된 맨크스어가 영어와 함께 쓰인다. 13세기까지 지배했던 스칸디나비아 문화의 영향이 크고, 매년 국제 오토바이 경주(TT 레이스)가 열린다.

영국 연방 4개국
영국은 4개의 왕국이 연합한 유나이티드 킹덤(United Kingdom, UK)이다. 연방 4개국은 '공동의 이익'이라는 의미로 모두 영국 왕실에 충성을 맹세하고 쉬운 왕래만큼이나 많은 것을 함께하는 사이이다. UK는 **잉글랜드, 스코틀랜드, 웨일스, 북아일랜드**로 구성되어 있다.

맨섬에서 싹트고 자란 민족주의와 맨어의 부활은 밀접한 관계

과거에 이 섬에서는 맨어(맹크스어, Manx language)라고 불리는 켈트계 언어를 사용했다. 맨어는 맨섬 게일어라고도 불리며 아일랜드어와 비슷하다. 1974년에 맨어를 쓰던 마지막 사람이 죽으면서 맨어도 자연히 소멸되었다. 하지만 1980년대 말 시작된 부흥 운동이 일반인에게 널리 퍼지면서 맨어를 쓰는 사람들이 꾸준히 증가했다. 현재 맨어는 영어에 이어 제2 언어가 되어 맨섬의 공용어로 쓰이고 있다. 세계적으로 소수민족의 언어가 사라지는 가운데, 맨어는 멋지게 부활한 드문 언어가 되었다.

더욱이 최근에는 맨섬 출신 민족주의자들이 스스로를 '토착민(Indigenous people)'이라고 부르며, 섬 밖에서 온 이주자와 자신들을 구별하려는 움직임이 보이고 있다. 토착민 및 토착민족에 대한 자세한 설명은 다른 장에서 하기로 하고, 영어를 모어로 쓰고 외견상으로도 일반 영국인과 차이가 없는 맨섬 사람들에게 '토착민'이란 단어는 어울리지 않는 것 같다. 어쨌든 지금까지 수십 년 동안 맨섬에서 싹트고 자란 민족주의와 맨어의 복권 · 부활은 밀접한 관계가 있다.

맨섬에서 '토착민' 언어가 사용되기 시작한 것은 1960년에 이주자가 급격하게 늘면서이다. 보통 유럽에서는 가난한 지역에서 부유한 지역으로 이주자가 몰리게 되면 치안이 불안해지고 실업률이 높아지면서 이주자 문제가 생겼다. 그러나 맨섬의 이주자 문제는 전혀 다르다.

맨섬의 필 캐슬(2006년) 풍광.

　원래 인구가 계속 감소하던 맨섬에 '신주민(New resident)'이라고 불리는 이주자를 유치한 것은 맨섬 정부였다. 기업을 유치하기 위해 섬을 택스 헤븐(tax heaven, '세금의 피난처'를 말하며, 바하마, 버뮤다 등과 같이 소득세, 법인세 등에 대한 과세가 전혀 없는 '택스 파라다이스(tax paradise)', 홍콩, 파나마 등과 같이 국내 소득에는 통상적인 과세가 이루어지지만 국외 소득은 면세 또는 낮은 세율이 부과되는 '택스 셸터(tax shelter)', 룩셈부르크와 같이 특정한 사업 활동 등에 한해서 세제상 혜택이 주어지는 '택스 리조트(tax resort)' 등이 있다)으로 만들어서 법인세를 대폭 내린 것이다. 그 덕에 부유한 '신주민'이 유입되어 섬의 경제는 비약적으로 발전했다.

　하지만 그 결과, 1991년에는 섬 인구 중 맨섬 출신자 비율이 섬 전체 인구의 절반을 밑도는 사태가 벌어졌다. 더구나 원래 살던 주민

대부분이 경제 발전의 혜택을 받지 못하자 민족주의자들의 불만은 나날이 커졌다. 당연히 불만의 창끝은 '새로운 이주민'과 새로운 이주민을 우대하는 정부에 향했다.

그런데 국제연합이 1993년을 '세계 토착민의 해(International Year of the World's Indigenous People)'로 지정한 이후, 토착민의 권리에 대해 진지하게 생각해볼 기회가 생겼다. 정의를 내리기는 어렵지만, 토착민이란 오래전부터 특정 지역에 살면서 전통문화를 고수하는 사람들로, 나중에 이주해 온 자들이 주류를 이루는 사회에서 차별 및 불이익을 받는 집단을 가리킨다.

맨섬의 민족주의자는 '신주민'의 증가를 식민지주의에 비유하여 비판했다. 그들은 자신들을 토착민이라고 부르며 신주민 우대 정책으로 불이익을 당했다고 강조하고, 자신들의 문제가 토착민의 권리 문제로 다루어지기를 원하고 있다. 세계의 '토착민'이 주목을 받기 시작하면서 맨섬에 그때까지는 없었던 토착민이 존재하게 된 셈이다.

스페인의 바스크 지방은
고유의 언어를 유지

바스크어를 흔히 '언어의 고도', '유럽의 고립언어'라고 한다

피레네산맥의 서쪽 끄트머리에는 스페인에서 프랑스에 걸친 바스크라는 지역이 있다. '바스크'는 라틴어에서 유래한 명칭이다. 바스크인은 스스로 '에우스칼두나크(Euskaldunak)', 즉 에우스카라(Euskara, 바스크어)를 쓰는 사람이라 칭하고, 바스크 지방을 '에우스카디(Euskadi, 바스크어의 나라)'라고 불렀다. 민족 이름과 지명에 '에우스카라'가 꼭 들어 있는 것을 보면, 바스크인이 이 언어를 민족 정체성의 근본으로 생각하고 있음을 알 수 있다.

바스크어(basque language, 프랑스와 스페인의 국경인 피레네산맥 지방에서 쓰이는 언어)를 흔히 '언어의 고도'라거나 '유럽의 고립언어'라고 한다. 유럽에서 현재 사용되는 언어는 대부분 인도·유럽어족에 속한

피레네산맥의 바스크 지방

프랑스

비스케이만

빌바오
비스카이아

산 세바스티안
기푸스코아

라부르
나바라
슐레
피레네 산맥

비토리아
아라바

팜플로나
나바라

바스크 지방
프랑스

스페인

스페인

프랑스 지역
바스크 자치주
나바라 자치주

바스크인과 바스크 지방
바스크인은 스페인어와는 다른 에우스카라(éuscaro)라는 고유
언어를 사용한다. 다른 지역에서 유럽으로 유입된 인종이라고 할
만큼, 그들은 프랑스인이나 스페인인과 다른 특징을 가지고 있다.
눈썹이 짙고 강한 턱을 가지고 있으며, 용감한 기질을 가지고
있어 모험을 좋아한다.
현재 약 250만 명의 바스크인이 거주한다고 알려져 있으며, 스페인 내전 때 독일의 공습으로
파괴되었지만, 피카소가 〈게르니카〉라는 그림으로 표현해서 더 유명해졌다. 풍부한 광산물로
공업이 발달했으며, 1인당 국민 소득이 4만 달러를 넘는다.

다. 예외로는 다음에 설명할 헝가리어, 핀란드어, 에스토니아어, 북구토착민어 등이 있으나, 바스크어만은 다른 언어와의 연관성이 확실하게 밝혀지지 않아서 계통 불명으로 남아 있다.

바스크인의 기원에 대해서도 설이 분분한데, 혈액형(O형, Rh-형이 많음)과 두개골의 형질을 분석하는 등 다양한 관점에서 바스크인의 계보를 밝히려고 시도했지만 여전히 확실한 계보는 밝혀지지 않았다. 다만, 인도·유럽어족의 언어를 쓰는 사람들이 유럽에 이주하기 전부터 바스크인의 조상이 피레네산맥에 정착한 것은 분명하다.

유사 이래 바스크인과 접촉했던 민족은 켈트인, 로마인, 게르만족부터 이슬람 세력까지 헤아릴 수 없이 많다. 하지만 바스크인은 거기에 아랑곳하지 않고 수천 년에 걸쳐 고유의 언어와 문화를 지켜왔다. 10세기에 스페인 바스크 지방에서 일어난 나바라왕국은 짧은 기간에 주변 지역에 영향력을 미쳐서, 이 지역이 카스티아의 지배에 들어간 후에도 오랫동안 자치권을 유지했다. 스페인의 바스크인에 대해 좀 더 알아보자.

이베리아반도에서는 약 800년에 걸쳐 '레콩키스타(Reconquista, 718년~1492년까지, 약 7세기 반 동안 이베리아반도 북부의 로마가톨릭 왕국들이 이베리아반도 남부의 이슬람 국가를 축출하고 이베리아반도를 회복하던 과정이다. 레콩키스타는 스페인어와 포르투갈어로 '재정복'을 뜻하며, 이는 우마이야 왕조의 이베리아 정복에 의해 상실했던 기독교 국가의 영토를 회복한다는 의미를 갖는다)'가 계속되었다. 레콩키스타를 직역하면 '재정복'이라고 하는데, 8세기 초에 이베리아반도에 침입하여 판도를 확대한 이슬람 세력에 밀려 반도 북부로 쫓겨난 기독교도가 국토 회복을 하려고 일으킨 일련의 전쟁을 가리킨다. 그 과정에서 포르투갈, 카스티야, 아라곤 등으로 대표되는 왕국이 형성되어 재편을 거듭하다가, 12세기에는 포르투갈왕국이, 15세기에는 카스티야와 아라곤이 합병하면서 스페인연합왕국이 성립되었다.

레콩키스타의 시대에 활약했던 바스크인은 대항해 시대에도 눈부신 활약을 펼쳤다. 바스크인은 항해술이 뛰어나서, 일설에 의하면 콜럼버스보다 100년이나 200년 먼저 아메리카 대륙에 도달했다. 마젤란이 죽은 후에 그의 뜻을 받들어 세계 일주에 나선 후안 세바스티안 데 엘카노(Juan Sebastián de lcano, 역사상 처음으로 세계 일주에 성공한 항해가)는 바스크인이었고, 스페인 무적함대에도 수많은 바스크인이 들어가 크게 활약했다.

바스크인은 가톨릭의 포교에도 앞장섰다. 예수회(로마가톨릭의 수도회, 전통적인 수도회가 내세우는 청빈, 순결, 순종 외에 구원과 믿음의 전파를 전심전력으로 수행한다는 행동규범을 갖고 있다)를 창설한 이냐시오 데 로욜라(Ignatius de Loyola, 스페인의 수도사로 가톨릭 수도회인 예수회를 창립했다. 1540년 예수회의 초대 총장에 선출되어 회원을 양성하고 회헌을 만들었다)와 그의 동지인 프란시스코 사비에르(Francisco Xavier, 가톨릭계 수도회인 예수회 소속의 스페인 선교사이다)는 둘 다 바스크인이었다. 포르투갈과 스페인은 레콩키스타를 완수한 기세를 몰아 아메리카 대륙과 아시아 각지에 기독교를 포교하는 동시에 토지를 정복하고 식민지로 삼았다. 이렇게 포르투갈과 스페인의 '황금시대'를 여는 데 바스크인은 큰 역할을 했다.

그런데 바스크인에게는 옛날부터 오크나무 아래에 장로들이 모여 공동체 전체의 문제를 의논하고 결정하는 관습이 있었다. 게르니카는 바스크 지방의 중심 도시 빌바오에 인접한 작은 지방 도시로, 그 중심에 있던 '성스러운 나무'는 바스크의 자유와 민주주의의 상징이었다. 중세 이후, 바스크 지방을 지배하던 카스티야 왕은 게르니카의 나무 아래에서 이 지방의 특권을 보장하는 선고를 내리기도 했다.

독립 정신이 왕성한 바스크인은 ETA를 결성해 테러 활동

이 특별한 땅에 1937년, 스페인 내란을 일으킨 프랑코를 지원하는

폐허가 된 게르니카, 1937년, 작가 미상, 독일 정보부 기록센터

나치 독일 공군이 대대적인 공습을 가했다. 프랑코는 오랜 독재 정치 (1939~1975)와 장기간 내전으로 국토를 황폐화한 장본인이다. 그런 프랑코가 자유와 민주주의를 상징하는 도시를 나치 공격의 표적으로 내놓은 것이다.

화가 피카소는 파리에 머물던 중, 조국 스페인에서 벌어진 이 무자비한 폭격에 큰 충격을 받고 대작 〈게르니카〉를 완성했다. 자유의 상징이었던 게르니카는 피카소의 그림으로 인해 전쟁 참상의 상징이 되어, 20세기를 대표하는 유산으로 꼽히게 되었다.

독립 정신이 왕성한 바스크인은 그 후에도 프랑코 정부로부터 바스크어의 사용 금지를 당했을 뿐만 아니라 투옥, 고문 등의 탄압을 받았다. 이에 대한 저항 운동으로 1959년에 바스크 조국과 자유 (ETA)라는 조직이 탄생했다. ETA는 60년대 후반부터 테러 활동을 강화해, 프랑코가 죽고 민주화 시대를 맞은 후에도 군사 활동을 멈추지 않았다.

2004년 3월, 200명 가까운 사망자를 낸 마드리드 열차 폭파 사건이 일어났다. 이 범행은 곧 알카에다와 관련된 단체의 소행으로 지목되었으나, 스페인 당국은 재빨리 ETA가 저지른 테러라고 발표했다. 당시 수상이었던 국민당의 호세 마리아 아스나르(José María Aznar)가 이라크 파병에 대한 반발로 이슬람 과격 단체에서 일으킨 테러 사건을 ETA의 범행이라고 날조하려고 했던 것이다. 그 여파로 아스나르 정권은 3일 후에 치러진 총선거에서 참패했다. 참고로 아스나르는 수상이 되기 전인 1995년에 ETA 암살 계획의 표적이 되기도 했다.

국민당이 집권하던 시절, 아스나르는 ETA의 정당 바타수나 (Batasuna, 바스크어로 '단결'을 의미함)를 불법 단체로 규정하고, 프랑스 당국과 협력하여 ETA 강경파를 탄압했다. 9·11 동시다발 테러가 일어난 이후에 '대테러 작전'은 각국에서 일어나는 골치 아픈 민족 운동을 진압하는 그럴듯한 명목으로 이용되었다. 아스나르 정권의 ETA 죽이기도 그 일환이었다.

어쨌든 아스나르 전 수상과 국민당은 알카에다의 범행까지 ETA의 소행으로 덮어씌우려다가 결과적으로 정권을 잃고 말았다. 국민당을 대신하여 여당이 된 사회노동당의 사파테로(José Zapatero) 수상은 2006년 3월에 ETA가 표명한 '무기한 정전 선언'을 받아들이고 평화 협상을 시작한다고 선언했다.

야당인 국민당이 테러리스트와 협상을 할 수 없다며 평화협상을 맹렬히 반대하는 가운데, 국내외에서 사파테로 정권과 ETA가 서로 협의점을 찾는 과정을 관심 있게 지켜보았으나 협상은 결국 결렬되었다. ETA의 주장을 받아들이기가 현실적으로 불가능했기 때문이다. ETA는 스페인의 바스크 자치주, 나바라 자치주와 프랑스의 바스크 지방을 합하여 '바스크국'을 세우고 사회주의 국가로 독립하려 했으나, 프랑스 바스크 지방에서는 이 제안을 반기지 않았다. ETA는 평화협상에 프랑스도 참가해야 한다고 주장했으나, 프랑스 당국은 '바스크 문제는 스페인의 문제'라고 매몰차게 거절했다.

정어리를 머리에 인 바스크 여인들, 1852년, 툴루즈 도서관

바스크 자치주가 나바라 자치주보다 민족주의가 더 강하다

　스페인에서는 바스크 자치주와 나바라 자치주에 징세권까지 포함하여 거의 독립에 가까운 자치를 인정하고 있었으므로 더 이상 자치를 확대할 여지가 없었다. 또 바스크 지방은 경제적으로 발전한 지역이라서 개인소득의 수준도 높았다.

　빌바오를 중심으로 한 일대는 옛날부터 조선과 철강 등 중공업과 금융업이 번성했고, 최근 들어서는 정보와 서비스산업 등을 발전시켜서 산업 구조를 변혁하는 데도 성공했다. 원래 ETA를 적극적으로 지지하는 바스크인은 극히 일부에 지나지 않거니와 지역마다 온도차가 크다. 독립 문제에 관해서도 바스크 자치주와 나바라 자치주의 반응이 다르다. 바스크 민족주의가 특히 강한 곳은 바스크 자치주 북부로, 이곳에서는 테러를 부정하지만 독립을 바라는 온건한 정당을 지지하는 바스크인이 많다. 한편 나바라 자치주는 일반적으로 ETA에 대한 경계심과 혐오감이 짙고 독립 의지도 약하다.

이런 차이는 바스크어를 사용하는 비율에서도 나타난다. 바스크 자치주와 나바라 자치주는 스페인어(카스티야어)와 함께 바스크어를 공용어로 쓰는데, 두 주의 바스크어 사용 비율은 다소 차이가 난다.

바스크 자치주는 바스크어의 사용을 적극 권장하는 지역으로, 자치주를 구성하는 세 지역의 비율을 살펴보면 기푸스코아에서는 절반에 가까운 사람들이 바스크어를 쓰고 있으며, 비스카야에서는 20퍼센트가 조금 넘는 사람들이, 남부 알라바에서는 10퍼센트가 조금 넘는 사람들이 바스크어를 쓴다고 추정된다. 특히 20세기의 마지막 10년 동안 세 지역 모두 바스크어를 쓰는 비율이 증가하는 추세였다.

이에 비해 나바라 자치주에서는 약 10퍼센트만이 바스크어를 쓰는데, 이 비율은 최근 10년간 거의 변하지 않았다. 즉, 바스크인의 정체성이나 민족주의 성향이 민족의 상징인 언어의 사용 빈도에 따라 다른 것이다.

훈족의 후예 헝가리는
우랄어족으로 분류

    헝가리는 흔히 유럽의 아시아라고 불린다. 일설에 따르면 헝가리라는 나라 이름은 훈족(Huns, 서양사에 등장한 최초의 투르크계 민족이다)에서 유래했다. 또한 훈족은 4세기 후반부터 거의 1세기에 걸쳐 서로마제국과 동로마제국 이북의 광대한 지역을 지배한 민족이다. 몽골계 유목민인 흉노의 후예라고도 하는데, 정확한 것은 아직 밝혀지지 않았다.

    나라 이름이 어디에서 유래되었든 로마인이 판노니아(Pannonia, 로마제국의 속주 가운데 하나로, 다뉴브강을 경계로 동쪽과 북쪽으로는 노리쿰과, 남쪽으로는 달마티아와 경계를 이루고 있었다. 대체로 오늘날의 헝가리, 오스트리아, 크로아티아, 세르비아, 슬로베니아, 보스니아-헤르체고비나 등을 아우르는 지역에 있었다. 동유럽 일부 및 유고슬라비아 북부 일부에 해당하는 곳이다)라고 불렸던 헝가리 분지를 훈제국이 거점으로 삼은 것은 확실

헝가리는 '유럽의 아시아'

헝가리와 마자르족

7개 국가로 둘러싸인 헝가리는 내륙 국가로 아시아 기마 유목민인 마자르족이
세웠다. 마자르족은 초원 지대에서 목축 생활을 하다가 5세기경 다른 기마
민족에게 밀려 서쪽으로 이동해 헝가리 평원을 차지했다. 그 후 9세기경 아르파드
대제 시대에 훈제국의 심장부나 다름없는 카르파티아 분지를 차지하면서 오늘날
헝가리의 기틀을 닦았다.
헝가리를 세운 마자르족은 동유럽 일대에 약 1,500만 명이 살고 있다고 알려져 있으며, 헝가리 전체
인구의 약 95%를 차지한다. 이들의 언어인 헝가리어(마자르어)는 우랄어족에 속하는데 이들은
주로 슬라브족, 게르만족과 혼혈을 이루어, 지금도 아시아인의 피가 유지되고 있다.

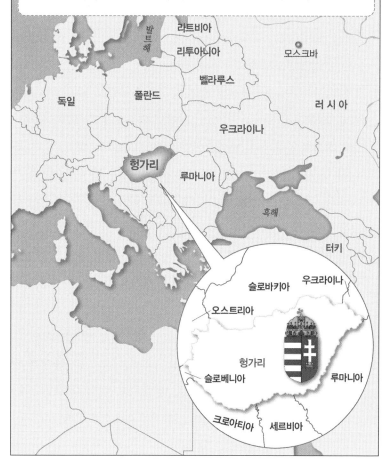

하다. '헝가리'가 정말로 '훈의 나라'라는 뜻이라면, 태생이 불분명하고 제국이 붕괴한 후의 행보가 묘연한 훈족이 유럽에 유일하게 남겨놓은 선물인지도 모른다. 하지만 헝가리어가 아시아계로 분류되는 이유는 훈족의 언어를 계승해서가 아니다.

헝가리인은 스스로 마자르(Magyar)라고 칭하고, 언어도 마자르어라고 불렀다. 마자르인은 훈족, 그리고 훈족에 이어 같은 지역에 제국을 건설한 아시아계 아바르인의 뒤를 이어 헝가리 분지에 진출한 아시아계 유목민으로 헝가리인의 조상이다.

마자르인의 시초는 볼가강 중류 지역에서 우랄산맥에 걸친 초원 지대에 살았다고 알려져 있으며, 언어도 인도·유럽어족이 아니라 우랄어족으로 분류된다. 마자르어가 유럽의 라틴어, 게르만어, 슬라브어와 다른 계열이라는 것을 보여주는 좋은 예가 인명 표기를 아시아처럼 성, 이름순으로 표기하는 것이다. 또 주소를 대구분순에서 소구분순으로 쓰는 것도 아시아답다고 할 수 있다.

언어 말고 아시아계의 증거로 자주 인용되는 것이 구전으로 전해오는 오래된 민요이다. 운율이 유럽의 음계와 달리 5음 음계로 구성되어 아시아인에게 친숙하다.

마자르인이 헝가리 분지에 진출한 것은 9세기 말이다. 유목민 마자르는 헝가리 분지에 먼저 와서 살았던 아바르인이나 슬라브계 주민을 정복해가는 동안 농사짓는 법을 배우면서 한곳에 정착해 살았다. 1000년, 마자르계 집단을 하나로 통일한 이슈트반 1세(I Istvan, 성 이슈트반 1세는 초대 헝가리의 왕으로, 헝가리에 기독교를 전파한 공을 인정받

TOROCZKÓI NÉPVISELET
(Erdélyben.)

헝가리안으로 불리는 마자르족, 프란티셱 클림트 코 비치

아 교황 그레고리오 7세로부터 헝가리의 사도왕이라는 작위를 얻었다)는 기독
교로 개종해 헝가리왕국을 세웠다. 이 일을 계기로 아시아계 유목민
마자르는 서방의 기독교 사회의 일원이 되었다.

우랄어족에는 마자르어 외에 핀란드어와 에스토니아어가 있다

한편, 우랄어족 중에 마자르어의 먼 친척에 해당하는 언어로는 핀
란드어와 에스토니아어가 있다. 금발의 푸른 눈을 가진 북구인이 연
상되는 핀란드인을 비롯해, 라트비아인, 리투아니아인(두 나라 모두 인

도·유럽어족)과 함께 발트해 삼국민의 하나인 에스토니아인이 아시아계 유목민의 언어를 계승했다는 사실은 그리 알려지지 않았다.

핀란드어와 에스토니아어는 마자르어와 함께 우랄어족의 한 계파인 핀우그리아어파를 형성하는데, 기원전 4000년부터 3500년경에 볼가강 유역에 살던 민족이 이 언어를 사용하는 사람들의 조상이다.

핀우그리아어파 언어를 쓰던 집단은 오랫동안 러시아에서 스칸디나비아반도에 이르는 광대한 지역에서 살았다. 그러다 발트해 연안으로 이주하여 에스토니아인이 되고, 북상하여 핀족(핀란드 국민의 주요 민족. 민족 이름으로서는 좁은 의미의 핀란드인과 같다)이 되었다.

에스토니아인과 핀족의 조상이 북상한 것은 기원전의 일로, 표면적으로 마자르어는 핀란드어와 에스토니아어와 같은 계열이지만 비

헝가리의 대표적인 작곡가 졸탄 코다이.   헝가리가 자랑하는 작곡가 벨라 바르톡.

슷한 점이 별로 없다.

핀우그리아어파 사람들의 선조가 사는 볼가강 중류 지역에는 지금도 같은 조상을 모시는 소수민족이 산다. 그중 하나인 마리인은 러시아연방에서 마리엘공화국(Mari-el Republic)을 세웠다. 마리어는 터키계 언어의 영향을 강하게 받아서 변용되었으나 마리인의 음악은 헝가리와 마찬가지로 동양적인 운율을 특징으로 한다. 이것을 밝혀낸이가 헝가리를 대표하는 작곡가 졸탄 코다이(Zoltan Kodaly)이다.

코다이는 헝가리가 자랑하는 작곡가 벨라 바르톡(Bela Bartok)과 함께 헝가리 각지에서 전해 내려오는 민요를 수집해 연구한 것으로도 유명하다. 두 사람은 20세기 초, 민족주의가 극에 달하던 시대에 마자르인의 정체성을 전승한 민요를 연구해 민족음악학에도 지대한 공헌을 했다. 한편 코다이는 마리인의 민요뿐만 아니라 멀리 극동에 사는 민족의 민요를 비교 연구해 마자르의 민족 계보를 음악학적으로 규명하려고 했다.

07

동티모르의 언어 상황은
식민 지배의 잔재

티모르섬의 '동서 국경선'은 네덜란드와 포르투갈이 그었다

2002년, 명목상 포르투갈령이었던 동티모르는 사실상 지배국이었던 인도네시아를 물리치고 독립에 성공했다.

티모르섬은 자바섬에서 오스트레일리아 대륙을 향해 펼쳐진 소순다 열도(말레이 제도 남쪽 섬으로, 대순다 열도와 함께 순다 열도를 이루고 있다. 인도네시아의 발리주, 누사 가라바랏주, 누사 가라티무르주 및 독립국인 동티모르로 나뉜다)의 동쪽 끝자락에 위치한다. 티모르는 말 그대로 '동쪽의'라는 뜻이다. 크기는 우리나라의 강원도보다 작고, 인구는 100만 명이 조금 넘는다. 주민 대부분은 토착 멜라네시아인이고 그 외에 말레이계, 중국계, 포르투갈계가 있다. 인도네시아어와 현지어인 테툼어가 주로 쓰이지만, 그 외의 지방어도 수십 가지에 달한다. 이러한 사실로 미루어 짐작할 수 있듯이, 동티모르의 독립은 민족 분리 운동과는 무관하다. 또 주민 대부분이 가톨릭교도이긴 하지만 이슬람교와 종교 분쟁을 일으킨 것은 아니었다.

동티모르 문제는 한마디로 말해서 정치 문제였다. 원래 티모르섬을 동서로 나누는 '국경선'은 4세기에 걸쳐 이 지역을 지배했던 네덜란드와 포르투갈이 타협해 생긴 것이었다. 제2차 세계대전 전후에 서티모르를 포함한 네덜란드령이 인도네시아로 독립했으나 동티모르는 그대로 포르투갈령으로 남았다. 1974년, 포르투갈에 좌파 정권이 탄생하면서 동티모르에도 독립의 움직임이 일어났다. 그 즉시 완전 독립을 주장하는 프레틸린(Fretilin, 동티모르독립혁명전선)을 비롯해 몇 개의 정당이 결성되었다. 이런 상황에서 동티모르와의 병합을 노

딜리의 파괴 현장, 2000년, © Cramunhao, W-C

리던 인도네시아는 정보 작전을 개시했다.

정당 간의 항쟁으로 동티모르 사회가 불안정해지면서 인도네시아 군은 개입할 기회를 얻었다. 정보 작전은 효과를 발휘해 1975년에 내전이 발발했다. 포르투갈 정부가 수도 딜리에서 철수하자 서둘러 인도네시아의 '의용군'이 군사 개입을 개시했다.

프레틸린의 지도자층은 포르투갈계이다. 인두세를 비롯해 가혹한 식민지 행정을 견뎌온 티모르섬의 주민에게, 사회의 상층부를 구성하는 포르투갈계는 아군이 아니었다. 하지만 프레틸린 멤버 중에는 전부터 식민지주의를 비판하던 민족주의자와 사회주의자가 많았고, 주민 대다수는 독실한 가톨릭 신자였다. 언어도 종교도 다른 인도네시아인이 주도하는 통합을 어떻게든 피하고 싶었던 주민들은 자진하여 프레틸린을 지지했다. 프레틸린은 주민의 압도적인 지지를 받고 '동티모르 민주공화국'이라는 국가를 세우며 독립을 선언했다. 이에 대항하여 자바섬 등에서 이주해 온 말레이계 등 반프레틸린 세력은 인도네시아와의 병합을 선언했다. 대의명분을 얻은 인도네시아군은 동티모르와의 병합을 내세우며 동티모르를 침공했다.

인도네시아의 일련의 작전 중에 훗날까지 크게 영향을 미친 것이 '프레틸린은 공산주의자'라는 유언비어였다. 실제로 프레틸린은 좌파였으나 공산주의는 아니었다. 하지만 공산주의자라는 꼬리표가 붙음으로써 동티모르는 서구 사회로부터 외면당했다. 마침 그 무렵은 베트남 전쟁 종결 직후로 캄보디아와 라오스에 공산주의 정권이 탄생하면서 동남아시아에서 동서 갈등이 극도로 고조된 상태였다.

인도네시아에서 독립한 동티모르

동티모르

17세기부터 네덜란드와 포르투갈이 서로 차지하기 위해 싸웠던 땅이다. 그러다가 티모르 서쪽은 네덜란드가 동인도 제도(현재 인도네시아)의 일부로 차지했고, 동부는 포르투갈이 가졌다. 제2차 세계대전 후 네덜란드령이던 동인도 제도가 인도네시아로 독립하면서 서티모르가 편입되자, 동티모르는 포르투갈의 지배를 받았다. 하지만 포르투갈이 철수한 후, 인도네시아는 동티모르를 무차별적으로 공격하고, 극심한 민족 분열을 일으켰다. 동티모르는 2002년에 인도네시아로부터 독립하고, 독립 정부를 수립했다.

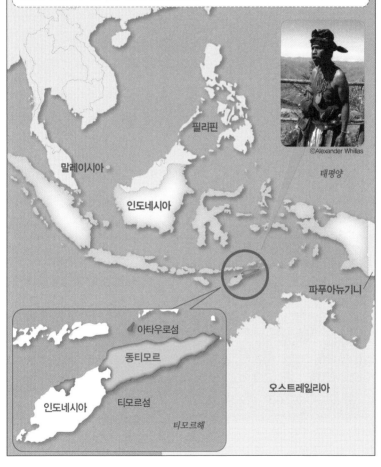

필리핀

©Alexander Whillas

태평양

말레이시아

인도네시아

파푸아뉴기니

아타우로섬

동티모르

오스트레일리아

인도네시아

티모르섬

티모르해

반공을 내세우던 수하르토 정권은 동티모르가 동남아시아의 쿠바가 된다고 선전했다. 당연히 미국을 비롯한 서구의 여러 나라는 인도네시아를 지원했다.

동티모르 분쟁은 인도네시아 수하르토 정권이 일으킨 비극

동티모르는 과거 식민지 시대의 상처가 아물지도 않은 상태에서 각국의 냉전 구조와 경제적 사정에 휘말려, 서방 국가의 지원을 받은 인도네시아 정부로부터 또다시 커다란 상처를 입었다. 세계 열강들이 자신들의 이해득실 관계에 따라 이 작은 섬에 사는 주민의 운명을 좌지우지했던 것이다.

인도네시아군의 침공 이후, 동티모르에는 철저한 보도관제가 이루어졌다. 폐쇄된 문의 안쪽에서는 군의 대량 학살이 자행되는 한편, 약탈과 강간, 투옥, 고문이 일상화되었고 기아가 만연했다. 자바섬이나 발리에서 이주해 온 이주민에게 선심 쓰듯 토착민의 토지를 나눠주었다. 그리고 토착민에게 피임약을 투약하는 등 비인도적인 산아 제한이 이루어졌고, 인도네시아어를 배우도록 강요했다. 일설에 따르면, 침공 후에

인도네시아를 31년 동안 통치했던
수하르토 대통령(1933년).

20만 명이 넘게 희생되었으며, 문화
적 · 경제적인 것을 포함하여 모든 방
면에서 탄압이 이루어졌다.

　한편, 프레틸린 측도 굴하지 않고
저항을 계속했다. 동티모르 초대 대
통령 샤나나 구스망(Xanana Gusmão)
은 산악 지대에서 게릴라전을 지휘하
며 나름대로 효과를 거뒀다. 또 침공
직전에 출국한 프레틸린의 대변인 조
제 하무스 오르타(José Manuel Ramos-

조제 하무스 오르타, 2009년, ©
Ashtar Analeed Marcus, W-C

Horta)는 국제 사회에 동티모르의 참상을 알렸다. 그는 그 공적으로
1996년에 노벨평화상을 받았다. 또 한 사람의 수상자 카를로스 시메
네스 벨로(Carlos Filipe Ximenes Belo) 주교는 주민의 인권을 지키는 역
할을 담당하던 가톨릭교회의 지도자로, 국제연합에 동티모르의 참상
을 알리고 자결권을 요구하는 편지를 보냈다.

　동티모르의 독립은 프레틸린의 저항과 더불어 국제 사회를 무대로
한 활동이 결실을 맺은 것으로, 그 배경에는 냉전 구조의 종결이 있
음을 간과해서는 안 된다. 미국은 공산주의가 더 이상 위협이 되지
않자 '인권 외교'를 내세우며 인도네시아를 비판하는 입장으로 돌아
섰다. 구소련 대신 이슬람권을 가상의 적으로 삼으려는 의향도 작용
했을 것이다. 1998년에 31년이라는 긴 시간 동안 독재 정치를 한 수
하르토 대통령은 퇴진을 요구하는 국민의 목소리에 무릎을 꿇었다.

동티모르 분쟁은 동서 대립을 이용하여 서방 세계의 지지를 받고 정재계와 군을 한 손에 쥔 수하르토 정권이 일으킨 비극이었다. 후임 하비비 대통령은 동티모르의 독립을 인정하는 방향으로 선회했으나 실제로 독립을 이루기까지는 많은 피를 흘려야 했다.

동티모르의 헌법에는 테툼어와 포르투갈어가 공용어로 명시

그럼 본론으로 돌아가자. 신생 동티모르의 헌법에는 테툼어와 포르투갈어가 공용어로 명시되어 있다. 테툼어는 이 지역에 사는 주민 대부분이 쓰는 현지어이고, 많은 지방어를 대표해 공용어의 역할도 하지만 국제적으로 통용되는 것은 아니다. 또 현재의 중장년에게 포르투갈어는 익숙한 언어지만, 젊은 세대에게는 생소한 언어이다. 인도네시아군의 침공 이후에 동티모르에서 포르투갈어를 사용하면 탄압의 대상이 되었기 때문이다. 대신 인도네시아어를 교육받아서 대부분의 주민이 인도네시아어로 의사소통이 가능하다. 원래 테툼어와 인도네시아어는 한 뿌리에서 나왔고 같은 동남아시아의 나라라는 동질감도 있으므로, 말레이어와도 통하는 인도네시아어를 공용어로 정하는 것이 현실적인 방안이었다. 하지만 분쟁을 거친 후여서 그랬는지, 인도네시아어에 대한 거부감은 상상 이상이었다.

논쟁 끝에 현지어의 대표인 테툼어와 구종주국의 언어 포르투갈어가 공용어로 채택되었다. 그러자 테툼어를 모어로 쓰면서 인도네시아어로 교육을 받은 세대는 불만을 터뜨렸다. 포르투갈어를 모르면 공무원 등 현지에서 엘리트가 되는 길이 막히기 때문이다. 동티모르 정부는 외교 기본 방침으로 포르투갈어를 공용어로 쓰는 나라와 특별한 우호 관계를 맺기로 하고, 독립 즉시 포르투갈어 사용국 공동체 (CPLP, 포르투갈어를 공용어로 사용하고 있는 국가 간의 친목과 단합을 다지기 위한 국제기구)라는 조직에 가입했다. 가맹국들이 정치, 경제, 문화 각 방면에서 협력하는 이 국제 조직은 1996년에 결성되었는데, 현재 포르투갈 외에 남아메리카의 브라질과 아프리카의 앙골라, 모잠비크, 카보베르데, 기니비사우, 상투메프린시페, 그리고 동티모르가 있다.

포르투갈어 우선 정책을 두고 문화적인 식민지주의라며 반발하는 이들도 많다. 하지만 원래 음악과 춤을 좋아하는 동티모르 국민은 인도네시아 대중음악이나 세계적으로 인기를 얻은 영어권 음악보다 삼바와 록을 융합한 브라질 대중음악을 즐겨 듣는다. 노래는 외국어 습득의 지름길이다. 여러 가지 정치적인 사안을 뛰어넘어 이 지역에 포르투갈어가 일반인들에게 침투할 날이 곧 올 것 같다. 하지만 포르투갈어를 읽고 쓰는 것이 보급되느냐 아니냐는 별개의 문제이다.

2006년, 군 내부의 대립으로 수도 딜리에서 4개월에 걸친 반란이 일어나면서 독립 후 동티모르 사회의 나약함이 만천하에 드러났다. 미숙한 정치 체제와 국제 원조에 의존하는 경제 등 이제 막 태동하기 시작한 이 나라가 해결해야 할 과제는 한두 가지가 아니다. 특히 교육은 이 나라의 장래를 위해 해결해야 할 최우선 과제이다. 하지만 학교와 교사, 교육 프로그램까지 부족한 상태라서 포르투갈어 교육을 받지 못하는 아이들도 많다. 앞으로 진학이나 취직에서 큰 격차가 벌어질 것으로 예상된다.

　한편, 테툼어를 비롯한 현지어는 교육 현장에서 밀려나도 음성언어로는 살아남을지도 모른다. 다만 포르투갈어를 할 줄 아는 젊은이가 거의 없는 지금도 포르투갈어를 하지 못하면 취업을 하기가 힘든 상황인 만큼, 동티모르 정부가 테툼어를 공용어로 정한 것은 형식적인 제스처로만 보인다. 상황이 이러하니 테툼어밖에 하지 못하는 사람들이 부당함을 느끼는 것도 무리도 아니다. 하지만 이런 경향은 당분간 계속될 것이다. 복잡한 언어 상황은 이 나라의 앞날에 놓인 가시밭길을 상징하는 듯하다.

08

고대 문자의 탄생과
민족 문자의 계보

셈문자에서 파생한 페니키아문자가 그리스문자로 발전

기원전 3000년보다 오래된 시대에 메소포타미아의 수메르인이 점토판에 기록한 그림문자(pictograph, 문자 발생 초기에 속하는 것으로 상형문자보다 낮은 단계의 문자. 낱말이나 생각을 그림으로 나타내는 문자)가 현재 알려진 것 중에서는 가장 오래된 문자라고 한다. 음성언어가 수만 년 전부터 발달한 것을 생각하면 문자 표기를 발명한 것은 그리 오래된 일이 아니다. 그러나 5,000년 전에 수많은 문자 체계가 탄생했다는 사실은 깡그리 잊히고 말았다. 그 문자를 사용하던 민족이 사라졌기 때문이다.

사라진 문자로는 수메르의 그림문자와 설형문자(셈어족과 고대 메소포타미아, 특히 아시리아인과 바빌로니아인들 사이에서 쓰였으며 아시로-바빌

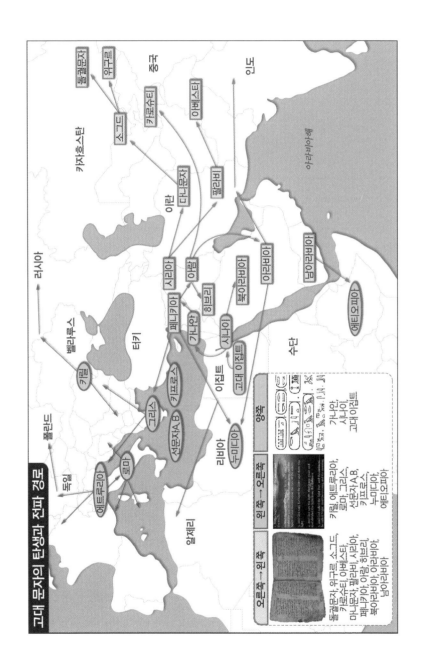

고대 문자의 탄생과 전파 경로

러시아

독일

폴란드

벨라루스

카자흐스탄

중국

인도

에트루리아

로마

키릴

그리스

이란

소그드

위구르

돌궐문자

터키

선문자A,B

키프로스

페니키아

시리아

다니문자

가로슈티

아베스타

팔라비

가나안

아람

히브리

북아라비아

남아라비아

아르메니아

이집트

고대 이집트

시나이

리비아

에티오피아

누미디아

수단

알제리

아라비아해

오른쪽→왼쪽	왼쪽→오른쪽	양각
돌궐문자, 위구르, 소그드, 가로슈티, 아베스타, 마니문자, 팔라비, 시리아, 페니키아, 아람, 히브리, 남아라비아, 북아라비아	키릴, 에트루리아, 로마, 그리스, 선문자A,B, 키프로스, 누미디아	가나안, 시나이, 고대 이집트

로니아어라 불린다), **아카드의 설형문자**(고대 수메르어에서 유래했으며, 최초의 검증된 셈어족의 언어이다), 수메르의 그림문자와 거의 같은 시기에 탄생하여 그림문자의 영향을 받은 이집트의 히에로글리프, 이집트의 표기 체계에 바탕을 두었다고 추정되는 셈문자(원가나안문자), 원시나이문자가 있다. 이러한 고대 문자는 근대 이후의 학자들이 해독할 때까지 역사 속에 묻혀 있었다.

기원전 1000년경, 현재의 시리아 부근을 중심으로 멀리 지중해까지 세력을 넓혀 무역을 하던 페니키아인이 셈문자에서 파생한 페니키아문자를 쓰기 시작했다. 페니키아문자는 지중해 인근에 사는 민족에 의해 쓰기 편한 형태로 모양과 체계가 다양하게 변형되었다. 그리스문자는 그렇게 탄생한 대표적인 문자로, 그리스문자는 다시 현재의 라틴문자와 키릴문자로 발전했다. 그리고 라틴문자는 기독교와 라틴어의 보급과 함께 유럽에 퍼졌다. 켈트의 오검문자(Ogham, 옛 아일랜드어 표기에 쓰였던 문자)와 게르만의 **룬문자**(Runic alphabet, 고대 북유럽 등지에서 사용되었던 각진문자로 표음문자), **고트문자**(4세기에 아리우스(Arius)의 주교인 울필라스가 고트어를 표기하기 위해 만들어낸 문자 체계)는 그리스문자나 라틴문자의 영향으로 탄생한 문자인데, 나중에 라틴문자로 대체되었다.

한편, 페니키아문자와 친척뻘 되는 문자로 시리아의 아람문자가 있다. 아람어는 페니키아어와 같은 셈어계로, 기독교를 포교하기 위해 채택되어 고대 오리엔트 사회에 보급된 이른바 국제어였다.

그 영향력이 얼마나 컸던지, 아람어를 표기하는 아람문자는 많은

오검문자

룬문자

고트문자

아람문자

문자 체계의 모체가 되었다. 현대 아라비아문자와 히브리문자는 아람어계에 속한다. 또 몇 단계를 거쳐 몽골문자의 근간이 되었다. 또 아람문자는 인도로 넘어가 브라흐미문자(Barāhmī script, 근대 이전 브라흐미계 문자의 일종으로 아부기다에 속하며, 남아시아, 동남아시아의 여러 문자의 시조이다)의 성립에 영향을 끼쳤다고 추정된다(브라흐미는 '브라만(Brahman, 힌두교에서 우주의 근본적 실재 또는 원리를 가리킨다. 아트만이 진정한 자아를 뜻하는 개별적·인격적 원리인 반면, 브라만은 우주적·중성적 원리이다. 한자로는 '범(梵)'으로 음역된다)이 창조한 문자'라는 뜻). 브라흐미문자는 인도의 공용어 힌디어를 표기한 문자 '데바나가리(Devanagari, 고대 인도에서 생겨나 발달한 아부기다로서, 음절문자와 알파벳의 특징을 두루 갖췄다)'로 발전했고, 벵골, 구자라트, 타밀, 신하라 등 주변 지역의 언어 표기를 발달시켰다.

지중해의 알파벳 원형이 유럽, 중동, 동남아시아에까지 영향

한편, 셈어계 문자의 혈통을 이어받은 인도문자에서 티베트문자와 그 변형인 종카문자(부탄문자)가 파생되었다. 동남아시아에서도 크메르문자와 버마문자, 라오문자, 타이문자, 발리문자 등이 잇달아 탄생했다. 지중해 주변에서 발달한 알파벳의 원형이 유럽, 중동뿐만 아니라 동남아시아에까지 영향을 미친 것이다. 또 에티오피아에서 지금도 사용되고 있는 에티오피아문자(암하라문자는 셈어파에 속하는 언어이며 에티오피아의 공용어이다. 암하라족이 주로 사용했으며, 원래 종교 언어였

윈난성 나시족과 그들이 사용하는 동파문자, ⓒ Peter Morgan, W–C

다)는 기원을 거슬러 올라가면 원시나이문자가 나오고, 북아프리카의 베르베르계 유목민 투아레그가 쓰던 문자인 티피나그는 페니키아문자에서 유래하는 등, 고대 지중해에서 탄생한 문자는 아프리카 대륙에도 전파되어 아직도 살아남았다.

시간이 흘러 대항해 시대 이후, 서양의 여러 나라들이 쓰던 라틴문자는 문자가 없는 곳을 메우듯이 전 세계로 퍼져나갔다. 면적으로 치면 세계의 절반 이상을 라틴문자가 뒤덮은 것이다. 그뿐만 아니라 라틴문자의 형제뻘인 키릴문자, 먼 친척뻘인 아라비아문자, 수많은 인도계문자 등의 기원을 거슬러 올라가면 한 곳에 도달한다. 이러한 사실을 알면 한자와 거기에서 탄생한 일본의 가타카나문자, 그리고 15세기에 창안된 세계에서 가장 효율적인 표음문자인 한국의 한글 등 중국과 일본, 한국의 동아시아 문자 역사가 특별하게 느껴질 것이다.

한편, 중국의 소수민족 중에는 자신들만의 고유한 문자가 있는 민족이 있다. 그중에서도 나시족의 동파문자(모소문자, 중국 윈난성의 나시족이 사용하는 상형문자로, 1,000년 넘게 쓰이고 있다)는 현재에도 쓰이는 세계에서 유일한 그림문자이다. 동파문자는 원래 종교 의례용 경전에 기록된 문자라서 제한된 장소에서만 사용되었는데, 이 문자를 이해할 수 있는 동파(제사장)는 거의 사라졌다. 한때 과거의 유물이 되어 사람들의 기억에서 잊혔다가, 1997년에 윈난성 저장에 있는 나시족 마을이 유네스코 세계유산으로 등록된 후에 별안간 유명해지면서 동파문자까지 덩달아 주목받게 되었다. 지금은 경전과는 관계없이 호기심으로 동파문자에 관심을 갖는 사람이 늘었다.

2장

/

민족과 종교

사막 가운데에 있는 콥트교(이집트에서 가장 오래된 주교제의 기독교 교파)의 아부메나 수도원. 기독교 초기에 예루살렘에 이어 중요한 순례지로 번영을 누렸다.

세계의 종교

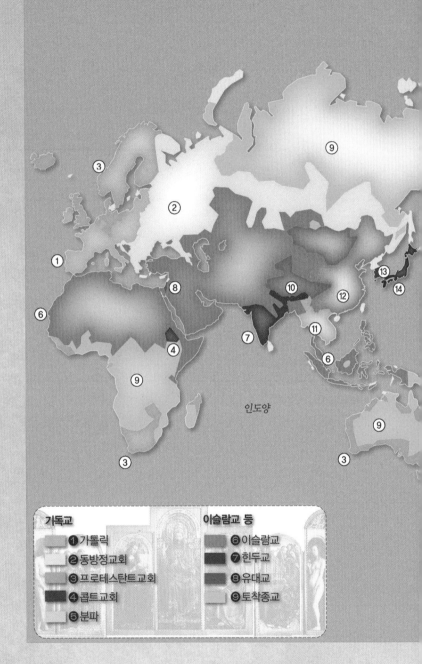

인도양

기독교
- ❶ 가톨릭
- ❷ 동방정교회
- ❸ 프로테스탄트교회
- ❹ 콥트교회
- ❺ 분파

이슬람교 등
- ❻ 이슬람교
- ❼ 힌두교
- ❽ 유대교
- ❾ 토착종교

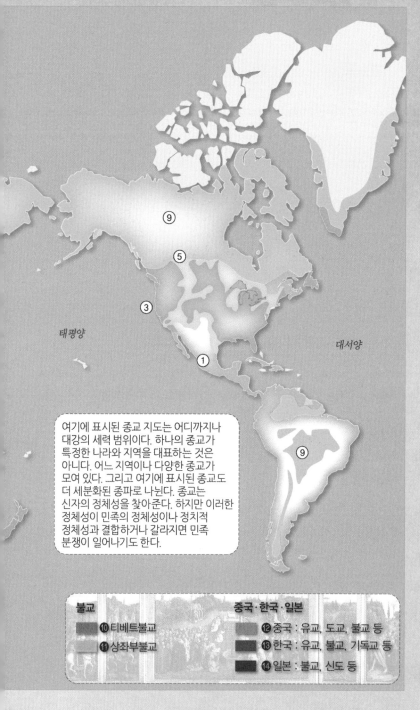

태평양

대서양

여기에 표시된 종교 지도는 어디까지나 대강의 세력 범위이다. 하나의 종교가 특정한 나라와 지역을 대표하는 것은 아니다. 어느 지역이나 다양한 종교가 모여 있다. 그리고 여기에 표시된 종교도 더 세분화된 종파로 나뉜다. 종교는 신자의 정체성을 찾아준다. 하지만 이러한 정체성이 민족의 정체성이나 정치적 정체성과 결합하거나 갈라지면 민족 분쟁이 일어나기도 한다.

불교

⑩ 티베트불교

⑪ 상좌부불교

중국·한국·일본

⑫ 중국 : 유교, 도교, 불교 등

⑬ 한국 : 유교, 불교, 기독교 등

⑭ 일본 : 불교, 신도 등

민족종교의 탄생과
세계 종교의 유래

종교는 사회의 평화를 유지하는 지혜의 축적물이다

인류는 태고 이래로 초월적인 존재를 경외하면서 정신문화를 발달시켰다. 자연현상이나 생과 사의 순환을 설명하고, 공동체의 질서를 유지하고 삶을 통제하는 방법을 후손에게 물려주었다. 그리고 사소한 일상생활을 비롯해 기도 습관, 이론, 성전과 조직을 체계화해서 종교로 승화시켰다. 종교란 인간이 거스르지 못하는 커다란 존재와의 접점으로, 사회의 평화를 유지하는 지혜의 축적물이라고 할 수 있다.

종교의 실천이 공동체나 민족 전통의 테두리에 머무는 것이 민족종교이다. 애니미즘, 샤머니즘, 토테미즘과 같은 '원시종교'로 대표되는 민족 고유의 종교는 사람들의 전도로 세계 각지로 뻗어나갔다.

세계적으로 유명한 민족종교로는 고대 유대교가 있다.

구약성서의 신은 유대인의 신이었다. '출애굽기'에서 신은 스스로 '히브리인의 신'이라 칭하고, 모세가 이끄는 이스라엘 사람들을 가나 안 땅으로 인도했다. 그리고 이집트를 탈출한 후에 이스라엘인은 모세를 통해 신과 계약을 맺었다. 유대인은 자신들이 신에게 선택받은 민족이라고 여기는 선민사상이 강해서 유대교는 전형적인 '민족종교'로 여겨졌으나, 오늘날에는 태생에 관계없이 누구나 유대교를 믿을 수 있다.

흔히 힌두교도 인도 대륙의 민족종교라고 생각한다. 하지만 인도에는 다양한 민족 신앙이 있어서 힌두교를 '인도인의 종교'라고 딱

펀자브 전통 의상을 입은 남성.

잘라 말하기는 어렵다. 힌두교가 먼 옛날에 민족을 초월해 동남아시아로 전파되고, 이제는 인도네시아의 발리섬까지 힌두교 문화가 퍼진 것을 고려하면 힌두교를 전형적인 민족종교라고 보기도 어렵다.

그 외의 민족종교로는 인도의 펀자브인이 많이 믿는 시크교와, 인도의 소수민족 파르시('페르시아인'이라는 의미)가 믿는 조로아스터교가 있다. 조로아스터교는 고대 이란에서 탄생해 한때는 큰 영향력을 발휘했으나 이슬람의 공격을 받고 쇠퇴했다. 그래서 오늘날 인도의 뭄바이에는 이란의 몇 배에 달하는 수만 명의 조로아스터교 신자가 있다. 그들을 가리켜 파르시라고 한다.

파르시는 8세기경 이슬람의 박해를 피해 인도로 집단 이주한 조로아스터교 신자의 자손이다. 현재 이란에서는 조로아스터교의 전통인 조장(鳥葬)이 금지되었으나, 파르시는 지금도 조장을 지낸다. 오랜 전통을 고수하는 소수민족이 대개 빈곤한 삶을 사는 것과 달리 파르시 중에는 경제적으로 성공한 사람이 많다(인도의 2대 재벌의 하나인 타타 그룹은 창립자가 파르시이다). 하지만 아버지가 신자가 아니면 신자로 취급하지 않는 데다 개종한 사람은 받아들이지 않는 폐쇄성이 족쇄가 되어 조로아스터교 신자는 최근 몇 년 사이에 급격히 줄었다.

민족종교와 대비되는 세계 종교로는 기독교, 이슬람교, 불교가 있다

한편, 민족종교와 대비되는 세계 종교로는 기독교, 이슬람교, 불교가 있다. 그중 세계 인구의 절반에 가까운 30억 명 이상이 유대교에서 유래한 기독교와 이슬람교를 믿는다.

기독교는 크게 동방정교회와 서방교회로 나뉜다. 서방의 로마가톨릭은 국가와 민족을 초월해 널리 보급되었고, 프로테스탄트파도 특정 민족에 치우치지 않았다. 그에 비해 동방정교회는 지역과 민족마다 독립된 종파로 분열되었다. 민족마다 자치교회를 세우고 언어의 차이 등을 반영해 독자적으로 운영하는 것이 관행처럼 정착했다. 이렇게 동방정교회는 유독 민족의 정체성과 관련된 편이라서 다른 말로 '민족교회'라고도 한다.

민족 이름이나 지역 이름을 붙인 동방정교회로는 그리스정교회, 러시아정교회, 루마니아정교회, 불가리아정교회, 조지아정교회, 세르비아정교회, 알바니아정교회 등이 있고, 이들 교회와는 교리를 달

모스크에서 기도하고 있는 후이족.

리하는 아르메니아교회, 콥트교회(이집트)가 있다. 참고로 동방정교회 측의 견해로는 로마가톨릭교회도 지방 교회에 속한다.

이슬람교는 아랍인의 민족종교로 탄생해 세계적으로 널리 퍼졌다. 이슬람에 관해서는 뒤에서 자세히 다루기로 하고, 여기에서는 이슬람권 밖에 사는 무슬림('신에게 귀의하는 자'라는 의미)에 대해 잠깐 소개하고 넘어가겠다. 우선 중국의 후이족은 당나라 시대부터 원나라 시대에 이르기까지 실크로드를 통해 유입된 페르시아인과 아랍인의 피를 이어받은 민족이다. 오랜 세월 동안 한족과 피가 섞이면서 현재는 외모도 언어도 한족과 구분되지 않지만, 신앙심은 물론 식문화와 관혼상제 등은 이슬람의 풍속을 따른다.

중국에서는 후이족이 없는 곳이 없다는 말이 있을 정도로 후이족이 많다. 중국에는 후이족 외에도 이슬람을 믿는 소수민족이 있는데(위구르족, 카자흐족, 키르기스족, 우즈베크족, 타지크족, 타타르족, 살라르족, 둥샹족, 바오안족), 대부분이 청나라 시대에 중국 일부로 귀속된 터키인으로 독자적인 언어를 갖고 있다. 그런데 후이족은 특이하게도 무슬림이냐 아니냐가 한족과 구별하는 기준이 된다.

필리핀의 모로족도 무슬림이라는 정체성을 통해 민족의식을 갖게 된 사람들이다. 모로란 스페인어로 무어인을 가리키는데 모리타니, 모로코와 어원을 같이한다. 스페인의 땅 이베리아반도는 북아프리카에서 침입한 무슬림 세력에게 오랫동안 지배를 받았다. 고대 로마인이 마우리타니아(Mauritania, 모리타니를 가리킨다)라고 부르던 북아프리카에서 온 침입자가 모로였는데, 나중에 이 말은 스페인어로 무슬림을 가리키는 말이 되었다.

16세기, 스페인의 원정대가 당시 스페인 황태자였던 펠리페 2세
(Felipe II de Habsburgo, 합스부르크 왕가 출신의 스페인 국왕으로 1580년부터
는 포르투갈 국왕이자 메리 1세의 배우자로 잉글랜드의 공동 통치 국왕이었다.
스페인 최전성기의 통치자로서, 대표적인 절대군주 가운데 한 사람)의 이름을
따서 펠리페나스(Islas Felipenas, '펠리페의 섬들'이라는 의미)라고 이름을

펠리페 2세의 초상화, 1573년, 소포니스바 안귀솔라, 프라도 미술관

붙인 지역, 다시 말해 현재의 필리핀에 속한 술루 제도와 민다나오섬의 원주민들은 이미 이슬람교를 믿고 있었다. 스페인 침략자들은 현지의 무슬림을 모로라고 부르고 가톨릭으로 개종시켜서 지배하려고 했는데, 이로 인해 산발적으로 '모로 전쟁'이 일어났다. 또 19세기 말에 스페인에 이어 이 지역을 지배하게 된 미국은 무슬림을 더욱 압박했다.

이리하여 모로로 대표되는 필리핀의 무슬림은 처음에는 스페인, 이어서 미군, 일본군, 그리고 현재의 필리핀공화국군을 상대로 전쟁을 계속해왔다. 모로라는 호칭에 비하하는 뜻이 담겨 있다고 하여 오랫동안 기피되었으나, 1970년대 이후에 무슬림을 중심으로 한 남부 주민을 가리키는 명칭으로 쓰이게 되었다. 2006년, 이슬람 무장 세력인 모로이슬람해방전선(MILF)과 필리핀 정부의 평화협상은 대략적인 합의에 이르렀다.

후이족, 모로와 나란히 구유고슬라비아의 무슬림도 이슬람교를 믿느냐 아니냐가 주변의 민족과 구분하는 기준이자 한 민족이라는 정체성을 부여해주었다. 그리고 이것이 먼 옛날, 오스만제국의 지배를 받으며 이슬람으로 개종한 세르비아인, 크로아티아인과 세르비아정교를 믿는 세르비아인, 가톨릭을 믿는 크로아티아인이 조화롭게 사는 방법이었다. 구유고가 해체한 후, 삼자의 균형이 무너지면서 피를 피로 씻는 참혹한 민족 분쟁이 끊임없이 되풀이되었다

기독교와 이슬람교, 불교 모두 사회의 평화를 유지하는 기본적인 가르침은 다르지 않다. 사람을 죽여서는 안 되고, 물건을 훔쳐서는

안 되며, 낙태해서는 안 된다. 하지만 종교·종파는 민족종교가 아니더라도 편협한 에스노센트리즘(자민족중심주의)에 연결될 가능성이 크다. 국내외에서 분란이 일어나면, 민족주의자는 살인, 강탈, 강간을 정당화하는 수단으로 종교를 이용하기 때문이다.

02

국교가 있는 나라와
국교가 없는 나라

정교 분리와 신앙의 자유를 처음으로 헌법에 명시한 것은 미국

가톨릭의 총본산이자 세계에서 가장 작은 나라 바티칸의 인구는
1,000명이 채 안 된다. 바티칸의 인구는 대부분 성직자이며, '국교'
가 국가의 근간이어서 주권도 교황이 갖고 있다. 하지만 이런 나라는
세계에서 흔치 않다. 오늘날, 세계에서 20퍼센트가 넘는 나라가 국교
를 갖고 있다. 종교의 자유를 보장한다고 해도 주요 민족의 정신문화
를 뒷받침하는 국교를 우대하고, 소수민족의 신앙을 억압하는 나라
가 적지 않다. 또 국교가 없는 나라에서도 사실상 주요 민족이 믿는
종교가 우대받는다.

서양에서는 16세기 칼뱅(Jean Calvin, 장로교를 창시한 프랑스의 개신교
신학자)의 종교개혁 이래, 정교 분리와 민주정치가 함께 움직였다. 시

민에게 보장되어야 하는 자유 중에서도 '신앙의 자유'는 역사가 오래된 셈이다. 근대 국가라면 신앙의 자유를 헌법에 보장해 국교가 없어야 마땅하다.

하지만 기독교 사회에서 신앙의 자유란 기독교의 종파를 자유롭게 선택한다는 뜻이다. 정교 분리와 신앙의 자유를 처음으로 헌법에 명시한 것은 미국이었다(1791년). 미국의 대통령은 취임식에서 성서에 손을 얹고 선서한다. 이 나라에서는 특정 종파에 지나치게 치우치지 않는 한, 정치에 신앙을 이용하는 것에 거부감을 느끼지 않는다. 결국 국교만 없다 뿐이지, 미국 사회가 기독교 사회라는 것에는 이론의 여지가 없다. 아랍의 여러 나라도 상황이 비슷하다. 아랍 국가와 이슬람교의 관계가 그러하기 때문이다.

중동이나 북아프리카와 같은 아랍 국가에 이슬람 국가가 많은 것은 당연하다고 치고, 여기에서는 주요 민족이 특정 종교와 밀접한 관계가 있음에도 국교로 삼지 않은 나라를 소개하겠다. 예를 들어, 터키는 국민의 99퍼센트가 이슬람교도지만 세속 국가를 표방한다. 이스라엘과 이웃한 시리아는 아랍 강경파라서 국제 사회에서 경계의 대상이 되고 있으나 이슬람교를 국교로 정하지는 않았다. 인접국 레바논도 시아파 과격 조직 헤즈볼라(Hezbollah)의 거점 지역이어서 이슬람 국가라고 인식하는 사람이 많지만 실은 이슬람교와 기독교가 한데 섞여 있는 '종교의 모자이크 국가'이다. 그래서 국교를 정하는 것은 고사하고, 국가를 운영할 때 항상 종교 및 종파의 균형을 고려해야 한다. 이렇게 이슬람교도가 다수를 차지하는 나라들의 경우에도 국교를 정하지 않거나 정할 수 없는 사정은 저마다 다르다. 참고로 유대인의 나라 이스라엘도 유대교를 국교로 정하지 않았다.

아시아에서는 인도네시아가 국민의 90퍼센트 가까운 1억 8,000만 명이 이슬람 신자지만 이슬람교를 국교로 정하지 않았다. 다만 종교 활동을 총괄하는 실권은 이슬람 세력이 쥐고 있다. 또 인도네시아 국민은 이슬람, 가톨릭, 프로테스탄트, 힌두교, 불교, 최근 들어 인정을 받은 유교 중 하나는 믿어야 한다. 신앙의 자유는 보장하되, 공산주의를 연상시킨다고 하여 헌법상에서 무교를 인정하지 않는다. 인접국 말레이시아는 말라카 왕조가 15세기에 이슬람교로 개종한 이후에 이슬람 국가가 되었는데, 전체 인구 중 이슬람교도가 50퍼센트 이상을 차지한다. 국왕은 말레이주의 술탄 중에서 뽑는다.

어떤 국가들이 세계 주요 종교를 국교로 삼았나?

그 외의 이슬람 국가는 다음의 표를 참조하기로 하고 나머지 종교를 살펴보자.

부탄은 최근까지 쇄국 정책을 펴던 보수적인 국가로 티베트불교를 국교로 한다. 부탄은 1989년부터 집 밖에서는 민족의상을 입을 것을 의무화하는 등 전통문화를 보호하는 데 힘쓰고 있다. 이것은 부탄 인구의 20~30퍼센트를 차지하는 파르계 주민(대부분 힌두교도)을 견제하는 정책이기도 하다.

아직 전근대적인 풍습과 전통이 남아 있는 부탄은 국민의 약 60퍼

국교	국명
국교가 정해진 나라	
국교	국명
기독교(가톨릭)	바티칸, 아르헨티나, 코스타리카, 파라과이, 볼리비아, 몰타
기독교 (프로테스탄트 복음루터파)	아이슬란드, 스웨덴, 덴마크, 노르웨이
기독교 (영국국교회)	영국
기독교 (그리스정교)	그리스
기독교	레소토
이슬람	아프가니스탄, 아랍에미리트, 예멘, 오만, 쿠웨이트, 사우디아라비아, 파키스탄, 바레인, 수단, 방글라데시, 브루나이, 말레이시아
이슬람 (수니파)	알제리, 이집트, 카타르, 코모로, 소말리아, 튀니지, 모리타니, 모로코, 리비아, 몰디브
이슬람 (시아파)	이란
불교	캄보디아
티베트불교	부탄

센트가 티베트계 부탄인이다. 그래서 티베트계 부탄인의 주도로 민주화를 진행하는 한편, 종교와 언어, 민족의상 등을 통일해 부탄의 국민 통합을 이루려고 했으나, 힌두교도가 많은 네팔계 주민의 반대에 부딪히고 있다. 심지어는 일부 네팔계 주민의 주도로 반정부 운동까지 일어나는 실정이다. 1996년에는 국제연합 인권위원회가 부탄의 민족 차별 문제를 의제에 올렸다. 한편, 불교를 국교로 정한 나라로는 캄보디아가 있다.

유럽에서 가톨릭을 국교로 정한 나라는 바티칸 외에 지중해의 떠오르는 작은 나라 몰타가 유일하다. 국민의 90퍼센트가 가톨릭 신자인 스페인조차 독재자 프랑코가 죽은 후에 헌법(1978년 성립)을 개정하고 정교 분리를 선언했다. 중남미에서는 코스타리카, 볼리비아, 파라과이, 아르헨티나가 가톨릭을 국교로 삼고 있다.

동방정교회는 알바니아정교회, 에스토니아정교회, 세르비아정교

헨리 8세, 1537~1547년, 한스 홀바인, 리버풀 워커미술관

회, 불가리아정교회, 마케도니아정교회, 루마니아정교회 등 민족 이름과 관련된 종파가 대다수인데, 이 중 그리스만 그리스정교를 국교로 삼고 있다.

프로테스탄트에서는 스웨덴, 덴마크, 노르웨이, 아이슬란드가 복음루터교를 국교로 정했다. 북구의 민주적이고 선진적인 이미지와 어울리지 않지만, 이들 나라에서는 옛날부터 국교회가 행정적으로는 국왕과 국회와 깊이 관련되어 있었다.

그리고 국교회란 특정 종교, 종파가 국가에 소속된 공적 기관으로 세속 권력이 인정한 조직을 말한다. 국교회는 종교혁명 이후에 로마 교황의 지배에서 벗어나려는 시도에서 탄생했다. 대표적인 것으로는 잉글랜드 국왕이 국교회 수장인 영국국교회가 있다.

영국국교회가 탄생한 계기는 잘 알려진 바와 같이 헨리 8세의 이혼 문제였다. 헨리 8세는 대를 잇지 못한다는 핑계로 왕비와의 이혼을 허락해달라고 요구했으나 교황은 이혼을 허락하지 않았다. 그런데 당시에는 민중 사이에서도 가톨릭 성직자에 대한 반감이 컸다. 헨리 8세는 개인적인 동기 때문이었지만 국민감정을 대변한다는 논리를 내세워 당당히 교황에게 반기를 들었다. 그리하여 민족주의를 앞세운 영국국교회가 탄생했다. 이후로 영국에서는 대주교를 왕이 임명하는 등 왕권이 종교 위에 군림하게 되었다. 다만 영국국교회는 종교개혁으로 탄생했지만 신교 중에서 교리가 가톨릭에 가장 가깝다.

그렇다면 지금은 얼마나 많은 영국인이 국교회에 속해 있을까? 공식적인 통계를 보면 2000년 초반만 해도 국교회 신자가 100만 명,

가톨릭 신자는 170만 명이라고 나온다. 대신 복음주의 신도들이 꾸준히 늘고 있어 눈길을 끈다.

또 스코틀랜드에서는 장로교(스코틀랜드의 국교회) 신자가 제법 많았고, 웨일스에서는 1920년에 국교회 제도가 폐지되어 공인된 교회가 없는 대신 감리교와 침례교가 2대 종파를 이루었다고 한다.

인도를 지배하는
힌두교와 카스트 제도

카스트로 태어나 카스트 규율을 지키는 것이 힌두교도

13억 명이 넘는 인도 국민 중에 힌두교 신자는 80퍼센트를 넘어선다. 이어서 이슬람 신자가 약 13퍼센트, 기독교 신자와 시크교도가 2퍼센트를 차지한다. 한편 인도는 식민지 독립 이후에 공식적으로 국가가 종교에 개입하지 않고 중립을 유지한다는 원칙을 표방하고 있으나, 나라의 민족주의를 형성하는 기둥으로서 힌두교가 깊이 뿌리내렸다.

인도인의 종교라는 의미에서 보면, 힌두교는 유대인의 유대교와 마찬가지로 '민족종교'이다. 하지만 '12마일만 가면 언어가 바뀐다'라는 속담이 있을 정도로 민족 구성이 복잡한 이 나라에는 절대다수를 차지하는 민족은 없다. 모순처럼 들리겠지만, 다양한 민족 집단으로 구성된 인도 문화를 하나로 통합하는 역할을 힌두교가 담당한다고 설명할 수 있다.

힌두교는 붓다나 예수, 무함마드와 같은 시조가 없으므로 '민속종교'이다. 잘 알려진 바와 같이 윤회나 우주론 등 심오하고 난해한 철학이 있는 것은 분명하지만 통일된 교리는 없다. 인도에서 압도적으로 많은 힌두교 신자는 옛날부터 기도와 공양, 제사 등의 의례를 지켜왔을 뿐이다.

따라서 지방에 따라 의례를 올리는 방식도 전혀 다르고, 모시는 신도 무수히 많다. 하지만 힌두교는 '전형적인 다신교'라고는 할 수 없고, 이념적으로는 애니미즘에서 일신교까지 포괄한다.

인도의 초대 수상 네루(Pandit Jawaharlal Nehru, 인도의 정치가로 간디의 영향을 받아 반영 독립 투쟁에 사회주의적 요소를 결합시키며 비동맹주의를 고수했다)가 '힌두교를 정의할 수 없다'라고 밝혔듯이, 힌두교는 신앙의 대상도 교리도 의례도 특정할 수 없는 막연한 무엇이다.

그러면 힌두교도라고 자각하게 하는 최대공약수는 무엇일까. 여기에서 악명 높은 '카스트(Caste) 제도'가 등장한다. 카스트로 태어나 카스트 규율을 지키는 것이 힌두교도이며, 어떤 사상을 갖느냐도 자유이다.

우리는 보통 카스트라고 하면 '사제·왕족·평민·노예'의 네 가지 계층을 떠올린다. 하지만 이것은 잘못된 상식이다. 정확히는 바르나(Varna)라고 하며, 브라만(Brahman, 사제), 크샤트리아(Kshatriya, 왕족·귀족), 바이샤(Vaisya, 평민), 수드라(Sudra, 노예)의 네 계층으로 나

Toddyman (Malabar)   Female

Mussulman Merchant   Female

카스트의 72가지 이미지 중 일부, 예일대학교

넌다. 사제 중에 농사를 짓는 사람도 있으므로, 이 구조는 다분히 이념적이라고 할 수 있다.

인도 사회에서 신분을 나누는 것으로 바르나 말고 민족 집단과 세습하는 직업으로 신분을 나누는 자티(Jati)가 있는데, 카스트라고 하면 보통 이쪽을 가리킨다. 일반적으로 자티는 수천 가지로 분류되며 사회적 차별의 기준이 된다. 최하층으로는 '지정 카스트'와 '지정 부족'이 있다. 이들은 바르나의 경계 밖에 있으며 흔히 '불가촉천민'이라고 한다.

인도 헌법은 카스트에 따른 차별을 금지한다. 정부는 지정 카스트나 지정 부족에 국공립대학의 입학이나 공무원 채용, 의회 진출 등의 우대 정책을 시행했다. 이 정책은 일정한 효과를 거두었으나, 카스트나 부족을 지정한 그 기준이 애매한 데다 상위 카스트가 '역차별'이라고 크게 반발하는 등 많은 문제를 안고 있다.

가장 큰 문제는 지정 카스트와 지정 부족에 대한 우대 정책과 보호 정책만으로는 일반 사회에서 구조화된 차별과 억압을 해결할 수 없다는 사실이다. 전 국민의 4분의 1을 차지하는 피차별자는 직업 선택이나 결혼 문제에서 제약을 받았다. 지방에서는 학대받는 일도 다반사였다. 다행히 달리트(Dalit, 불가촉천민)를 비롯한 피차별자들 사이에서 조금씩 자신들의 권리를 의식하고, 사회적 차별 및 억압과 투쟁을 벌이려는 기운이 싹트고 있다.

아리아인이 제창한 브라만교는 토착민의 토착 신앙을 흡수

인도에서 한번 노예로 태어나면 대대손손 노예가 되는 신분제가 3,000년이나 전해 내려오는 원인은 무엇일까? 그 내막은 힌두교가 성립하기 훨씬 전으로 거슬러 올라간다. 정설에 따르면, 힌두교의 전신인 브라만교는 북서쪽에서 침입한 아리아인이 인더스 문명을 꽃피웠던 드라비다인(Dravidians, 고다바리강 이남의 남인도에 살며 드라비다어를 사용하는 종족)과 그 지역에 살던 토착민들을 지배하기 위해 만들어 낸 일종의 통치 시스템이었다. 제식을 중시하는 아리아인은 브라만(사제) 계급을 정점으로 하여 피부가 흰 자신들을 상위 계급에 올려놓고, 피부가 검은 토착민을 하위 계급에 내려놓았다. 이것이 네 가지 계층의 바르나('색깔'이란 뜻) 제도의 기원이다. 이것은 제1장에서도 소개한 바와 같이 인도·유럽어족과 드라비다어족을 어원상의 개념이 아닌 인종의 개념으로 정의한 서양 학자의 잘못이 크다. 그래서 '아리아인＝백인＝브라만 계급'이라고 여기는 것에 대한 비판의 목소리가 높다.

한편, 아리아인이 제창한 브라만교는 토착민의 토착 신앙을 차근차근 흡수해갔는데, 흡수되는 쪽도 그렇게 호락호락하지는 않았다. 시바, 비슈누를 비롯해 인도의 신들은 여러 신화에서 유래해 복합적인 성격을 띠었다. 인기가 많은 시바의 아내를 여러 지방의 여신으로 모신 것처럼 여러 민족 집단이 모시던 신앙의 대상을 모조리 힌두화했기 때문이다. 융통성이 넘친다고 해야 할까. 요컨대 힌두교는 수천 년에 걸쳐 만들어진 싱크리티즘(종교적 혼합)의 정수였고, 이런 관대함이야말로 힌두 문화의 특징이라고 할 수 있다.

언뜻 보기에 종교적 관대함은 카스트 제도와 모순 관계라고 할 수도 있다. 그러나 계급 간의 결혼을 인정하지 않는 카스트 제도는 민족 집단, 직업 집단만의 고유한 전통을 그대로 유지하게 만든 요인이었다. 비록 카스트 제도는 문제가 많은 제도지만 인도에서 힌두교적 질서를 지키게 한 것도 사실이다.

인도에서는 다수(Majority) 대 소수(Minority)라는 단순 모델이 통하지 않는다. 80퍼센트를 차지하는 힌두교 신자가 종교적으로는 다수이지만 언어와 카스트 제도에 가로막혀 단합하지 못하기 때문이다. 민족 혹은 언어 집단끼리도 카스트 제도로 신분이 나뉘어 통일된 정체성을 갖기 어렵다. 인도의 복잡한 민족 구성을 보면 언제라도 민족 문제가 터져도 이상하지 않을 것이다. 그런데도 지금까지 별문제 없이 사회가 유지된 것은 카스트 제도 때문이다. 단, 이슬람 신자를 상대로 하면 이야기가 달라진다. 이제 종교 대립에 대해 알아보자.

힌두교와 이슬람교가
카슈미르에서 충돌

힌두교와 이슬람교의 대립은 영국의 '이간질' 식민 정책이 원인

힌두교 대 이슬람교 분쟁이 가장 심각한 형태로 드러난 것은 카슈미르 문제였다. 인도가 카슈미르 지방의 영유권을 둘러싸고 이슬람 국가인 파키스탄과 긴장 상태에 놓인 것은 양국이 독립하던 시기로 거슬러 올라간다.

인도아대륙(印度亞大陸) 북부에 이슬람교도가 본격적으로 들어온 것은 11세기 무렵이었다. 몇 개의 왕조가 흥망을 거듭하다 1526년에 무굴제국(Mughal, 오늘날의 인도 북부와 파키스탄, 아프가니스탄에 이르는 지역을 지배한 이슬람 왕조)이 세워졌다. 오랜 세월 동안 이슬람의 지배하에 있던 인도 북부의 펀자브 지방과 파키스탄 남부의 신도 지방의 농촌 지역에 살던 하위 계층이 이슬람으로 개종해 무슬림이 되었다. 하지만 이슬람 정권은 힌두 사회의 구조나 문화를 파괴하지는 않아서 대부분의 힌두교도는 카스트 제도를 기초로 한 전통적인 생활을 고수했다. 역대 황제 중에서도 무굴제국의 제3 황제 악바르는 힌두교도에게 관용 정책을 펼치는 등 선정을 펼쳐 명성이 높았다. 하지만 17세기 말, 악바르가 폐지한 인두세(지즈야)를 부활시키자 각지에서 반란이 일어난다.

무굴제국이 쇠퇴하자 영국은 이 땅의 식민지 지배를 강화하고, 19세기 중엽에는 현재의 파키스탄, 방글라데시를 포함한 인도아대륙의 거의 전 지역을 지배하게 되었다. 그리고 인도인의 불만을 달래기 위해 인도국민회의(Indian National Congress, 영국의 인도 통치를 개선하려는 목적으로 인도 정부의 내무장관이던 영국인 흄이 인도 협회를 결성하고 있었던 바널지 등과 더불어 만든 단체)를 설립했다(1885년). 이곳에서 민족 운동이 일어날 조짐이 보이자 곧바로 독립운동의 맥을 끊어놓기 위해 이슬람 신도를 중심으로 하는 전인도무슬림연맹을 발족시켜서(1906년) 종교 대립을 부추겼다. 오늘날 힌두교와 이슬람교의 대립이 이토록 심각해진 배경에는 대영제국의 '이간질' 식민 정책이 원인으로 작용했다.

인도국민회의와 전인도무슬림연맹은 함께 식민지 독립운동을 펼치기도 했다. 제2차 세계대전이 일어난 후, 국민회의파는 통일 인도를, 무슬림은 분리·독립을 주장하면서 갈라섰다. 그러다 1947년에 인도와 파키스탄(현 방글라데시를 포함)으로 분리·독립했다. 이때, 인위적으로 그어진 국경선에는 각 나라로 이주하려는 사람들로 대혼란

카슈미르 분쟁 지역

타지키스탄

아프가니스탄

중국

1963년 파키스탄으로부터 중국이 얻은 영토. 인도는 중국에 반환 요청.

잠무 카슈미르 왕국의 전통적인 경계선.

빙하 지역

K2봉

북부 카슈미르 (現 파키스탄령)

아자드 카슈미르 (現 파키스탄령)

이슬라마바드

아크 사이친 인도-중국 간 분쟁 지역 (現 중국령)

중국 주장 국경

정전선

잠무 카슈미르 (現 인도령)

파키스탄

잠무

인도

중국

① 영국이 맥마흔 라인을 국경선으로 정함 (1914년)
② 영국으로부터 독립한 인도와 파키스탄 분리 (1947년)
③ 티베트의 달라이 라마가 인도에서 망명정부 수립(1959년)
④ 인도와 중국이 카슈미르 동쪽에서 전쟁 (1962년)
⑤ 중국이 승리, 인도군 철수(1962년)
⑥ 인도와 파키스탄은 카슈미르에서 3차례 전면전(1949~1971년)
⑦ 1964에 중국, 1974년에 인도, 1998년 파키스탄까지 핵보유국으로 등장
⑧ 소련의 붕괴로 인도는 미국과 동맹관계 맺음 (2001년)
⑨ 파키스탄에서 오사마 빈 라덴이 암살된 후 파키스탄은 반미로 돌아섬(2011년)
⑩ 중국과 파키스탄이 다시 손을 잡음(2011년)
⑪ 인도는 중국, 파키스탄과 각각 대치 중

아크 사이친

100년 전에 영국이 인도를 식민 지배할 때, 영국은 아편전쟁에서 패배한 청나라(중국)와 인도의 접경 지역에 '맥마흔 라인'을 국경선으로 그었다. 이 사건이 영국과 인도 영토 분쟁의 시작이다. 그 후 영국으로부터 독립한 인도는 이 라인을 국경선으로 여기고, 중국은 영국 침략 이전의 국경선을 주장하면서 마찰을 빚기 시작했다. 결국 인도와 중국은 1962년 10월부터 한 달 동안 전쟁을 치르기도 했다. 중국이 이 전투에서 승리하고 아크 사이친을 차지했지만, 국경선은 여전히 합의하지 못했고, 언제 전쟁이 터질지 모르는 상황이다.

네루

린뱌오

을 이뤘다. 특히 파키스탄과 인도의 국경에 걸쳐 있는 펀자브 지방에는 파키스탄에서 인도로 향하는 힌두교도, 시크교도와, 인도에서 파키스탄으로 가려는 무슬림이 충돌했다. 전쟁을 방불케 하는 혼란의 틈바구니에서 서로 집단 학살을 벌여 수십만 명의 무고한 희생자가 발생했다.

그럼 카슈미르 분쟁의 원인을 살펴보자. 카슈미르의 지도자는 힌두교 신자였으나 카슈미르에 사는 사람들은 대부분 무슬림이었다. 그래서 독립한 후에 카슈미르 지도자가 최종적으로 인도에 편입하기로 결정했는데, 파키스탄 측에서 이 결정을 거부하고 독립 직후와 1965년에 제1차 인도-파키스탄 전쟁, 제2차 인도-파키스탄 전쟁을 일으켰다. 그 후에도 양국은 핵무장을 할 때까지 긴장 상태를 지속했다. 그리고 1971년에 일어난 제3차 인도-파키스탄 전쟁에서는 동파키스탄(현 방글라데시)의 독립에 인도가 개입해 서파키스탄(현 파키스탄)을 격퇴했다.

앞에서 설명한 바와 같이 힌두 민족주의는 영국의 식민지 지배에 저항 운동을 하던 가운데 싹튼 것으로, 처음부터 무슬림과 날카롭게 대립한 것은 아니었다. 하지만 분리·독립을 둘러싼 전쟁과 그 후의 양국을 둘러싼 주변 정세는 두 종교 간의 대립을 격화시켰다. 1992년, 힌두교도의 주도로 이루어진 인도 동북부의 아요디아 모스크 파괴 사건이 발생해 인도 전체를 대혼란에 빠트리고 수천 명의 희생자를 냈다.

1998년에는 힌두교 제일주의를 외치는 인도인민당이 독립 이후

잠무 카슈미르의 달 호수, ⓒ Basharat Alam Shah, W-C

일당 우위를 유지하던 인도국민회의를 무너트리고 연립정권을 수립했다. 같은 해 인도와 파키스탄이 잇달아 핵탄두 탑재가 가능한 중거리 미사일 발사 실험을 하여 국제 사회로부터 비난을 받았다. 1995년부터 봄베이가 뭄바이, 마드라스가 첸나이, 캘커타가 콜카타로 바뀐 것은 오랫동안 불러온 영어와 포르투갈어식 지명을 현지 명칭으로 바꾸는 일련의 움직임에 따른 것이다. 이는 힌두 민족주의와 무관하지 않다.

인도인민당의 바지파이(Vajpayee) 총리는 2001년 12월에 인도 국회의사당 습격 사건이 벌어지자 파키스탄을 정면에서 비난했다. 이 일로 말미암아 양국 간의 긴장감이 거세졌으나 2003년에 대화를 재개했다. 2004년의 총선거에서는 대부분의 예상을 깨고 인도국민회의가 다시 정권을 잡으면서 평화노선이 유지되었다. 하지만 2005년 10월 뉴델리에서 연쇄 폭파 사건이 일어나고, 2006년에는 뭄바이에서 약 200명의 희생자를 낸 연쇄 열차 폭파 사건이 발생했는데, 두 사건 모두 이슬람 과격파에 의한 소행으로 추정된다.

시크교도 싱 총리는 인도 최초의 소수파 종교 출신이다

그럼 무슬림 이외의 종교적 소수파도 살펴보자. 편자브인 시크교도가 일으킨 편자브 지방의 분리·독립 운동은 앞에서 설명한 아요디아의 모스크 파괴 사건보다 훨씬 많은 희생자를 냈다. 참고로 시크교는 16세기에 이슬람의 영향을 받아 힌두교에서 분리된 종교이다.

푸른 터번을 두른 인도의 만모한 싱 총리.

인도의 14대 총리 만모한 싱(Manmohan Singh)은 수염을 기르고 항상 푸른 터번을 두르는데, 수염과 터번이 시크교도의 트레이드마크이다. 시크교도는 개인 이름 뒤에 싱(Singh)을 붙이는 것이 관례로, 싱은 엄밀히 말해 성이 아니다. 덧붙여 말하면 싱 총리는 인도의 역대 총리 중에 최초의 소수파 종교 출신이다.

시크교는 카스트를 부정하고,

여성을 차별하지 않고, 우상 숭배를 금지하고, 권위주의나 형식주의를 배제하는 사상을 가진 종교로, 인도 사회에서는 매우 이례적인 종교이다. 일반적인 시크교도는 공격적이지 않지만 1984년에 일부 과격파 조직이 독립 국가 '칼리스탄(Khalistan, 청정한 땅)'의 수립을 주장하며 무력 공세를 펼쳤다. 당시 인디라 간디 총리가 무력으로 맞서면서 사태는 악화되었다. 그 후, 시크교도에게 간디가 암살당하고, 그 보복으로 약 3,000명의 시크교도가 힌두교도에게 학살당하는 등 양쪽의 대립이 격화되었다. 하지만 무분별한 테러로 일반 시크교도의 지지를 잃으면서 분쟁은 막을 내렸다.

그런데 힌두 사회에서는 시크교를 힌두교의 일파로 본다. 무엇이든 받아들이는 힌두교의 특성상, 시크교가 카스트를 부정하기는 해도 이슬람이나 기독교와 같은 외래 종교가 아니기 때문에 힌두교의 일부라고 여기는 것이다. 그리고 힌두교가 성립하기 전, 브라만의 가르침에 반발해 탄생한 불교와 자이나교(Jainism, 불교가 발생하던 시대에 인도에서 창시된 종교로, 기원전 9세기 이전부터 존재했던 것으로 추정된다)도 힌두교의 일파로 본다.

불가촉천민의 아버지로 불리는 암베드카르.

현재 자이나교 신자는 인도 인구의 0.4퍼센트에 불과하지만 어쨌든 살아남았다. 반면 카스트를 부정하는 불교는 인도에서 거의 살아남지 못했다. 힌두화라는 큰 파도에 휩쓸려 사라진 것이다.

그런데 최근 들어 인도에서는 불교 신자가 점점 늘어나고 있다. 이것은 독립 후 인도 헌법의 기초를 세우고 인도 초대 법무대신을 지낸 빔라오 암베드카르(Bhimrao Ramji Ambedkar, 인도의 사회 개혁 운동가이자 정치가로 불가촉천민의 권리를 찾기 위해 애썼고, 독립노동당을 결성했다)가 벌인 개종 운동 때문이다. 피차별 계급이었던 암베드카르는 인도가 독립할 때, 헌법에 카스트 차별 금지 조항을 넣으려고 애썼다.

'독립의 아버지' 간디는 불가촉천민을 '하리잔(신의 아들)'이라고 부르며, 차별은 부정하되 카스트 제도는 용인했다. 그런데 암베드카르는 카스트 제도를 지지하는 힌두교와 등을 지고, 죽기 2개월 전에 수십만 명의 피차별자와 함께 불교로 개종했다. 암베드카르는 불가촉천민을 '신의 아들'이 아니라 '억압받은 사람들, 파괴된 사람들'이란 의미에서 '달리트'라고 불렀다.

소승불교는 인도에서
동남아시아로 전파

불교에는 대승불교와 소승불교가 있다. 석가의 열반 후, 약 100년이 지나서 불교 승단이 계율을 둘러싸고 전통파와 비전통파로 분열되었다. 전통파는 '상좌부(테라바다, 장로(長老)들의 길이란 뜻)'라고 하여 출가 수행에 따른 개인적인 해탈을 설파했다. 그런데 신흥 세력인 '대중부(大衆部)' 지도자들은, 수행하지 않으면 구원받지 못한다는 상좌부의 교리가 편협하고 이기적이라며 비판하고 상좌부를 '소승'이라고 폄하했다. 때문에 그들은 스스로 '대승(마하야나(maha-ya-na), '뛰어난 탈것'이라는 뜻으로 탈 것을 가르침에 비유했다)'이라고 불렀다.

대승의 교리는 재가를 포함해 모든 사람들의 구제와 해탈을 목표로 했다. 간단히 말하면 출가해 힘든 수행을 하지 않아도 누구나 성불할 수 있다고 설파한 것이다. 대승불교(북방불교)는 중국, 한반도를 거쳐 일본에까지 전파되었다.

상좌부불교에서는 성인 남자가 평생에 한 번은 출가한다

상좌부불교(上座部佛敎, 대중부불교와 함께 인도 불교의 2대 부문 중 하나)
는 인도에서 고대 스리랑카를 거쳐 남인도와 동남아시아에 퍼졌다.
그래서 남전불교(남방불교)라고도 불린다. 현재 스리랑카에서는 주요
민족인 불교 신자와 소수민족인 힌두교 신자 간의 항쟁이 심각한 상
태이다. 거기에 관해서는 나중에 알아보기로 하고, 우선은 동남아시
아의 상좌부불교를 살펴보자.

동남아시아에서는 불교를 국교로 하는 캄보디아를 비롯해 타이,
미얀마와 라오스까지 상좌부불교 신자가 압도적으로 많다. 타이의
국기는 붉은색, 흰색, 파란색의 세 가지 색깔로 구성되었는데, 그중
에서 흰색은 불교를 상징한다. 캄보디아의 국기도 중앙에 그려진 역
사 유적 앙코르와트의 흰색이 불교의 상징이다(사실 앙코르와트는 힌두
교의 비슈누 신을 모신 사원이다).

라오스는 1975년에 600년 넘게 계속된 왕조가 폐지되었으나, 과거
의 라오스왕국 헌법에서는 불교가 국교로 지정되었다. 왕정 시대의
국기에는 머리가 세 개인 흰 코끼리가 나오는데, 그 코끼리가 등에
진 5층 계단이 불교의 다섯 가지 계율을 뜻했다. 사회주의 체제를 지
향하는 지금도 불교는 국가와 국민의 정신적 지주이며, 주요 민족 라
오뿐만 아니라 소수민족에게도 깊게 뿌리내렸다.

상좌부불교에서는 일반적으로 성인 남자가 평생에 한 번은 '득도',
즉 출가하는 것을 당연하게 여긴다. 물론 환속은 자유라서 1, 2주로

단기간 동안 출가하는 남성이 많다. 이러한 일시적인 출가는 본격적인 수행을 하여 절대적인 구원, 즉 열반의 경지에 오르기를 염원하는 출가승과는 다르게, 해탈에는 이르지 못해도 내세에는 더 나은 삶을 살기를 원하는 서민의 기원을 나타내는 것이라고 할 수 있다.

지역에 따라서는 성인이 되는 통과의례로 출가를 권하거나, 죄를 저지르고 법의 심판을 받아서 복역한 후에 출가로 수행을 쌓게 하는 곳도 있다. 한편, 상좌부불교에서 여성은 수행을 해도 득도가 불가능했지만, 최근 스리랑카에서는 여성의 출가를 인정했다.

시중에서 흔히 볼 수 있는 탁발승은 황색 목면으로 된 옷을 몸에 걸치고 있는데, 이 옷은 스무 살이 안 된 수행승부터 고승까지 신분의 구별 없이 입는다. 탁발승에게 시주하면 공덕을 쌓게 된다. 그 외에도 사원에 기부를 하거나, 5계(죽이지 않는다, 훔치지 않는다, 불륜을 하지 않는다, 거짓말을 하지 않는다, 술을 마시지 않는다)를 지키고, 작은 새나 물고기 등을 방생하는 등의 선행을 베풀면 내세에는 행복한 삶을 살게 된다고 믿는다. 아이의 출가는 부모의 덕이 되므로 출가는 효도의 하나라고 볼 수 있다.

타이에서는 헌법에 따라 국왕이 되면 자동으로 불교 신자가 된다. 그래서 9대 국왕인 푸미폰(Bhumibol Adulyadej) 왕도 즉위하고 약 10년이 지나서 잠시 출가했었다. 한편, 고대 인도의 서사시 《라마야나》(고대 인도의 산스크리트어로 된 대서사시)에 등장하는 전설의 왕자 라마의 이름을 국왕의 칭호로 쓴 것에서도 알 수 있듯이, 힌두교 혹은 브라만교는 왕실의 전통과 관계가 깊다. 라마는 비슈누 신의 화신이 되고, 비슈누 신이 타고 다니는 전설의 새인 성조(聖鳥) 가루다는 타이의 국장이 되었다. 오늘날 타이는 비슈누 신을 모시지 않지만 상좌부 불교보다 앞서 동남아시아에 뿌리내린 힌두 문화의 잔재가 곳곳에 남아 있다.

서민들에게는 옛날부터 전해 내려오는 정령 신앙이 강하게 뿌리내렸는데, 그 증거로 불교 신자 사이에서도 정령 신앙에서 유래한 다양한 생활 습관을 엿볼 수 있다. 힌두 문화의 영향을 받은 모습이나 불교와 정령 신앙이 융합된 것은 타이뿐만 아니라 이 지역 일대에서 쉽게 볼 수 있는 광경이다.

미얀마의 주요 민족 버마와 소수민족 카렌의 종교 갈등

한편, 동남아시아에서는 역사가 깊지 않은 기독교나 이슬람교와 전통적인 종교가 섞이는 싱크리티즘의 흔적이 없다. 싱크리티즘은 고사하고 두 종교가 얽혀서 분쟁이 일어나지 않을까 우려되는 상황이다.

이 지역에서 종교와 관련된 민족 문제로는 미얀마의 카렌(Karen, 카인족 또는 카렌족은 미얀마의 남부와 남동부에 주로 사는 민족 집단)이 일으킨 분리 · 독립 운동과 난민 문제가 가장 심각하다. 카렌이라고 총칭되는 민족 집단에는 언어가 다른 하위 그룹이 있는데, 각자 처한 상황이 달라서 하나로 묶어서 설명하기는 곤란하다. 하지만 기독교와 관련된 것만 간추려서 설명하면 다음과 같다.

황동 고리를 목에 두른 카렌족 중 빠다웅족 여인.

    미얀마의 주요 민족 버마와 소수민족 카렌은 19세기 이후에 갈등의 골이 깊어졌다. 당시 종주국이었던 영국이 버마의 반란을 진압하려고 카렌을 중용해 기독교 포교와 민족의식을 각성하는 공작을 벌였기 때문이다.

    버마연방공화국(1989년에 미얀마연방으로 나라 이름이 변경됨)이 성립된 1948년에 카렌민족동맹(KNU)은 카렌주의 독립과 민족 자치를 요구했지만 그 요구가 받아들여지지 않자, 그 후 반세기가 넘게 무력 항쟁을 계속했다.

    버마 정부가 불교를 국가 통제의 수단으로 삼고 불교 신자 우대 정책을 펼치자, 독립 전쟁에 관여하지 않았던, 기독교를 믿던 소수민족이 반발했다. 또 1962년 군사 쿠데타로 군부가 들어선 이후, 특히

1980년대부터는 카렌을 비롯한 소수민족에 대한 탄압이 나날이 심해졌다. 그중에서도 군은 게릴라 소탕 작전을 명목으로 타이와의 국경 인근의 산간 지역에 모여 사는 카렌을 대규모로 학살·강간하고, 강제 노동을 시키고, 촌락을 파괴했다. 집을 잃은 카렌이 100만 명을 넘어서고, 그중 군의 탄압을 피해 타이 쪽으로 도망간 난민은 십수만 명에 달한다.

타이에 있는 난민 캠프는 최소한의 의식주가 보장되는 곳이었으나 또다시 신앙 문제로 갈등이 발생했다. 캠프에는 불교를 믿는 카렌도 적지 않았는데, 난민을 지원하는 국외 NGO 단체 대부분은 기독교 단체라서 불교를 믿는 카렌과 기독교를 믿는 카렌을 차별적으로 지원했다. 교회나 기독교 단체가 운영하는 학교에서는 영어 교육이나 컴퓨터 교육을 받을 수 있는 데 비해, 불교 신자의 자식이 다니는 학교는 환경이 열악했다. 그래서인지 많은 불교 신자의 아이들이 기독교로 개종하기도 했다.

06

스리랑카의 분쟁은
불교와 힌두교의 싸움

아리아계의 신하라인과 드라비다계의 타밀인이 충돌

인도의 남동쪽에는 섬나라 스리랑카가 있다. '성스러운 빛이 빛나는 섬'이라는 뜻의 이 나라에 내전이 시작된 지 오래되었다. 민족 간의 심각한 종교 대립이 전쟁의 원인이었다. 스리랑카의 주요 민족은 기원전 6세기에 인도 북부에서 침입한 아리아계 신하라인으로 오늘날 인구의 70~80퍼센트를 차지한다(이 지역에 살고 있던 수렵채집 민족 베다(Vedda)는 이미 신하라인과 피가 많이 섞였다). 신하라인의 대부분은 상좌부불교 신자이다. 기원전에 들어와서 식민지 시대에 잠시 쇠퇴했던 불교는 19세기 후반에 '타도 영국'의 기치를 내걸고 부흥한 이래, 이 나라의 불교는 '신하라불교'라고 부를 정도로 신하라의 민족주의와 깊이 연결되었다.

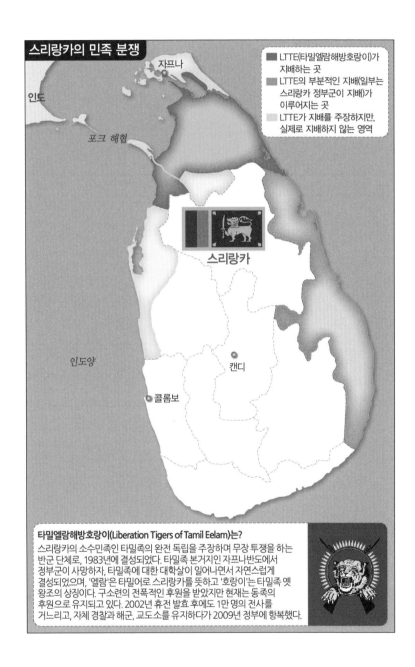

스리랑카의 민족 분쟁

■ LTTE(타밀엘람해방호랑이)가
지배하는 곳
■ LTTE의 부분적인 지배(일부는
스리랑카 정부군이 지배)가
이루어지는 곳
□ LTTE가 지배를 주장하지만,
실제로 지배하지 않는 영역

자프나

인도

포크 해협

스리랑카

인도양

캔디

콜롬보

타밀엘람해방호랑이(Liberation Tigers of Tamil Eelam)는?

스리랑카의 소수민족인 타밀족의 완전 독립을 주장하며 무장 투쟁을 하는
반군 단체로, 1983년에 결성되었다. 타밀족 본거지인 자프나반도에서
정부군이 사망하자, 타밀족에 대한 대학살이 일어나면서 자연스럽게
결성되었으며, '엘람'은 타밀어로 스리랑카를 뜻하고 '호랑이'는 타밀족 옛
왕조의 상징이다. 구소련의 전폭적인 후원을 받았지만 현재는 동족의
후원으로 유지되고 있다. 2002년 휴전 발효 후에도 1만 명의 전사를
거느리고, 자체 경찰과 해군, 교도소를 유지하다가 2009년 정부에 항복했다.

1948년, 영국의 자치령으로 독립한 이래, 실론(Ceylon, 1972년에 스리랑카로 나라 이름을 바꿈)에서는 상좌부불교가 국교로서 대접받았다. 또 1956년에는 신하라어가 유일한 공용어로 결정되었다. 이렇게 신하라인이 주축이 된 불교 신자를 우대하는 정책을 강화하자 인구의 20퍼센트에 육박하는 힌두교 신자들(타밀인)은 위기감을 느꼈다.

　타밀인은 아리아인보다 먼저 인도 북부를 지배했던 드라비다인의 자손이다. 드라비다인은 기원전 2500년 무렵에 메소포타미아에서 인도 북부에 침입해 고대 인더스 문명을 부흥시켰다. 하지만 문명이 쇠퇴한 후 이곳에 침입한 아리아인에게 쫓겨 1500년경에 남인도 등지로 떠돌아다니다 아리아인에게 예속되었다. 아리아인은 브라만교라는 통치 시스템을 만들고, 토착 드라비다인을 바르나 제도의 최하층 수드라에 봉했다.

　타밀인은 드라비다계 민족을 대표하는 민족이라고 할 수 있다. 타밀어를 쓰는 사람은 남인도의 타밀나두(Tamil Nadu)주를 중심으로 스리랑카, 싱가포르, 말레이시아 등 세계 각지에 7,400만 명이나 된다. 계층이 낮은 타밀인이 많은 남인도에는 북인도에 대한 반감이 뿌리 깊게 남아 있어서 자연스럽게 드라비다 민족주의가 형성되었다.

　남인도의 타밀인이 스리랑카에 이주한 것은 신하라인보다 늦은 기원전 2세기경으로 추정된다. 인도에서 온 침입자는 몇 번이나 신하라 왕조의 수도를 정복했다. 특히 남인도에 왕조를 세운 타밀계 촐라인은 11세기에 섬의 대부분을 점령했다. 그 후에도 섬의 북단에 있는 자프나반도에 왕국을 건설하는 등 정착이 계속되었다. 타밀인의 이

주로 서로 공방을 거듭하던 지역도 있었지만, 섬 전체로 보면 타밀인과 신하라인은 서로를 인정하며 함께 살아왔다고 할 수 있다.

신하라는 불교 부흥 운동으로 영국과 기독교의 지배에 대항

그런데 영국이 지배하던 19세기, 커피와 사탕수수 등을 재배하기 위해 남인도에서 다수의 타밀인이 이주하면서 민족 간의 균형이 무너졌다. 원래 분할 통치를 비롯해 수단과 방법을 다 동원해 민족 간의 대립을 부추기는 것이 영국의 특기였다. 그런 시대에 신하라인의 정체성과 직결된 불교 부흥 운동이 활발해지면서 신하라 민족주의자의 목소리가 높아졌다.

사실 불교 부흥 운동은 영국과 기독교에 대항해 일어난 것이다. 한편에서는 19세기 유럽에서 제기된 아리아인 우위설도 신하라인의 정체성을 확립하는 데 이용되었다. 그리고 브라만교가 주류를 이루는 사회에서 탄생한 불교를 지상의 가르침처럼 떠받들었다. 아리아계인임을 과시하던 신하라 엘리트 민족주의자는 독립 후 정권의 핵심을 차지하며 '신하라 온리'라는 슬로건 아래 신하라 민족주의를 부추겼다. 이것이 소수민족이자 힌두교 신자인 타밀인의 분노를 사서 결국에는 과격파의 주도로 분리 · 독립 운동이 일어났다.

신하라는 신하라어로 '사자'라는 뜻이다. 신하라인의 신화에는 '신하라왕국의 건국 시조는 수사자의 피를 이어받았다'라고 나온다. 현재 국기에도 신하라왕국의 상징인 검을 든 사자가 그려져 있다. 한

타밀인의 건축술로 지은, 시바 신을 위한 안나마라야르 사원, 티루반 나말라이. ⓒ Brad Coy, W-C

편, 사자족의 수도를 몇 번이나 정복한 촐라인의 왕조는 문장에 호랑이를 넣었다.

타밀인 과격파의 선두에 있는 조직 '타밀엘람해방호랑이(LTTE)'가 결성될 때, 수뇌부는 조직의 이름을 '타밀의 새로운 호랑이'라고 지었다. 이 이름은 말할 것도 없이 신하라의 사자에 대항해 같은 타밀계인 촐라 왕조의 상징에서 따온 것이다.

타밀엘람해방호랑이는 스리랑카 북동부의 분리·독립을 주장하며 1970년대 말부터 무력 공격을 강화했다. 1983년, 수도 콜롬보에서 타밀인 상점들에 연달아 방화와 약탈이 일어나고 형무소에 들어간 신하라 폭도가 타밀인 정치범을 학살하는 등 폭동이 일어났다. 수일 동안 스리랑카 각지에서 타밀인 학살 사건이 일어났고, 스리랑카는 내전에 돌입했다. 이 내전으로 희생된 사람은 7만 명에 달했다.

타밀인이 5,000만 명이나 거주하는 인도는 한때 타밀 세력에 조력했으나, 라지브 간디가 총리가 된 후 방침을 바꾸고 인도 스리랑카 평화협정에 조인하고 평화유지군을 보냈다. 하지만 이것이 라지브 간디 총리의 죽음을 부르고 말았다. 1991년, 타밀인 과격파(LTTE라고 한다)가 폭발물을 몸에 설치한 여자를 '배신자' 라지브에게 보냈기 때문이다. 라지브의 어머니 인디라 간디 수상이 시크교도 과격파에게 죽임을 당한 지 7년 후의 일이었다. 자폭 테러는 그 후에도 스리랑카 대통령 외에 정부 요인을 차례로 피의 제물로 삼았다.

2002년, 노르웨이의 중개로 정부와 타밀엘람해방호랑이는 정전협상을 맺었다. 그리고 곧 평화협상을 시작했으나 다음 해에 중단되었다. 2006년 2월, 정전 확인을 위한 대화를 재개하지만 곧 무기한 연기되었다. EU(유럽연합)가 타밀엘람해방호랑이를 테러 조직이라고 규정하고 정부 편을 들자, 타밀엘람해방호랑이는 협상 테이블에 앉는 것을 거부했다. 테러와 정부군의 보복이 되풀이되다가 2009년에 타밀엘람해방호랑이가 항복함에 따라 오랜 내전은 종지부를 찍었다.

07

중국에 동화되는
티베트의 불교와 언어

티베트 문제는 정치 문제이며, 민족 문제이며, 종교 문제

2006년 7월 1일, 중국 칭하이성의 시닝에서 티베트 자치구(시짱 성)의 라싸까지 칭짱 철도가 개통되었다. 거리가 1,956킬로미터, 티베트 구간의 평균 해발은 4,500미터로 '서부대개발'이라는 국가 프로젝트의 하나였다. 과거에 육지의 고도라고도 불리던 티베트행 육로는 베이징에서 라싸까지 직행하면 48시간이 걸린다. 칭짱 철도는 티베트의 경제, 특히 관광산업의 발전에 크게 기여했다. 하지만 이것은 중앙 정부의 관점이다.

1989년에 티베트의 정신적 지도자인 달라이 라마 14세가 노벨평화상을 수상하고, 국제 사회의 시선은 한동안 티베트 문제에 쏠렸다. 1997년에 나온 미국 영화 〈티벳에서의 7년〉도 티베트의 비극을 세계

칭짱 철로를 달리는 NJ2 기차, ⓒ Henry Chen, W-C

에 널리 알리는 데 한몫했다. 하지만 중국 정부는 국제 사회의 비판을 계속 외면했다. 경제 개방 노선으로 얻은 결실을 향유하며 경이적인 경제 발전을 이룬 현재, 겉보기에 티베트 문제는 중앙 정부에서 단순히 경제가 뒤떨어진 후진 지역을 어떻게 개발하고 지원하느냐가 관건인 것 같다. 그리고 중국이 거대한 시장이 됨에 따라 티베트 문제에 이의를 제기하는 국제 여론도 급속도로 사그라졌다.

그러면 티베트 문제는 무엇일까? 제2차 세계대전이 끝나자 식민 지배를 받던 세계 여러 나라에서 잇달아 독립을 선언했다. 그런데 1949년 중화인민공화국이 성립한 후, 시대의 흐름에 역행해 중국이 티베트를 식민지로 삼으면서 비극은 시작되었다. 중국인민해방군이 티베트를 침공한 것은 세계에서 마지막으로 남은 정교일치의 봉건국

티베트 라싸까지 연결된 칭짱 철도(시닝~라싸 간)

칭짱 철도
세계에서 가장 해발고도가 높은(5,072m) 곳에 놓인 중국의 철도로, 칭하이성 시닝에서 티베트의 라싸까지 운행되고 있다. 칭짱고원(티베트고원)을 가로지르기 때문에 칭짱 철도라고 불리며, 하늘길이라고 불리기도 한다.

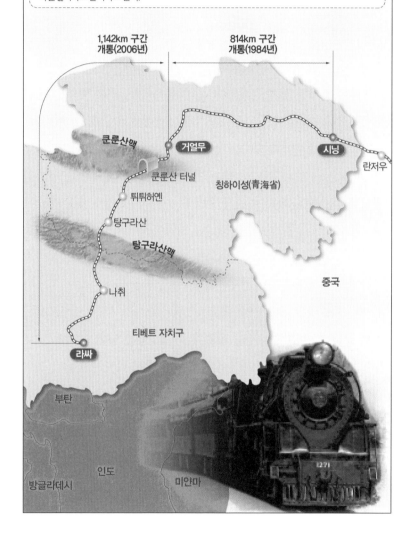

1,142km 구간 개통(2006년)

814km 구간 개통(1984년)

쿤룬산맥

거얼무

시닝

란저우

쿤룬산 터널

튀튀허옌

칭하이성(青海省)

탕구라산

탕구라산맥

중국

나취

티베트 자치구

라싸

부탄

인도

방글라데시

미얀마

가로부터 인민을 해방한 것이라고 중국 정부는 주장했다.

한편, 티베트 측은 티베트는 원래 독립국이며, 중국의 침략으로 수십만 명에 이르는 티베트인이 학살되었을 뿐만 아니라 철저한 종교 탄압을 받았다고 주장했다. 티베트인은 현재 티베트 자치구 외에 네 개의 자치주에 살고 있지만, 자치주는 물론 자치구에서도 중국이 약속한 자치는 이루어지지 않았다.

티베트 문제는 정치 문제이며, 민족 문제이며, 종교 문제이다. 티베트에서 불교는 7세기부터 11세기에 걸쳐 뿌리내렸다. 그 후, 티베트불교는 옛날부터 전해지는 민간신앙 본교(Bon, 폰교라고도 하는 불교 전래 이전 티베트의 주술 신앙)와 공존하면서 티베트인의 정신 사회를 하나로 통일했다. 특히 16세기 후반에는 중국 청나라의 후원을 받아서 만주, 몽골, 시베리아 등 광대한 지역에 티베트불교가 전파되었다.

티베트가 계승하고 발전시킨 것은 중국 불교가 아니라 인도에서 전래된 불교였다. 하지만 티베트불교권이 확대될 무렵, 인도에서는 이미 오래 전에 불교가 힘을 잃었다. 티베트인은 티베트인이야말로 인도 불교의 정통을 계승했으며, 티베트의 수도 라싸는 불교의 중심지라고 자부하게 되었다.

티베트인의 민족의식은 그 뿌리가 티베트불교에 있었으니, 중국공산당의 종교 탄압에 티베트인이 얼마나 저항했을지는 상상하기 어렵지 않다. 라싸 민중봉기를 계기로 달라이 라마는 1959년에 인도로 망명했는데, 그 후로 티베트인들은 투쟁을 멈추지 않았고, 그때마다 많은 희생자를 냈다. 달라이 라마가 인도에서 수립한 티베트 망명 정부는 이러한 투쟁의 결과로, 희생자와 처형당한 사람, 거기에 굶어 죽은 사람까지 포함해 티베트의 전 인구 중 대략 5분의 1을 잃었다고 보고했다. 하지만 중국 측은 여기에 훨씬 못 미치는 수치를 발표했다.

티베트 망명 정부가 티베트의 국기로 사용하고 있는 설산사자기. 티베트 독립의 상징으로 티베트의 달라이 라마 13세가 제정했으며, 중국에서는 사용이 금지되어 있다.

티베트불교의 전통문화와 풍속은 '관광자원'이 되었다

중국 정부는 달라이 라마를 불온한 '국가분열주의자'로 치부하고 티베트를 '신성하여 분리할 수 없는 중국 영토의 일부'라고 주장했다. 이것은 중국의 대만 정책과 비슷했는데, 그와 더불어 중국 공산당의 티베트 정책은 훨씬 무자비했다. 티베트 측의 증언으로는 문화대혁명 시기(1966~1977)에는 특히 티베트의 언어, 종교, 전통, 풍속 등을 모조리 부정하고 탄압의 대상으로 삼았다는 것이다. 뿐만 아니라 파괴된 사찰만 수천 군데로, 티베트인에 대한 잔학한 행위가 끊이지 않았다는 주장이다.

칭짱 철도가 개통된 현재, 티베트불교를 중심으로 한 전통문화와 풍속은 귀중한 '관광자원'이 되었다. 그래서 중국 정부도 겉으로는

제14대 달라이 라마(텐진 갸초), 티베트 망명 정부를 세우고,
티베트의 정체성을 지키고자 애썼으며, 1989년 노벨평화상
을 수상했다, 2012년, © Christopher Michel. W—C

신앙의 자유를 강조하고 있으나 실제로는 심각한 인권 침해가 계속
되고 있다. 달라이 라마의 사진이나 티베트 '국기'를 갖고 있다가 투
옥된 사람도 부지기수이다. 달라이 라마의 영향력을 배제하려고 승
려에게는 '재교육'을 실시했다.

　개개인의 인권 침해와 더불어 심각한 문제는 한족이 티베트로 대
거 이주하면서 티베트의 인구 비율이 급격하게 변해 티베트인이 오
히려 소수가 되었다는 점이다. 한족 동화 정책은 중국 정부의 장기이
다. 예를 들어, 내몽골에서는 인구의 80퍼센트 이상이 한족이다. 오

늘날, 티베트에서는 학교에서도 중국어가 주로 쓰이고, 라싸와 같은 도시에서는 한자로 된 간판이 넘쳐난다. 티베트불교계를 무력화하고 티베트어를 없애기 위한 중국의 노골적인 정책이라고 할 수 있다.

달라이 라마는 지금까지 고난의 40년을 참아왔으니 앞으로 100년을 기다리는 것은 아무것도 아니라고 말한다. 물론 기다리기만 한 것은 아니다. 인도나 네팔에 사는 십여만 명의 난민에게 충분한 교육을 한다는 장기적인 전략과 국제 여론이라는 평화적 무기를 통해 꾸준히 해결의 길을 모색해왔다. 하지만 그사이에 티베트는 예상보다 빠른 속도로 중국에 동화되었다. 달라이 라마는 최근 입장을 바꿔, 티베트가 바라는 것은 '독립'이 아니라 홍콩처럼 '고도의 자치'를 실현하는 것이라고 표명했다. 하지만 '중국의 일부인 티베트'가 기정사실화되고 있는 상황에서 중국 정부가 타협할 가능성은 제로에 가깝다.

3장

/

민족의 이동

예루살렘의 베두인 여인, 1898~1914년. 미국의회도서관

인류의 역사는 이동의 역사이다. 페니키아인은 1000년 동안 지중해
의 해상 무역을 지배한 민족이다.

주요 분쟁 지역에서 본 난민의 이동 경로

캐나다

미국

스웨덴

영국

독일

세르비아

프랑스 스위스
크로아티아 분쟁

보스니아 분쟁

코소보 분쟁

아제르바이잔

아르메니아

아프가니스탄
내전

이란

서사하라 분쟁

알제리

팔레스타인 분쟁

이라크
쿠르드
민족 분쟁

파키스탄

사우디
아라비아

이집트

차드

수단
내전

에리트레아

예맨

기니
시에라리온
내전

라이베리아   코트디부아르

콩고민주
공화국   우간다 케냐

에티오피아

소말리아
내전

콩고
공화국
분쟁

탄자니아

르완다 내전

브룬디 민족 분쟁

앙골라
내전

잠비아

대서양

인도양

기원전의 켈트족이
유럽 전 지역으로 진출

그리스인이 유럽에 흩어져 살던 이민족을 '켈토이'라고 명명

서구 문화는 표층적으로 헤브라이즘(Hebraism, 히브리어의 사용, 기질, 특징을 아우르는 헤브라이 문화 또는 헤브라이 정신으로 유대인의 믿음이자 이념)과 헬레니즘(Hellenism, 알렉산더 대왕의 제국 건설 이후 고대 그리스의 뒤를 이어 나타난 문명. 그리스 문화, 그리스 정신)을 두 개의 기둥으로 하여 발전했다. 하지만 두 지중해 지역 문화의 기층에는 '켈트' 문화가 있다. 켈트란 인도 · 유럽어족 켈트어파 언어를 쓰는 모든 사람을 가리킨다. 이 명칭은 기원전 600년경에 그리스인이 유럽의 전역에 흩어져 살던 이민족을 '켈토이(Keltoi)'라고 부른 데서 유래했다.

켈트족의 분포는 시대에 따라 다르지만 중앙 유럽에서 시작해서 서쪽으로는 대서양에 이르는 드넓은 지역과 바다를 건너 그레이트브리튼섬, 아일랜드섬에 뿌리를 내렸고, 한때는 남쪽으로 로마, 동쪽으로 발칸, 마케도니아, 그리스, 아나톨리아(현 터키)까지 진출했다. 하지만 켈트의 영토는 로마의 발전과 게르만족의 이동에 영향을 받아 알프스 북쪽, 라인강 서쪽까지 좁혀졌고, 유럽 대륙에서는 대부분이 로마의 세력권에 편입되었다. 과거 켈트족이 유럽 전 지역에서 얼마나 영향력이 있었는지는 각 지역의 지명이 말해준다.

예를 들어, 벨기에의 이름은 로마군을 떨게 한 켈트계 벨가이인(Belgae)에서 유래했다. 스위스의 라틴어 명칭인 헬베티아(Helvetia) 역시 켈트계 헬베티아인이며, 보헤미아는 켈트계 보이인(Boii)이란 이름에서 따왔다. 현재의 잉글랜드로 건너간 브리튼인은 그레이트브리튼섬과 마주하는 프랑스 브르타뉴 지방의 두 곳에 이름을 남겼다. 또 파리는 켈트계 파리시이인(Parisii)의 이름에서 유래했고, 런던도 켈트계 론디누스(Londinus)족이 사는 토지를 로마가 론디니움(Londinium)이라고 이름을 붙인 데서 유래했다. 민족명 외에도 켈트어에서 유래한 지명은 헤아릴 수 없이 많다.

켈트족은 기록을 남기지 않았으므로, 그들의 오랜 활약상을 알려면 고고학 자료와 그리스인이나 로마인의 기록에 의지하는 수밖에 없다. 기록에 따르면 대륙의 켈트 문화는 세 시기로 분류된다.

초기에는 현재 오스트리아 중부, 할슈타트 유적으로 대표되는 할슈타트 문화(Hallstatt, 기원전 7세기경~5세기경의 유럽 초기 철기 문화)로, 이 시대에 켈트인은 그리스인이나 에톨리아인에게 소금과 동, 주석 등을 수출했다.

할슈타트 문화 시대의 켈트인 분포

켈트족
고대 갈리아 지방과 브리타니아에 살던 야만인들을 지칭하는데, 로마인들은 그들을 골족으로 불렀다고 한다. BC 4세기 초에 로마를 침공하고, 포강 유역에도 정주했으며, BC 3세기에는 소아시아에도 진출하였다. 라텐 문화를 낳은 민족으로서, 특이한 철기 문화를 가졌고 야만인으로 치부되었지만 정교한 금속세공술과 뛰어난 예술감각을 가지고 있었다. 한때 유럽을 휩쓸고 지배했지만 갈리아는 카이사르에 의해 로마의 판도에 들어갔고, 브리타니아도 로마에 지배당했다.

그레이트브리튼섬

스코틀랜드 맨섬

섬의 켈트

아일랜드섬 웨일스

라인강

프라하

센강

도나우강

할슈타트

대서양

알프스산맥

루아르강

론강

피레네산맥

마르세유

에브로강

타호강

지중해

할슈타트 문화
기원전 12세기 이후, 청동기 시대 후기의 유럽 문화인 언필드문화(Unfield Culture)가 철기 시대 초기까지 발전한 것을 할슈타트 문화라고 한다. 이후 대부분의 중앙 유럽은 유럽 철기 시대 문화인 라텐 문화로 바뀌었다. 오스트리아 잘츠부르크주에 있는 할슈타트와 스위스 레샤텔호의 라텐 유적에서 유래한 이름이다.

할슈타트 시대의 파헤친 무덤을 수채화로 그린 모습

다음은 스위스의 라텐 유적으로 대표되는 라텐 문화(Laten, 기원전 5세기경~2세기경의 유럽 후반기의 철기 문화)이다. 켈트인이 동서로, 남으로 이동하며 활동 범위를 넓히던 시대에 소용돌이무늬와 기괴한 동물 장식이 달린 금공세공(金工細工) 등 매우 독특한 미술 양식이 꽃피었다.

그 후, 오늘날의 프랑스를 중심으로 벨기에 남부와 스위스 동부를 포함한 갈리아 지방이 로마제국의 영토가 되던 시기에, 이른바 기원전 1세기 중반부터 기원후 4세기 무렵까지 갈리아켈트 문화와 로마 문화가 만나서 탄생한 갈로로망(Gallo-Romain) 문화가 널리 퍼졌다. 기원전 1세기 중반의 켈트 활동과 풍속에 대해서는 카이사르(영어명 시저, Gaius Julius Caesar, 로마 공화정 말기의 정치가이자 장군)가 직접 쓴 《갈리아전기》(Commentarii de Bello Gallico, 기원전 58년~기원전 51년에 카이사르가 갈리아(Gallia: 현재의 프랑스) 총독으로 있을 때의 군사 활동 기록으로, 제7권까지는 카이사르가 직접 집필한 것이고, 제8권은 그의 부하 히르티우스가 쓴 것)에 자세히 나와 있다.

켈트 문화의 특징 중 하나는 신화와 전설이 이교도적이라는 점이다

머지않아 '대륙의 켈트' 시대는 막을 내렸다. 하지만 아일랜드, 스코틀랜드, 웨일스와 그레이트브리튼섬과 아일랜드 사이에 있는 맨섬에는 '섬의 켈트'가 살아남아 언어와 풍속을 포함한 켈트 문화를 계승했다.

켈트 문화의 특징 중 하나는《해리 포터》시리즈(Harry Potter Series, 영국의 작가 조앤 K. 롤링(Joan K. Rowling)이 지은 판타지 소설)나《반지의 제왕》(The Lord of The Rings, 영국의 소설가 톨킨(John Ronald Reuel Tolkien)의 3부작 판타지 소설)으로 주목을 받은 마술과 요정의 세계, 다시 말해 신화와 전설이 이교도적이라는 점이다. 드루이드(Druides)라고 하

산호와 금으로 만든 켈트족의 퍼레이드 헬멧, 기원전 350년, 베른 역사 박물관

는 사제가 제사를 관장하는 켈트의 종교는 중세 기독교를 별다른 저항도 하지 않고 그대로 받아들였다. 예를 들어, 아일랜드에 전해지는 신화의 여신 다나는 성모 마리아의 어머니로서 동방에서 숭배를 받은 성 안나와 이름의 울림이 비슷한데, 나중에는 결국 동일시되었다. 반대로 켈트의 추수감사제가 기독교에 흡수되어 핼러윈이 되기도 했다. 요컨대 켈트의 종교와 기독교가 만나 싱크리티즘이 일어난 것이다. 그리고 기독교 세계에서 갈 곳을 잃은 켈트의 신은 결국 요정과 난쟁이로 왜소하게 변했다.

켈트 문화의 또 다른 특징은 미술 양식이 고도로 추상적이고 장식적이라는 점이다(장식 미술이라고도 함). 그리스인과 로마인이 회화나 조각에서 인간의 구체적이고 사실적인 모습을 추구한 것과 대조적으로, 켈트인은 상상력을 발휘해 동물이나 괴물을 자유롭게 왜곡하고 변형해서 표현했다.

대륙의 켈트 라텐 문화에 특징적이었던 문양 미술은 '섬의 켈트'에도 면면히 이어져 내려와 6세기부터 9세기 초까지 아일랜드를 중심으로 전개된 '켈트 수도원 문화'의 정수, 《더로의 서》(Book of Durrow, 아일랜드의 더로 수도원에서 소장했던 것으로. 더블린의 트리니티 칼리지 도서관에 있는 켈트계 장식 사본 중 현존하는 최고의 장식 사본)와 《켈즈의 서》(Book of Kells, 아일랜드 켈즈 수도원이 소장했다가 현재는 더블린의 트리니티 칼리지 도서관에 소장되어 있는 켈트계 장식 사본의 대표작) 같은 복음서의 장식 사본에서 빛을 발했다. 양피지를 메우듯이 빽빽하게 묘사한 정밀한 소용돌이무늬와 매듭 문양, 그리고 문장의 머리글자를 장식한 기상천외한 조수나 괴물 문양은 보는 이의 감탄을 자아낸다. 한눈에 이교도의 미술이 기독교의 성서를 장식하는 형태로 승화했음을 알 수 있다. 켈트의 문양 미술은 중세 유럽 예술의 로마네스크 양식(11세기~12세기)에 영향을 미쳤다.

그리고 켈트어와 음악은 아일랜드와 그레이트브리튼섬, 브리튼인이 대륙으로 건너가서 정착한 프랑스의 브르타뉴 지방에 전래되었다.

02

항해술의 발달로
해양 민족의 확대

인류의 역사는 이동의 역사이다. 물론 육지에만 해당하는 이야기는 아니다. 항해술이 미숙했던 먼 옛날부터, 경험에만 의지한 채 거친 바다로 뛰어들어 세력을 넓힌 이들이 있다.

예를 들면, 고대 페니키아인이 대표적이다. 페니키아인은 1,000년 동안 지중해의 해상 무역을 지배한 민족이다. 그들은 지중해 동쪽 연안에 본거지(현재 레바논, 시리아)를 두고 서단의 지브롤터 해협을 넘어 대서양에 이르기까지 엄청난 수의 통상 기지와 식민지를 세웠다. 그리고 레바논삼나무 같은 목재와 유리, 금속 제품, 자줏빛 직물과 자개 등의 공예품을 이집트를 비롯해 오리엔트 지방과 아프리카, 지중해 서부로 운반하는 한편, 금은보석, 상아, 향료, 파피루스, 노예 등의 지배권을 손에 넣었다.

고대 그리스의 시인 호메로스는 페니키아인을 '검은 배 안에 산더

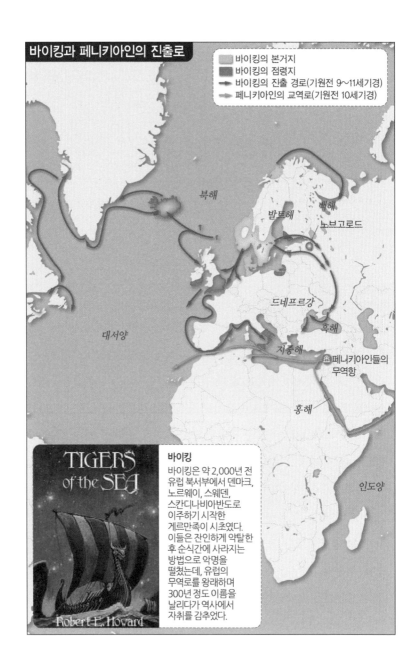

바이킹과 페니키아인의 진출로

- 바이킹의 본거지
- 바이킹의 점령지
- 바이킹의 진출 경로(기원전 9~11세기경)
- 페니키아인의 교역로(기원전 10세기경)

북해

백해

발트해

노브고로드

드네프르강

흑해

대서양

지중해

🏛 페니키아인들의 무역항

홍해

인도양

TIGERS of the SEA

Robert E. Howard

바이킹

바이킹은 약 2,000년 전 유럽 북서부에서 덴마크, 노르웨이, 스웨덴, 스칸디나비아반도로 이주하기 시작한 게르만족이 시초였다. 이들은 잔인하게 약탈한 후 순식간에 사라지는 방법으로 악명을 떨쳤는데, 유럽의 무역로를 왕래하며 300년 정도 이름을 날리다가 역사에서 자취를 감추었다.

미처럼 물건을 싣고 다니는 탐욕스러운 뱃사람'이라고 평했다. 개중에는 노략질을 일삼는 자도 있었지만, 페니키아인의 활동이 지중해 문명이 꽃피우는 데 기여한 것도 사실이다. 그리스인이 페니키아인이 발명한 알파벳을 거의 그대로 차용한 것만 봐도 고대 지중해에서 페니키아인의 영향력이 얼마나 컸는지 상상할 수 있을 것이다.

바이킹의 활동은 유럽의 민족 지도를 크게 바꿔놓았다

시대를 훌쩍 뛰어넘어 유럽의 북쪽 끝자락에는 노르만인이 특기인 항해술을 발휘해 대서양을 무대로 이동과 진출을 반복했다. 바로 바이킹이다.

바이킹 하면 흔히 특이한 철모를 쓴 무시무시한 해적을 떠올린다. 유럽 각지의 교회와 수도원이 바이킹에게 금은보화를 빼앗기고 원한을 품은 나머지 바이킹을 '야만적인 이교도 해적'으로 책에 기록했기 때문이다. 여담이지만 바이킹의 철모에는 수소의 뿔이 달리지 않았다. 또한 바이킹이 호전적이었던 것은 사실이지만, 여러 나라를 돌아다니며 교역도 하고 침략한 각지에 식민지를 세우기도 했다. 바이킹의 활동은 유럽의 민족 지도를 크게 바꿔놓았으므로 해적 행위라기보다 노르만인의 세력 확대의 일환이라고 보는 것이 옳다.

'북쪽 사람'을 의미하는 노르만인은 스칸디나비아반도에 살았던 게르만계 민족이다. 그들은 8세기 후반부터 12세기에 걸쳐 대서양을 건너 남하하거나 발트해에서 강을 거슬러 올라가 유럽 각지에 진

1. Herdsman. 2. Man of rank. 3. Pilgrim. 4. 5. 6. 7. 8. Warriors. 9. Man of rank. 10. Lady of rank. 11. 12. King Richard the Lion-hearted. 13. 14. Knights. 15. Queen. 16. 17. Ladies of rank.

1000년~1100년의 민속 고유 의상을 입은 노르만인.

출했다. 머지않아 러시아 방면으로 진출한 노르만인은 드네프르강의 수로를 이용해 흑해로 통하는 루트를 확보하고, 비잔틴 상인, 이슬람 상인과 교역했다. 그곳을 거점으로 하여 9세기 후반에 노브고로드와 키예프에 세운 도시국가가 바로 러시아의 기원이다.

한편, 프랑스 방면으로 진출한 노르만인의 일부는 센강 하류 유역을 본거지로 삼고 각지에서 약탈을 자행하지만, 결국 서프랑크의 국왕 샤를 3세에게 봉토를 받아 911년에 노르망디공국을 세웠다.

잉글랜드인은 덴마크 지방에서 잉글랜드에 진출한 노르만인을 데인인(Danes)이라고 불렀다. 앵글로색슨인을 지배하게 된 데인인은 1016년에 데인 왕조를 열었다. 그러나 데인 왕조는 1066년에 잉글랜드 왕가와 인척 관계인 노르망디 공 윌리엄이 노르만 왕조를 열면서 역사 속으로 사라졌다. 이 사건을 이른바 '노르만 정복'이라고 하며, 윌리엄의 혈통은 지금도 끊어지지 않고 이어지고 있다.

그 외에도 노르만인의 후손은 남이탈리아와 시칠리아섬 등을 정복해 1130년에 시칠리아왕국을 건설했다. 사실 그전에도 아이슬란드를 발견해 식민지로 삼거나, 콜럼버스보다 500년이나 먼저 북미 대륙에 도달하기도 했다. 이 글을 읽고 나면 노르만인의 활동 범위가 얼마나 넓었는지 이해할 수 있을 것이다. 참고로 현지 주민에게 빠르게 동화되는 노르만인의 특성 탓에, 러시아와 프랑스 어디에도 북방의 전통문화는 거의 남아 있지 않다.

한편, 페니키아인과 노르만인 사이에는 1,000년에서 2,000년이라는 긴 시간 차가 나지만 두 민족 모두 부를 갈망했으며, 그 갈망을 뛰

위대한 해양 민족 폴리네시아인의 이동 경로

폴리네시아인(사모아인)은?

기원전 2000여 년 전부터 폴리네시아인들은 빼어난 항해술과 조선술로 남태평양 부근을 모두 정복했다. 그들은 대형 카누를 가지고 있었고, 별자리로 위치를 파악할 수 있었다고 한다. 그 덕으로 그들은 누질랜드·하와이·피지 등 카다린 섬 24개와 거기에 딸린 작은 섬들을 모조리 정복했다. 특히 사모아인 남태평양 제국의 동쪽 끝이 이스터섬이고, 서쪽으로는 아프리카 마다가스카르까지 진출했을 정도로 아주 넓었다.

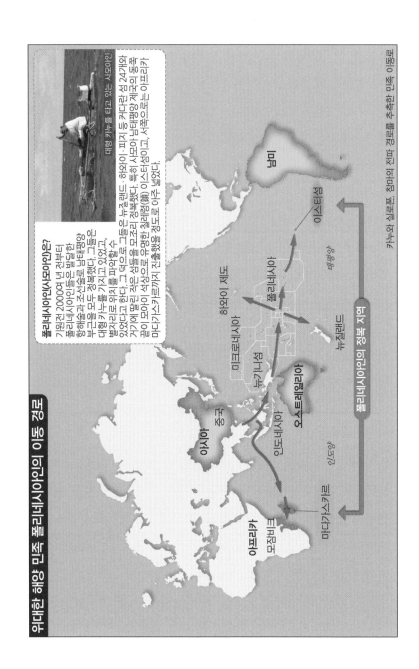

대형 카누를 타고 있는 사모아인

카누와 실로폰, 참마의 전파 경로를 추측한 민족 이동로

국민 악기 실로폰을 연주하는 모잠비크 사람들.

어난 항해술과 조선술로 실현했다. 하지만 다음에 소개하는 태평양의 해양 민족에 대한 기록은 거의 남아 있지 않다.

떠도는 설에 의하면, 중국 남부 인근에서 대대손손 살던 항족 집단이 북쪽에서 내려온 집단에 떠밀려 대만이나 인도네시아 등 섬에서 섬으로 옮겨 다니다가 오세아니아, 특히 토착민이 없던 미크로네시아와 폴리네시아의 섬으로 건너가서 정착했다. 추측이지만 그들이 태평양에 진출하기 시작한 것은 기원전 2000여 년 전으로, 해양 민족으로 살아남은 사람들은 약 2,000년 동안 동쪽으로는 칠레령 이스터섬까지(아메리카 대륙까지 갔다는 설도 있다), 서쪽으로는 인도양을 건너 동아프리카의 마다가스카르까지 지구 둘레의 3분의 2에 해당하는 광대한 해역에 분포했다.

이러한 설을 뒷받침하는 것이 아우트리거(Outrigger) 카누이다. 아우트리거란 카누가 뒤집히지 않게 한쪽 혹은 양쪽에 달린 받침대를 가리킨다. 동쪽으로는 대만 및 동남아시아의 도서 지역과 오스트레일리아를 제외한 오세아니아, 이스터섬까지, 서쪽으로는 남인도와 스리랑카, 마다가스카르까지 이와 같은 형태의 카누를 볼 수 있다. 그리고 아우트리거 카누의 동쪽 분포도는 오스트로네시아어족으로 분류되는 언어의 분포도와 대부분 겹친다. 그 밖에도 이들이 식량으로 가져간 참마가 아프리카에 전해지거나, 발상지가 동남아시아인 실로폰이 모잠비크의 국민 악기가 되는 등 아시아의 오랜 문화가 아프리카에 전해진 예가 많다.

03

유럽의 떠돌이 로마,
천 년을 유랑하다

로마는 인도 북서부에서 유럽으로 이동한 아리아계 민족의 후손

　최근 몇 년 사이에 로마(집시)의 음악이나 무용이 인기를 끌며 로마를 소재로 한 영화를 심심치 않게 볼 수 있다. 로마라는 명칭도 집시를 대신해 꽤 유명해졌다. 하지만 유럽 전역에 800만 명, 전 세계에 1,000만 명이 있을 것으로 추정되는 로마의 전체상은 손에 잡힐 듯 선명하게 그려지지 않는다. 로마는 넓은 의미에서 인도 북서부, 펀자브 지방에서 유럽으로 이동한 아리아계 민족의 후손이라고 할 수 있다. 하지만 지역에 따라서, 또 집단에 따라서 생활 양식과 정체성이 달라서 하나의 민족이라고 규정하기는 어렵다.

　일단 명칭부터 혼란스럽다. 집시는 이집션(Egyptian, 이집트인)이라는 영어를 어원으로 하는데, 이 때문에 이집트에서 유래했다고 오해를 받기도 했다. 히타노(스페인어)와 지탄(프랑스어) 등도 마찬가지이다. 치가니(프랑스어), 치고이너(독일어) 등은 이교도 집단을 의미하는 그리스어가 어원이다. 그 밖에도 보헤미아 지방 출신이라고 하여 '보헤미안'이라고 하거나 '사라센', '타타르' 등으로 불리며 다른 민족과 혼동되기도 했다. 이렇게 언어에 따라 다른 명칭들은 타 민족이 집시를 가리킨 말로, 정도의 차이는 있지만 부정적인 뜻이 있으므로 사용을 삼가는 것이 좋다.

한편 '로마'는 로마니어로 '인간'을 뜻하는 '롬'의 복수형으로, 주로 동구에서 쓰였다. 로마는 스스로 로마나 로마니 외에 신티(Sinti), 칼데라시(Kalderash), 아슈칼리(Ashkali), 마누시(Manoush)라고 불렀는데, 지역과 집단에 따라 부르는 명칭이 다르다. 그런데 요 몇 년 사이에 이 많은 호칭을 대표해 로마라고 부르게 되었다.

하지만 로마로 불리는 것을 싫어하는 사람도 많다. 수백 년 동안 독일에 사는 신티는 제2차 세계대전 후에 동구에서 독일에 흘러들어간 로마와 같은 민족으로 취급받는 것을 달가워하지 않았다. 마찬가지로 스페인에 정착한 지 오래된 히타노는 스스로를 히타노라고 부르며, 요 몇 년 사이에 동구권에서 밀려온 가난한 로마와 자신들은 다르다고 주장했다.

프랑스에서 인기가 있는 담배 '지탄'도 파란색 바탕에 탬버린을 손에 쥔 여성이 그려진 패키지 디자인이 사람들에게 호평을 받으며 오랫동안 사랑을 받았다. 요컨대 지금까지 쓰던 호칭을 일률적으로 로마로 바꿔 부르라는 것은 아니다. 다만 이 책에서는 요 몇 년 사이의

장 폴 사르트르가 피워서 유명한 프랑스 담배 지탄은 '집시 여자'라는 의미를 가지고 있다.

일반적인 용례에 따라 로마라고 하겠다.

명칭이 다양한 것은 로마의 다양성을 반영한다고 할 수 있다. 유럽 각지를 떠돌아다닌 로마와 한곳에 정착한 로마는 생활 양식이 완전히 다르다. 종교도 지역에 따라 가톨릭, 프로테스탄트, 동방정교회 신자도 있고 이슬람 신자도 있다. 언어 면에서도 로마어를 쓰는 집단부터 지역의 언어와 섞인 크레올어를 쓰는 집단, 로마어를 아예 이해하지 못하는 집단까지 다양하다.

그런데 그들에게는 공통점도 있다. 어느 나라에서나 사회적 약자로 환영을 받지 못했으며, 역사적으로 차별과 박해를 받았다. 그리고 그들에 대한 편견과 적대감을 불식하기에는 그들 앞에 놓인 난제가 많다. 얼마 전까지 유럽에서는 로마의 문제에 대해 어떠한 대처도 하지 않았다. 하지만 요 몇 년 사이에 동구권에서 박해를 받던 로마가 독일, 오스트리아, 프랑스, 스페인, 영국으로 밀려오자, EU(유럽연합)

는 그제야 문제의 심각성을 깨닫고 로마 문제에 발 벗고 나섰다.

나치는 같은 아리아계인 로마를 아리아인의 수치라고 여겼다

그러면 로마는 어떻게 해서 유럽으로 이동해 온 것일까? 시기나 경로에 관해서는 설이 분분하지만, 인도 북서부에서 음악 등의 예술을 담당하던 계급이 낮은 카스트 집단이 8세기부터 10세기경에 서쪽으로 이동을 시작한 것으로 추정된다. 그리고 비잔틴제국에서 발칸반도로 이동을 계속해 15세기 초에 서유럽에 도달했다. 그러나 고유한 풍습을 버리지 않고 이동 생활을 계속한 탓에 정착 사회인 유럽에서 미운털이 박혀 각지에서 박해와 배척을 받았다. 많은 문서에서 알 수 있듯이, 15세기 이후에 로마는 불결하고 난잡한 떠돌이 집단, 마법을 부리는 이교도, 사탄의 민족 등으로 불리며 기피 대상이 되었다.

마을, 도시, 그리고 나라에서 쫓겨나서 유럽 각지로 흩어진 로마 일부는 마침내 유럽에서도 쫓겨나 남부 아메리카와 오스트레일리아로 건너갔다. 하지만 쫓겨나기만 하면 그나마 다행이었다. 16세기 영국에서는 '집시는 사형'이라는 법령이 있어서 도시에 발을 들여놓기만 해도 극형을 당했고, '이교도 사냥'이라는 명목으로 학살의 희생양이 되었다.

로마 박해는 나치에 의한 집단 살육 때 정점에 도달했다. 아리아인의 우월성을 주장하던 나치는 같은 아리아계인 로마를 아리아인의 수치라고 여겼다. 아우슈비츠 강제수용소에서 목숨을 잃은 로마

여제 마리아 테레지아, 1742년, 마르틴 반 마이텐스, 슬로베니아 국립미술관

는 추정치만 50만 명이라고 한다. 하지만 문자가 없었던 로마는 유대인과 달리 기록을 남기지 않았다. 더군다나 유럽 각지에 흩어져 사는 로마는 민족 전체가 연대하는 일이 없다. 고작 70여 년 전에 일어난 전무후무한 박해의 기억을 잊지는 않았겠지만, 유대인이 끊임없이 나치 전범을 찾아내서 죄과를 추궁하는 것과 대조적으로 로마는 민족의 비극에 대해 침묵하고 있다.

로마에게는 600년에 걸친 추방과 박해의 역사가 있지만, 한편으로는 지역과 시대에 따라서 강제로 정착이 진행된 경우도 있다. 역사상 유명한 것은 18세기에 오스트리아–헝가리제국의 '여제' 마리아 테레지아가 시도한 동화 정책이다. 마리아 테레지아는 오스트리아를 중세 봉건 사회에서 근대적인 중앙집권 국가로 탈바꿈시키려고 다양한 개혁을 단행했다.

하지만 안타깝게도 로마 정책만은 '국모'였던 그녀의 정열이 통하지 않았다. 마리아 테레지아는 로마인을 멸시하는 의미가 있는 '치고이너'라는 호칭을 없애고, 로마를 '신농민'으로 삼으려고 로마의 정착 정책을 추진했다. 로마인에게는 농지가 분배되는 대신 이동이 금지되고 징병이나 납세의 의무가 부과되었다. 이렇듯 고유의 전통문화와 민족 감정을 무시한 정책이 성공하지 못한 것은 당연한 일이었다. 마리아 테레지아의 아들인 요제프 2세는 로마인의 모국어인 로마니어를 금지하는 등 더욱 강경한 동화 정책을 도입해 로마의 '근대화'를 꾀했으나 이마저 실패로 끝났다.

유고슬라비아가 해체하는 과정에서 로마는 주변국으로 추방

그러면 로마는 정착해서 살기를 원할까, 자유롭게 이동하며 살기를 원할까? 뭐라고 딱 잘라 말하기는 어렵다. 우선 로마는 어디에서도 환영받지 못하기 때문에, 정착하고 싶어도 현실적으로 불가능하다. 정착해서 사는 사람도 대부분은 차별과 편견의 시선에서 자유롭지 못하고, 교육 수준이 낮아 직업을 가질 기회도 적어서 사회 밑바닥에서 생활하거나 변방으로 쫓겨나기 일쑤이다.

상황이 그러하니 과거에는 포장마차나 짐마차, 요새는 캠핑카나 트레일러로 이동하면서 행상, 노점상, 거리 공연을 하며 살아간다. 하지만 이런 사람은 극소수이고, 많은 사람이 열악한 환경에서도 장소만 있으면 정착하고 싶어 했다. 그러다 보니 정착했다가도 쫓겨나면 또다시 이동하는 생활이 되풀이되었다.

유고슬라비아가 해체하는 과정에서 불거진 민족 문제에 대해서는 따로 설명하겠지만, 코소보 자치주에서 로마는 알바니아계 주민과 세르비아계 주민 모두에게 미움을 사서 공격을 받았다. 결과적으로 유고슬라비아에 정착해서 살던 로마는 난민이 되어 주변국으로 뿔뿔이 흩어졌다. 이것은 요 몇 년 사이에 정치적 혼란에 말려들어 로마가 배척당한 한 예이다. 또 경제적 혼란으로 경제 난민이 된 로마도 헤아릴 수 없이 많다.

과거 사회주의 체제의 동구권에서는 공장이나 규모가 큰 농장에 들어가서 일하는 로마도 적지 않았다. 그러나 자본주의 경제가 도입되면서 이들이 제일 먼저 직업을 잃고 말았다. 그중에서도 세계에서 로마가 가장 많이 사는 루마니아에서는 차우셰스쿠가 지배하던 독재 시대에는 열등 민족으로 탄압받았고, 자유화가 된 이후에는 직업마저 잃고 많은 사람이 독일이나 프랑스, 스페인 등의 서유럽으로 이주해야 했다. 1992년에는 경제적인 이유로 루마니아에서 독일로 이동하려던 로마 수만 명이 강제 송환되는 사태도 일어났다.

체코도 로마에 대한 박해가 심한 나라이다. 1997년에 텔레비전 다

국회의사당이 보이는 로마의 포로 로마노(공회장) 유적, 카날레토, 윈저성

큐멘터리 방송에서 캐나다에 정착한 로마의 이야기가 방영되자 이주 희망자가 쇄도했다. 이를 보고 어느 지자체에서는 영주권을 포기하면 뱃삯을 원조하겠다는 제안까지 했다.

오늘날, 로마에 대한 차별이나 박해가 특히 심한 동구권에서는 자신을 소개할 때 터키인이나 루마니아인, 헝가리인이라고 밝히는 로마가 많다. 일반적으로 로마는 현지인과 동화되기를 꺼린다고 알려졌는데, 로마라고 밝히지 않는 사람 중에는 출신을 속인다기보다 살아남기 위해 로마의 정체성을 버린 사람도 적지 않다.

처음으로 자국에 사는 로마를 '민족 집단'으로 공인한 오스트리아

로마의 정신문화에는 '정(淨)·부정(不淨)'이나 '불결함' 등 힌두 문화에 흐르는 공통적인 가치관이 들어 있다. 전통과 관습을 소중히 여기는 로마는 로마 문화와 상반되는 유럽 문화를 받아들이려 하지 않고, 교육 프로그램도 거부해 빈곤과 차별에서 벗어나지 못한다는 지적도 받고 있다. 하지만 이것은 모든 집단에 해당하는 이야기는 아니다.

스웨덴과 핀란드는 정책적으로 로마에게 교육과 취업을 권장하면서 정착을 강화하고 일정한 권리를 인정한 결과, 내혼제(內婚制)를 고수하던 로마가 로마 외의 사람과 일상적으로 결혼하게 되었다. 양국 모두 로마가 많이 살지 않아서 사회에 알력이 생길 정도가 아니지만, 어떤 형태로든 강압적인 '동화 정책'에는 비판이 따른다는 문제가 있다. 하지만 로마 고유의 문화를 존중하고 권리를 인정한다면, 유럽 사회에 로마 동화 정책의 좋은 모델이 될 만하다고 생각한다.

1993년에 세계에서 처음으로 자국에 사는 로마를 '민족 집단'으로 공인한 오스트리아에서는 로마어로 된 교육 시험을 도입하는 등 로마의 권리를 보장하기 위한 정책을 모색했다. 실제로 차별이나 편견이 줄었다고 보기는 어렵지만, 미약하게나마 사회적 불평등이 개선되는 징조가 보이기는 했다.

다행히 600년에 걸친 박해의 역사는 최근 들어 전환기를 맞이한 것 같다. 1977년에 결성된 '국제로마연맹'과 같이 다양한 문제에 대해 지속적으로 대응하는 조직도 생겼고, 유대인처럼 이스라엘이라는 든든한 국민국가가 없는 로마에게도 국제 사회에서 발언할 기회가 늘었다. 국제 사회에서는 '박해와 일방적인 동화 정책을 허용하지 않는다'라는 합의가 만들어졌다. 한편, 로마에게도 민족의 독자성을 유지하면서도 지역 사회의 법칙에 따라 살아가는 것을 선택해야 하는 순간이 다가오고 있다.

04

중국의 개방 정책과
신화교의 세계 진출

중국 이민은 '노예'를 대신한 '쿨리'가 시작이었다

전 세계에 살고 있는 5,000만 명에서 8,000만 명에 이르는 중국계 이민자와 그 자손을 '화교'라고 한다. 더 자세히 설명하자면 중국 국적을 그대로 갖고 있는 사람은 화교이고, 이주국의 국적을 가진 사람은 화교가 아니다. 그리고 유학생도 포함되지 않는다.

중국의 이민사는 중국의 역사만큼이나 굴곡이 심하다. 동남아시아와 남북 아메리카에 중국인이 대거 진출한 것은 19세기 후반부터였다. 당초에 중국 이민은 서구의 식민지에서 일하는 '노예'를 대신할 노동력으로 강제로 차출된 '쿨리'(苦力, 제2차 세계대전 전의 중국과 인도의 노동자로 짐꾼·광부·인력거꾼 등을 뜻한다. 1862년에 미국의 노예가 해방된 후 쿨리는 그를 대신하는 노동력이 되었고, 청나라의 금지령에도 불구하고

1900년경의 쿨리, © HouseOfScandal, W—C

홍콩·마카오를 중심으로 서인도·남아프리카·아메리카·오스트레일리아 등
에 쿨리가 대량으로 보내졌다. 1874년 마카오의 '쿨리 거래 금지령'으로 쿨리의
매매가 종식되었지만, 중국에서는 모습을 바꾼 쿨리 제도가 광산·토건업 등을
중심으로 유지되다가 제2차 세계대전 후에야 사라졌다)가 중심이었으나, 19
세기 말부터는 광둥이나 푸젠 지방의 어려운 농민이 너 나 할 것 없
이 외국으로 돈벌이를 하러 나섰다. 그 무렵부터 '화교'라는 말이 쓰
이게 되었다.

  화교의 '교(僑)'에는 '더부살이'란 의미가 있다. 그래서 그런지 화
교라는 말에는 언젠가는 비단옷을 두르고 '금의환향'하겠다는 결의

가 느껴진다. 화교는 대개 혈연과 지연을 중시하며, 출신 지역의 풍습을 고수하고 매사에 성실한 편이다. 맨주먹으로 이국땅에 건너가서 기필코 성공하겠다는 의지가 있는 사람들이기에 동포 내의 규칙을 따르고, 서로 돕고 한눈팔지 않고 일하는 것이 몸에 밴 듯하다.

실제로 화교는 동남아시아 각국에 진출해 그 나라의 경제 수준을 끌어올렸다. 그리고 사회의 상층부를 이루는 주류 세력으로 활동하며 상당한 자산을 구축한 화교가 드물지 않다.

하지만 화교와 화인이 국민의 80퍼센트를 차지하는 싱가포르와, 그보다 세 배는 많지만 인구 비율로 따지면 3~4퍼센트에 불과한 인도네시아에서는, 화교의 입장과 의식이 확연히 다르다. 또 폐쇄적인 상조 조직 안에서 모국어와 풍습을 고수하며 사는 1세대와, 이주 국가에 적응한 2세나 3세의 사이에는 메워지지 않는 틈이 있다. 하루 벌어 하루 사는 서민과 사업에 투자하는 자본가, 그리고 농민 출신과 고학력의 중류 계급 출신 등 처지가 다양하므로 그들을 하나로 뭉뚱그려서 '화교'라고 단정하기에는 무리가 따른다.

신화교는 중국 경제와 세계 경제를 잇는 교두보 역할

특히 1980년대부터 급격하게 증가한 이주자는 현지에서 오랜 세월에 걸쳐 정착한 화교와는 가치관과 지향점이 사뭇 다르다. 그래서 이들을 가리켜 '신화교'라고 한다. 신화교는 상대적으로 도시에서 태어나서 고학력이며, 유학 경험자가 많고, 구화교가 모여 사는 차이나

타운과는 거의 교류하지 않는다.

1980년대 이후, 덩샤오핑(鄧小平)이 추진한 '개혁개방'으로 해외 이주자가 급격하게 증가했다. 하지만 갑작스럽게 늘어난 출국 희망자를 모두 받아줄 나라는 없었다. 그래서 해외 밀입국 알선 브로커에게 돈을 주고 불법으로 외국에 가는 신화교가 늘어났다.

또 개방 정책을 펴며 내세웠던 '선부론(先富論, 일부가 먼저 부유해진 뒤 이를 확산한다는 이론)'의 원칙을 고수한 결과, 중국에서는 십여 년 사이에 빈부의 차가 크게 벌어졌다. 그리고 이러한 빈부의 격차가 사람들의 이주를 더욱 부추겼다. 돈을 벌기 위해 가난한 농촌 지역에서 부유해진 연안 지역의 도시로 농민이 물밀듯이 몰려들었고, 성공을 꿈꾸는 사람들은 위험을 무릅쓰고 국경을 넘어 외국으로 이주해 신화교가 되었다.

1990년대 이후에는 러시아나 동구권으로 진출하는 화교가 크게 늘어났다. 선진국에서는 대부분 육체노동자로 일할 수밖에 없었으나, 시장경제를 도입한 지 얼마 안 된 러시아나 동구권에서는 돈을 벌 수 있는 기회가 많았다.

'선부론'은 또 고학력자의 해외 이주를 후원했다. 과거에는 미국 등 외국에서 공부한 엘리트나 해외 기업에서 근무하는 성공한 신화교에게 모국으로 근거지를 옮긴다는 것은 상상할 수도 없는 일이었다. 하지만 최근에는 해외에서 재산을 정리하고 중국으로 돌아와 중국 경제의 견인차 역할을 하는 이들이 늘었다. 중국 정부가 상하이 등의 경제센터에 해외에서 경험을 쌓고 자금도 풍부한 신화교를 불러들이기 위해 다양한 우대책을 내놓았기 때문이다.

이로써 신화교라는 이름하에 해외에 '유출'되었던 인재는 경이적인 경제 성장을 이룬 중국으로 되돌아오게 되었다. 중국 내에서도 미국, 일본, 독일 등 선진국으로 유학이나 이민을 떠나 전문 기술을 터득한 엘리트 신화교는 무시할 수 없는 존재가 되었다. 그들이 지금 중국 경제와 세계 경제를 잇는 교두보 역할을 하기 때문이다.

노예무역으로
민족 지도가 달라졌다

남아메리카에는 토착민과 백인과 흑인 사이에 혼혈이 진행

11세기 노르만인의 이동으로 지각 변동이 일어나면서 유럽의 민족 지도가 현재의 분포와 비슷한 형태로 바뀌었다. 이후 5, 6세기 동안, 눈에 띄는 민족 이동이 없다가 대항해 시대에 남북 아메리카 대륙과 오세아니아가 지도에 등장하고 나서 다시 유럽인이 이동하기 시작했다. 근대 이민사의 막이 열린 것이다.

유럽인은 부를 갈구해 신천지를 찾았고, 또 큰돈을 벌려면 대량의 노동력이 필요했다. 여기서 이민사에서 최대의 문제가 된 노예무역이 등장했다. 서아프리카에서 노예로 팔려 온 아프리카인이 대서양을 건너 도착한 곳은 카리브해 지역의 사탕수수와 북아메리카의 면, 브라질의 커피로 대표되는 재식농업 지대였다. 노예무역의 희생자는

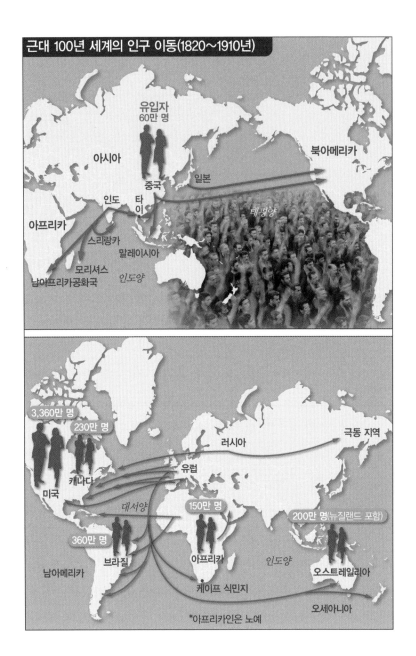

근대 100년 세계의 인구 이동(1820~1910년)

유입자
60만 명

아시아

북아메리카

중국
일본
인도
타이
태평양
스리랑카
말레이시아
아프리카
모리셔스
인도양
남아프리카공화국

3,360만 명
230만 명

러시아

극동 지역

유럽

캐나다

미국

대서양

150만 명

200만 명(뉴질랜드 포함)

360만 명

브라질

아프리카

인도양

남아메리카

케이프 식민지

오스트레일리아

오세아니아

*아프리카인은 노예

노예 시장, 1886년, Gustave Boulanger, 개인 소장

추정치만 2,000만 명으로, 노예무역으로 말미암아 16세기부터 19세기 중반까지 이 지역의 민족 지도는 크게 달라졌다.

간추려서 설명하면 카리브해 제도는 백인의 도래로 자취를 감춘 토착민을 대신해 현재는 아프리카계 흑인의 자손이 주류를 이룬다. 남아메리카에는 토착민과 백인과 흑인 사이에 혼혈이 상당히 진행되었다. 북아메리카에는 차별과 피차별의 관계가 굳어져 인종 간의 대립이 깊어졌다. 이렇듯 노예무역의 부작용은 북미, 중미, 남미에 서로 다르게 나타났다.

한편 19세기에 노예 제도가 폐지되고 나서도 재식농업을 하기 위해 노동력이 필요했다. 이때 흑인 노예를 대신한 것이 중국인과 인도인을 중심으로 한 아시아의 계약농민이었다. 계약이라고 하지만 당시에는 강제적 혹은 반강제적으로 동원된 노동자가 많았다. 화교 중에서도 특히 '쿨리'라고 불리던 중국 이민자는 이루 말할 수 없는 고생을 했다.

중국인에 비하면 인도인 노동자의 존재는 그렇게 눈에 띄지 않는다. 하지만 남아메리카 북부의 가이아나에서는 인구의 50퍼센트가, 인접국인 수리남에서는 40퍼센트가 인도계 주민이다. 두 나라 모두 사탕수수 재배를 위해서 남아메리카로 건너온 사람들의 자손이다. 그 외에도 피지, 말레이시아, 남아프리카와 케냐 등에 인도계 주민이 많이 산다. 신대륙의 '발견'은 토착민에게는 물론, 아프리카와 일부 아시아인에게도 엄청난 고난의 시작이었던 것이다.

강제 이민자에 대한 차별 문제가 훗날 미국의 인종 문제로 비화

한편 강제 이민자에 대한 차별 문제가 오랫동안 잠복한 미국은 훗날 인종 문제로 비싼 값을 치르게 된다. 이민 국가 미국은 과거에 '인종의 용광로(melting pot, 미국을 '인종의 용광로'라고 표현한 사람은 영국 작가인 이스라엘 쟁윌(Israel Zangwill, 1864~1926)이다)'라고 불렸으나, 서로 다른 민족이 한 용광로 안에서 융합된다는 이론은 이상론에 불과하다는 사실이 밝혀졌다. 그러자 이번에는 '샐러드볼'론이 제창되었다. 민족의 고유성을 하나로 통일할 것이 아니라 저마다 타고난 성향을 인정하고 그 안에서 조화를 이루자는 이론으로, 20세기 후반에 들

노예 제도 방지 협약, 1840년, 벤자민 헤이던, 런던 내셔널갤러리

어와서 '다문화주의'라는 말로 바뀌었다. 오늘날, 표면적으로는 미국 사회에 이런 사고가 정착된 것처럼 보이지만 네오콘(Neoconservatism = 신보수주의)이나 기독교 원리주의자가 대두하는 것을 보면 인종 문제는 뿌리 깊은 것이다.

16세기 이래, 유럽인은 아메리카, 아프리카, 아시아, 오세아니아로 뻗어나갔다. 빈곤이나 기아 같은 부득이한 사정이 생긴 것이다. 미국에서 노예무역이 폐지된 것은 1808년의 일이지만, 이후 각 지역에서 노예 제도가 완전히 없어지기까지 거의 한 세기가 걸렸다.

1868년에는 일본인 이주자가 처음으로 하와이와 괌에 발을 내디

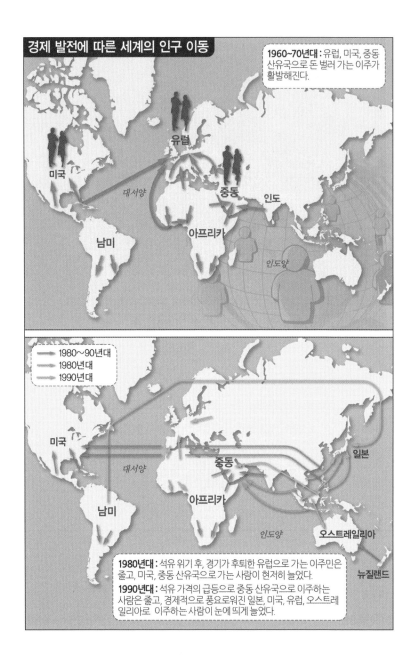

경제 발전에 따른 세계의 인구 이동

1960~70년대 : 유럽, 미국, 중동 산유국으로 돈 벌러 가는 이주가 활발해진다.

유럽

미국

대서양

중동

인도

남미

아프리카

인도양

— 1980~90년대
— 1980년대
— 1990년대

미국

대서양

중동

일본

남미

아프리카

인도양

오스트레일리아

뉴질랜드

1980년대 : 석유 위기 후, 경기가 후퇴한 유럽으로 가는 이주민은 줄고, 미국, 중동 산유국으로 가는 사람이 현저히 늘었다.

1990년대 : 석유 가격의 급등으로 중동 산유국으로 이주하는 사람은 줄고, 경제적으로 풍요로워진 일본, 미국, 유럽, 오스트레일리아로 이주하는 사람이 눈에 띄게 늘었다.

덨다. '원년 사람'으로 불리는 이 집단이 하와이에 도착함과 동시에 일본 이민사의 막이 올랐다. 일본 정부는 원래 이민을 적극적으로 추진할 생각이 없었다. 더구나 원년 사람도 기대만큼 성과를 거두지 못했다. 하지만 정부는 곧 이민을 권장해야 하는 처지에 놓였다.

정부는 근대화를 꾀하면서도 농민의 지세로 세입을 충당했다. 그런데 세율이 너무 높아서 체납자가 속출해 농민 수십만 명이 경지를 압류당하고 너 나 할 것 없이 도시로 떠났다. 하지만 근대 산업이 막 태동하던 시기라서 도시로 밀려드는 농민을 흡수할 여력이 없었다. 갈 데가 없어진 사람들은 결국 이민을 결심하고 하와이 이민이 재개되었다. 마침 그때 하와이 각지에서 배일 운동이 일어나면서 북미로 가는 길이 막히는 바람에 하와이 대신 페루와 브라질로 방향을 선회했다.

세계 분쟁지의 난민들, 갈 곳을 잃었다

개발도상국에서 선진국으로 넘어오는 경제 난민이 늘어났다

　냉전 후에 지역 분쟁이 심해지자 난민의 수는 급격하게 증가했다. 이 책에서 소개한 민족 분쟁은 난민을 대거 만들어냈다. 그런데 난민을 받아들인 나라에서는 난민이 오면 경제적, 사회적인 부담이 늘어난다. 한편 본국의 분쟁으로 어쩔 수 없이 난민이 된 사람은 '경제난민'이나 일용직 노동자라는 딱지가 붙어서 외국인 배척 운동의 희생양이 되기도 한다. 난민 문제는 난민을 받아들이는 국가, 그리고 국제 사회 모두가 함께 해결하기 위해 노력해야 할 문제이다.

　1951년 제네바에서 26개국 대표가 체결한 통칭 '난민조약'은 난민을 '인종, 종교, 국적 혹은 특정 사회집단의 구성원이며, 정치적인 이유로 박해를 받을 위험이 있고, 이미 국외로 도피해 자국의 보호를

헤르체고비나의 난민들, 1889년, 우로시 프레디치

받지 못하거나, 혹은 보호받는 것을 바라지 않는 자'라고 정의한다.
쉽게 말하면, 생명에 위협이 되는 박해를 피해 출국한 자로서 자국에
돌아오면 당연히 박해당할 것으로 예상되는 사람이 좁은 의미의 난
민이다. 하지만 그 틀에 들어가지 않는 사람도 많다. 예를 들어, 내전
이나 자연재해, 기아를 피해 국외로 탈출한 이들이 바로 그렇다. 현
재는 거기에 해당하는 사람들도 넓은 의미에서 난민이라고 한다.

　난민을 정의하기 어려운 것은 난민으로 인정하느냐 아니냐, 즉 받
아들이는 기준이 애매하기 때문이다. 냉전 시대의 유럽, 특히 동구권

과 인접한 나라에서 난민이란 주로 동쪽에서 서쪽으로 넘어오는 사람들을 의미했다. 대다수 서방 국가에서는 국경을 넘어오는 사람들을 100명, 1,000명 단위로 무조건 받아들였고, 저명인사가 망명을 요구하면 자본주의의 우월성을 증명이라도 하듯이 대대적인 환영 행사를 벌였다.

그런데 1980년대부터 남쪽에서 북쪽으로, 즉 개발도상국에서 선진국으로 넘어오는 난민이 늘어났다. 그뿐만 아니라 냉전이 끝나가면서 동쪽에서 서쪽으로 넘어오는 기존의 난민도 기하급수적으로 늘

콩고 키붐바의 난민촌, 2008년, © Julien Harneis, W-C

었다. 그중에는 박해를 피해서라기보다 경제적인 풍요를 좇아서 넘어온 경제 난민도 많았다.

하지만 난민의 허용 범위를 넘어섰다고 판단한 서방 국가들은 차츰 문을 닫기 시작했다. 외국인 노동력을 환영하는 시대가 지나고 국내 실업자가 늘자 사회적인 불만의 시선이 외부인을 향하게 되었기 때문이다. 그래서 난민으로 인정받아야 하는 사람들까지 이민자들과 함께 배척당하게 되었다.

유엔난민기구(UNHCR)의 통계에 따르면 2005년 초, 전 세계 난민은 약 920만 명으로 과거 25년 동안 가장 낮은 수치를 기록했다. 약 200만 명의 아프간 난민을 비롯해 이라크, 부룬디, 앙골라, 라이베리아 등의 난민이 자국으로 귀환했기 때문이다. 하지만 난민 수가 감소한 것은, 부득이하게 외국으로 피난을 가야 하는 사람들이 감소했다는 것을 의미하는 것은 아니다. 난민을 거부하는 국가가 늘어나면서 난민을 강제 퇴거시키는 경우도 많아졌고, 난민 신청 자체도 줄었다. 결과적으로 난민조약에 따라 보호 대상이 된 난민의 수는 줄었지만, 자국 내에서 '국내 피난민'이 되어 갈 데가 없는 사람들은 대폭 늘어났다.

난민을 인정하는 장벽도 점점 높아지고 있다. 선진국이 받아들이는 난민은 전체의 4퍼센트, 50만 명에 불과하다는 통계도 있다. 상황이 이렇게 된 데는 '테러와의 전쟁'도 일조했다. 정도의 차이는 있지만 어느 나라에서나 난민이나 이민을 범죄나 테러와 연결해서 외국인에 대한 차별을 부추기는 정치가나 미디어가 존재한다.

4장

/

토착민족과 소수민족

쿠처의 키질 석굴(3~9세기), 2006년. © Rolfmuelle, W-C

토착민족은 대부분 오랜 침략이나 동화 정책으로 탄압을 받다가 인구가 감소해 결과
적으로 소수가 된다.

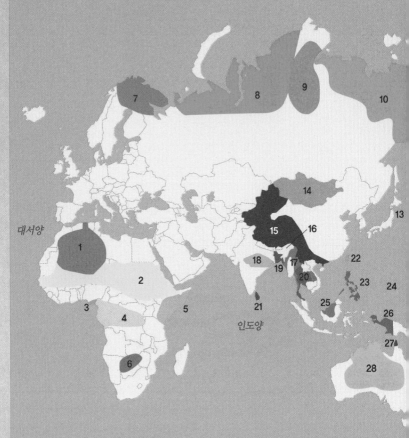

세계 주요 토착민족의 분포

대서양

인도양

전 세계에 5,000개가 넘을 것으로 추정되는 토착민족이 있는데, 일부의 민족에 대해 거주자를 지도에 표시했다.
( )는 복수 민족 집단의 총칭.

1. (베르베르) 카빌, 샤위야, 투아레그
2. 풀베어, 딩카, 베자, 아프라, 티그레
3. 이조, 오고니
4. 아카, 에페, 음부티, 토와
5. 소말리, 마사이
6. 샨, 코이
7. 사미
8. 네네츠, 한티, 만시
9. 에벤키
10. 야쿠트
11. 추크치, 유피크, 유카기르
12. 코랴크
13. 아이누
14. 몽골

15. 위구르, 티베트, 치완
16. 나가
17. 친, 카친, 샨
18. 곤드, 문다, 산탈
19. 차크마, 마르마
20. 카렌, 리스, 몬, 아카
21. 베다
22. 타얄, 야미
23. 본톡, 이푸가오, 칼링가
24. 차모로
25. 이반
26. 아스맛
27. 토레스 해협 제도민
28. (애버리진)

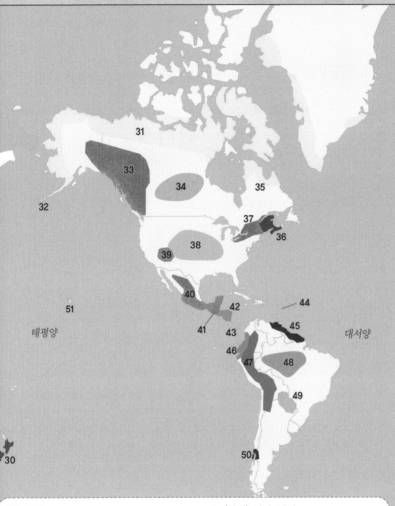

태평양

대서양

29. 카낙
30. 마오리
31. (이누이트 에스키모)
32. 알류트
33. 하이다, 콰키우틀, 틀링깃, 누트카
34. (데인)
35. 쿠리, 오지브와
36. 미크맥
37. (이로쿼이)
38. 아파치, 아라파호, 샤이엔, 코만치,
    오글라, 수, 포니, 쇼쇼니
39. 호피, 나바호, 주니
40. 후이촐, 마야, 마사텍, 나와틀,
    자포테코
41. (마야) 키체, 켁치
42. 가리푸나, 렝카, 미스키토
43. 쿠나, 엠베라
44. 카리브
45. (아라와크)
46. 괌비아노, 파에스
47. 케추아, 아이마라, 캄파, 우르, 치파야
48. 카야포, 투카누, 야노마미, 티쿠나,
    (파노) (남비콰라)
49. 구아리니
50. 마푸체
51. 하와이 토착민

마야 민족과
국제 토착민의 문제

1990년, 국제연합 총회에서는 1993년을 '세계 토착민을 위한 해', '국제 토착민의 해'로 정했다. 국제 토착민의 해가 지정된 후 10년간 세계 각지에 퍼진 토착민족의 권리의식은 크게 높아졌다. 각국의 토착민들이 스스로의 권리를 찾기 위해 국제적으로 연대하고 목소리를 높여 발언하는 기회도 많아졌다. 하지만 그것이 그들의 직접적인 이익으로 연결된 경우는 극히 드물다.

국가나 대기업을 상대로 싸우는 이상, 토착민족의 인권이나 권리 문제는 쉽게 해결될 리가 없다. 그것은 명백한 일이다. 그런데 이 문제에는 2001년 9월 11일에 일어난 미국의 동시다발 테러 사건도 큰 영향을 미쳤다.

9 · 11 이후, 국제 사회의 시선은 테러와의 전쟁에 모아졌다. 토착민족의 권리 회복 운동을 지원하는 것은 제쳐두고, 각국에서는 '대테

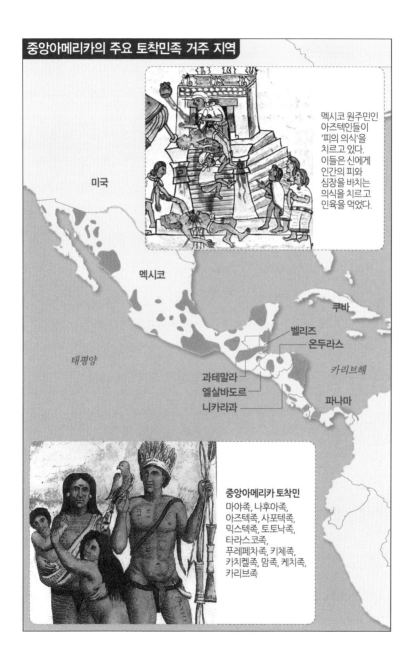

중앙아메리카의 주요 토착민족 거주 지역

멕시코 원주민인 아즈텍인들이 '피의 의식'을 치르고 있다. 이들은 신에게 인간의 피와 심장을 바치는 의식을 치르고 인육을 먹었다.

미국

멕시코

쿠바

벨리즈
온두라스

과테말라
엘살바도르
니카라과

태평양

카리브해

파나마

중앙아메리카 토착민
마야족, 나후아족, 아즈텍족, 사포텍족, 믹스텍족, 토토낙족, 타라스코족, 푸레페차족, 키체족, 카치켈족, 맘족, 케치족, 카리브족

러법'을 새로 만드는 한편, 토착민족이나 소수민족의 운동을 탄압하는 방편으로 쓰기도 했다.

앞에서도 설명했지만 바스크의 바스크 조국과 자유(ETA)에서 조직한 정당인 바타수나가 2003년에 비합법화된 것은 일례에 불과하다. 인도네시아의 메가와티 전 대통령은 아체의 자유아체운동 게릴라를 테러리스트라고 여겨 정전 합의를 파기하고 군사 침공을 감행했다(그 후 2005년에 다시 평화 합의). 필리핀의 아로요 대통령도 모로 지방의 이슬람분리주의 운동을 테러로 규정했다.

이렇게 '대테러 작전'은 각국의 지도자에게 국내의 반정부 움직임을 봉쇄하는 그럴싸한 명분을 제공했다. 대테러전이 한창일 때 이라크인 포로에 대한 미군의 잔학한 처사가 전 세계의 비난을 받았지만 미국은 모르쇠로 일관했다. 그리고 각국의 인권 침해를 비난하는 국제 사회의 목소리도 9·11을 경계로 눈에 띄게 작아졌다.

기원전부터 중앙아메리카를 중심으로 문명을 일으킨 마야제국

이 장에서는 주로 토착민족, 소수민족으로 알려진 사람들이 그 나라에서 어떻게 살아가고 있는지를 살펴보겠다.

토착민족의 정의에 대해 국제적으로 통일된 견해는 없다. 어느 지역에서 옛날부터 전통적인 삶을 영위해왔으나 다른 지역에서 이주한 타 민족의 지배를 받게 되면서 부득이하게 피지배적, 종속적 입장이 된 민족 집단을 가리켜 토착민이라고 하는 것이 대략 합의된 내용이다. 그리고 토착민족이라고 하든 소수민족이라고 하든 의미상의 큰 차이는 없다.

보통, 어느 사회를 구성하는 민족 집단이 인구가 적으면 소수민족 혹은 소수파가 된다. 토착민족은 대부분 오랜 침략이나 동화 정책으로 탄압을 받다가 인구가 감소해 결과적으로 소수가 되었다. 북아메리카의 인디언이나 오스트레일리아의 애버리진이 그 전형이라고 할 수 있는데, 그래서인지 토착민족 하면 소수라고 생각하는 사람들이 많다. 하지만 중앙아메리카의 과테말라에서는 토착민족이 국민의 과반수를 차지하는 다수파이면서도 피차별자였다. 물론 이것은 특수한 예이다.

마야라고 하면 중앙아메리카의 밀림에 남겨진 수수께끼의 유적을 떠올린다. 고대 문명 마야는 기원전부터 중앙아메리카를 중심으로 느슨하게 연결된 도시국가 간 네트워크를 통해 넓은 지역을 통치하던 나라였다. 하지만 중앙아메리카의 대표 문명 중 하나였던 아스텍 왕국이 16세기에 스페인인에 의해 멸망했을 때는 마야의 이름난 도시가 쇠퇴하고 수백 년이나 흐른 뒤였다. 그리고 유적의 일부만 남은 마야 지역에 과거의 문명이 존재한다는 사실은 까맣게 잊힌 상태였다.

이러한 고대 문명을 쌓아올린 민족의 후손이 마야어를 쓰는 사람들이다. 얼마 전까지 그들은 마야 민족이라고 불리기도 했다. 과테말라와 멕시코 남부에서 마야어를 쓰는 사람들은 수백만이라고 하는데, 확실한 것은 아니다.

마야 유적지 욱시말의 수녀원 드로잉, 1844년, Frederick Catherwood

    마야어는 키체어와 칵치켈어 등을 합쳐 스무 종이 넘는다. 과테말
라에서 쓰는 공용어는 지배자층 라디노(Ladino)의 언어인 스페인어뿐
이고, 마야어는 '지방어' 혹은 '문화유산'으로만 지정되었다. 라디노
란 원래 스페인어를 쓰는 사람을 의미하지만, 이 나라에서는 스페인
인과 토착민 사이의 혼혈 인종을 이렇게 부른다. 참고로 다른 지역에
서는 중남미 원주민인 아메리카 인디언과 스페인계 · 포르투갈계 백
인과의 혼혈 인종을 메스티소(Mestizo), 북아메리카 인디언과 구별해
라틴아메리카, 중앙아메리카와 그 이남 지역인 남아메리카 일대의
원주민을 인디오(Indio)라고 부른다. 인디오가 멸시하는 호칭은 아니

지만 이 나라에서는 멸시하는 호칭이다.

한편 스페인인의 피를 물려받지 않아도 전통문화와 관계를 끊고 도시에 살며 스페인어만 쓰면서 스스로를 라디노라고 말하는 사람도 있다. 사실 토착민족과 라디노를 구분하는 것은 애매하다. 그래서 한 편에서는 인구의 대략 80퍼센트를 마야 민족이 차지한다고 주장하고, 다른 한편에서는 국제협력기구의 2003년 통계에 근거해 라디노가 50퍼센트, 토착민이 41퍼센트를 차지한다고 주장한다.

과테말라 내전 때 정부군이 마야계 농민을 대학살

한편, 과거 마야인들에게 '우리'라는 말은 촌락 단위의 마야인을 가리키고, 마야 민족 전체를 포함하지는 않았다. 라디노나 외부의 눈에는 인디오나 토착민이나 모두 똑같은 토착민으로 보이지만, 같은 키체어를 쓰는 지역 내에서도 촌락 주변에 '우리'와 '저들'을 나누는 경계가 있었다.

예를 들어, 과테말라는 손으로 짠 민족의상이 아름다운 것으로도 유명하다. 문양이 매우 복잡할 뿐만 아니라 마을마다 다르고 여성의 머리장식과 띠, 스커트 모양도 조금씩 달라서 한눈에 출신지를 알 수 있었다. 요컨대 전통의상은 '우리'와 '저들'을 구별하는 상징이기도 했다.

오늘날에도 각 마을에서는 민족의상을 손으로 짜는 고유의 전통문화를 소중히 고수하고 있다. 한편에서는 오랜 군사정권에 저항하는 토착 농민 출신들이 좌파 세력을 형성하기도 했다. 또 미미하지만 토착민 가운데 지식인이 늘어나서 자신들의 손으로 언어를 포함한 전통문화를 연구하고 보존하려는 움직임도 크게 늘었다.

1960년, 친미 군사독재 정권에 불만을 품은 젊은 장교들이 반란을 일으켰다. 그리고 이 사건을 계기로 과테말라는 36년 동안 장기 내전에 돌입했다. 반란 주동자들은 그 후 산속에 숨어들어 좌익 게릴라 세력을 조직하고 저항을 계속했다. 그러자 정부는 탄압을 강화해 게릴라 조직의 근거지라며 토착민 마을을 모조리 불태워버리고, 그곳에 사는 토착민들을 잔인하게 학살했다.

내전이 한창일 때, 군이 죽인 피해자만 약 20만 명이었는데, 대부분은 좌익 게릴라와는 관계가 없는 가난한 마야계 농민이었다. 과테말라 정부의 심각한 인권 침해를 고발한 세계적인 인권운동가 리고

리고베르타 멘추, 2009년,
ⓒ Surizar, W-C

베르타 멘추(Rigoberta Menchú, 과테말라의 여성 인권운동가로 중남미 인디오들의 참상을 세상에 널리 알리는 일에 힘썼고, 1992년 노벨평화상을 수상했다)는 내전과 토착민의 문제를 환기시키며 국제사회의 주목을 받았다.

1986년 민정 이관 이후, 정부와 게릴라 조직 간에 협상 테이블이 마련되었다. 1996년 12월에 정부와 좌익 게릴라 통일 조직인 과테말라민족혁

명연합이 포괄적인 평화협정에 조인하면서 라틴아메리카 역사상 최장기 내전은 종결되었다. 또한 내전이 종결되는 과정에서 국제 사회는 큰 역할을 했다.

'마야 민족'을 자처하는 사람들이 주체적으로 '마야 운동'을 전개

평화합의 문서에는 토착민에 대한 차별과 억압 정책을 철폐하기 위한 '토착민족의 권리와 정체성에 관한 합의'가 실렸다. 교육을 받을 기회조차 빼앗긴 토착민에게는 '권리와 정체성'이란 개념이 확립되기 힘들었으나, 앞에서 설명했듯이 마침 그 무렵에는 '세계 토착민'에 대해 국제 사회의 관심이 모아진 상황이었다. 이에 과테말라 정부는 토착민의 전통문화를 전근대적이라고 판단하고, 스페인어를 공용어로 하여 토착민 동화 정책을 추진하려고 했다. 그러자 국제 사회는 그때까지 별로 주목하지 않았던 '마야 민족'에게 민족성(ethnicity)을 부여했다.

이렇게 국제적인 인권 옹호 단체나 연대 조직의 후원을 받아, 과테말라를 다민족 · 다문화 · 다언어 국가로 인식하자는 '마야 운동'이 일어나고 1996년, 내전 종결을 앞두고 '토착민족의 권리와 정체성'에 관한 협정을 맺으며 마야 운동은 결실을 맺었다.

마야 운동에 대해서는 '문화 운동으로 위장한 정치 운동이다'라는 비판도 있었다. '마야 민족을 통일한다는 주장은 허구이다'라는 의견도 있고, 다양한 문화와 언어의 그룹에 속하는 사람들을 하나로 묶어서 '범마야'의 정체성을 갖게 한다는 것은 무리라는 의견도 있었다.

일정한 지역에 사는 촌락 구성원을 제외하면 전부 '외부인'이라고 생각했던 마야인들 사이에 '범마야'라고 하는 정체성이 깃든 것은, 아이러니하게도 오랜 세월 동안 집단학살(genocide)이라 불릴 정도로 심했던 라디노의 토착민 억압 정책 때문이다. 초기에는 국제 사회의 지원을 받아 마야 운동이 본격화되었지만, 지금은 '마야 민족'이라고 자처하는 사람들이 주체적으로 마야 운동을 펼치고 있고, 일반인에게도 널리 확산되고 있다.

하지만 '토착민족의 모든 권리와 정체성 협정'이 맺어지기는 했지만, 차별 철폐나 권리 회복을 실현할 정책은 거의 이행되고 있지 않다. 보수파인 라디노가 여전히 정치·경제의 요직을 차지하고 있으며, 내전 중 학살에 가담한 인물도 국회의원이나 공무원으로 여전히 실권을 잡고 있다. 반면 인권 활동가와 전통적인 종교인은 살해 협박에 시달리면서도 마야 운동을 이어가고 있다. 힘겹게 '마야 민족'이라는 정체성을 얻은 사람들이 민족자결권을 손에 넣기까지는 아직 넘어야 할 산이 많은 것 같다.

중국을 둘러싸고 있는
55개의 소수민족

중국은 90퍼센트 이상을 차지하는 한족과 55개 소수민족으로 구성

다민족국가인 중국은 13억이 넘는 총인구의 90퍼센트 이상을 차지하는 한족과 55개 소수민족으로 구성된다. 여기서 '55'라는 숫자는 중국 정부가 인정한 숫자이다. 중화인민공화국 정부가 '민족 식별 공작'에 착수한 당초에는 400개가 넘는 민족명이 등기되었다고 하니 (1953년) 민족 혹은 민족 집단이 몇 개인지는 아무도 단언할 수 없다. 중국 내에 55개의 소수민족이 있다기보다는, 중국의 중앙 정부가 당장은 그렇게 판단한다고 보는 것이 옳다.

그리고 중국의 민족 이름은 정식 명칭에도 끝에 '족'이 붙는다. 소수민족 중에서 인구가 가장 많은 것은 1,600만 명이 넘는 좡족이다. 중국 전체 인구에서 보자면 약 1퍼센트에 불과하지만 그래도 네덜란

중국의 주요 소수민족의 분포

한족
만주족
위구르족
카자흐족
키르기스족
몽골족
후이족
베이징
상하이
티베트족   이족   부이족   좡족   마오족   투자족   기타
홍콩

키르기스족
중앙아시아 키르기스스탄의 주민족으로 중국에 약 16만 명이 거주하고 있다.

티베트족
티베트불교를 믿으며 중국 소수민족 가운데 9번째로 인구가 많다.

위구르족
신장웨이우얼 자치구에 사는 터키계 민족으로 이슬람교를 신봉한다.

이족
노예제를 운영했던 민족으로 중국 소수민족 가운데 7번째로 인구가 많다.

카자흐족
아시아 몽골 인종에 속하는 민족으로 중국 내 소수민족 가운데 16번째로 많다.

부이족
포의족이라고도 부르며, 중국 소수민족 가운데 10번째로 인구가 많다.

후이족
중국에 살면서 이슬람교를 신봉하는 민족으로, 회족으로도 불린다.

좡족
광시좡족 자치구에 주로 살며, 중국 소수민족 가운데 한족 다음으로 인구가 많다.

몽골족
내몽골 자치구에 많이 살며, 중국 소수민족 가운데 8번째로 인구가 많다.

먀오족
구이저우성에 밀집해서 살며, 한족과의 교류로 한어와 한문을 겸용한다.

한족
중국과 타이완 인구의 대부분을 차지하며, 세계 인구의 19%를 차지한다.

투자족
중국어와 한문을 통용하는 민족으로 소수민족 중에서 6번째로 인구가 많다.

만주족
만족이라고도 하며, 중원 왕조를 두 번이나 세운 민족이다.

그 외 소수민족
중국은 한족이 인구의 90퍼센트, 나머지는 55개 소수민족으로 이루어졌다.

드의 총인구와 맞먹는다. '소수민족'에서 '소수'는 절대적인 소수가
아니라 한 국가 내에서 상대적인 소수라는 것을 설명하는 좋은 예라
고 할 수 있다. 그다음이 1,000만 명에 못 미치는 만주족이고 후이
족, 먀오족, 위구르족, 이족, 투자족, 몽골족, 티베트족이 그 뒤를 잇
는다.

중국의 소수민족 정책은 '민족 구역 자치'에 역점을 둔다. 민족 구
역 자치란 특정한 지역 내에서만 소수민족의 자치를 인정하는 제도
로 내몽골 자치구(內蒙古自治區), 신장웨이우얼 자치구(新疆維吾爾自治
區), 닝샤후이족 자치구(寧夏回族自治區), 광시좡족 자치구(廣西壯族自
治區), 티베트 자치구(西藏自治區)가 있다. 중국의 소수민족을 '대잡거
(大雜居), 소집거(小集居)'라고 한다. 이를 보면 알 수 있듯이 거주지가
극단적으로 분산된 것이 특징이다. 모자이크 모양으로 각 변방에 분
포하는 소수민족의 자치를 실현하기 위해 중국은 자치구(지방 행정의
최고 구획)보다 작은 행정 단위로 자치주, 자치현을 설치했다.

예를 들어, 후이족은 닝샤후이족 자치구 외에 두 개의 자치주와 십
여 개의 자치현으로 구성된다. 최대의 지방 행정 단위인 자치구에서
는 후이족이 자치구 인구의 30퍼센트를 웃도는 수준이다. 다시 말해,
자치구 내에서조차 후이족은 소수민족인 셈이다. 몽골족과 좡족의
사정도 이와 비슷하다.

중국의 몇몇 소수민족은 거주구가 분산된 점, 그리고 자치 구역 내
에서도 인구상으로 한족에 밀리는 점이 민족의 단결을 방해하는 요
인의 하나이다. 또 자치 구역 내에서 한족이 대거 이주하면 소수민족

이 한족에 동화되는 것도 문제이다. 현재 중국의 중앙 정부는 동화 정책을 부정하지만, 실제로 동화가 제법 진전된 지역도 있다. 특히 티베트 시짱에서는 티베트인의 민족 독립운동을 견제하려고 노골적으로 동화 정책을 펼치고 있으며, 국제 사회에서는 이것이 인권 문제로 대두될 것을 우려하고 있다.

민족 자치구에 대해 조금 더 살펴보자. 중국은 북방 기마 민족에게 자치구를 허용했는데 과거에 왕조를 세웠던 몽골족, 불교문화를 이룩한 티베트족, 당나라 시대부터 동서 문명의 교류에 크게 공헌한 위구르족, 이슬람의 후원을 받은 후이족, 그리고 좡족이 그들이다.

중국에서는 티베트와 몽골, 위구르의 민족 문제가 미해결

앞에서도 설명했듯이 중국을 세계의 중심이라고 생각하는 중화사상은 주변 제국과 민족에게 조공을 받는 대신 한자와 예교를 중심으로 한 문화를 전수해 중화 세계를 한없이 확장시키는 역할을 했다. 사실 후한부터 청나라에 이르기까지 '중화제국'은 그런 식으로 주변 민족을 교묘하게 중화 세계로 편입시켜서 세력을 확장했다.

천자가 있는 중심 세계에서 벗어날수록 중화의 색채가 옅어지는 것은 어쩔 수 없는 일이었다. 그래서 중국의 동남쪽은 고스란히 중화에 편입되었으나 저 멀리 북쪽에 있는 몽골이나 서티베트, 신장은 중화 세계에 완전히 물들지 못했다. 이곳은 대부분 유목민의 땅이라서 농경 문화를 기반으로 하는 중국과는 지역 차가 크고, 티베트불교와 이슬람 등 종교 면에서도 격차가 커서 독자적인 문화를 꽃피울 수밖에 없었다.

예를 들어, 청나라는 티베트의 종주국을 자처했으나 티베트는 청나라를 후원자 정도로밖에 여기지 않았다. 국가나 민족 같은 근대적인 개념이 확립되지 않은 상태에서 그런 애매한 관계가 쭉 지속되었기 때문에 티베트와 몽골, 위구르의 민족 문제는 언젠가는 일어날 일이었다. 그런 연유로 쑨원은 중화민국이 성립하던 당시에 한족, 만주족(청나라를 지배한 만주인), 몽골족(원나라를 지배한 몽골인), 후이족(무슬림), 짱족(티베트인)의 다섯 부족에게 대등한 입장에서 새로운 국가를 건설하자는 '오족공화(伍族共和)'를 주장했다. 물론 그럼에도 한족이던 쑨원은 다른 민족이 한족에 동화되어야 한다고 생각했다.

이때만 해도 분리ㆍ독립의 움직임이 보이는 민족만을 소수민족으로 치부했다. 원래부터 중국 내에 있는 짱족이나 먀오족에게는 소수민족 정책, 특히나 자치권에 관한 정책이 없었다. 짱족이 자치구를 갖게 된 것은, 몽골족이나 위구르족에게도 자치구가 있는데 최대의 소수민족인 짱족에게 자치구가 없어서는 안 된다는 의견이 있었기 때문이다.

반대로 '오족'에 속한 만주족은 자치구를 설치하지 않았다. 만주족은 청나라 시대를 거치면서 한족과 구별되지 않을 정도로 동화되어 일부러 자치구를 설치할 필요도 없었다. 최근에 만주족이라고 밝히는 사람들이 늘어나고 있는데, 이는 소수민족을 위한 일련의 우대책을 받기 위해서일 뿐, 별다른 이유는 없다. 현재 만주어도, 고유의 샤머니즘 신앙도 대부분 잊힌 상태이다.

위구르인은 신장웨이우얼 자치구를 '동투르키스탄'이라고 부른다

오늘날, 중국에서 분리 · 독립 운동을 활발하게 펼치는 곳으로 티베트와 위구르를 들 수 있으나, 중국 정부의 탄압으로 분리 · 독립이 쉽지 않은 상황이다. 티베트에 대해서는 앞에서 설명했으므로 여기에서는 위구르의 분리 · 독립 운동을 방해하는 상하이협력기구에 대해 알아보겠다.

재외 국민을 포함한 위구르의 독립 지지파들은 중국 정부가 테러 활동으로 규정한 일련의 분리 · 독립 운동을 중국공산당의 지배에서

신장웨이우얼 자치구의 소녀들, 2005년, © Colegota, W–C

벗어나려는 민주화 운동이라고 주장한다. 과거에는 중국 정부의 인권 침해 사례에 대해 세계 곳곳에서 비난의 여론이 쏟아졌지만, 오늘날에는 테러 근절을 위해서라고 주장하면 용인되는 상황이어서 위구르 독립파에게 불리한 상황이 되었다.

게다가 중국은 러시아 및 중앙아시아의 신흥국과 손을 잡고 다국적 협력 조직인 상하이협력기구를 설립해 민족주의 운동과 이슬람 과격파의 테러에 대비해왔다. 이 기구는 중국, 러시아, 카자흐스탄, 키르기스스탄, 타지키스탄, 우즈베키스탄 등 6개국이 속해 있으며, 국경 대책뿐만 아니라 지역 안전 보장, 무역과 에너지 정책 등 폭넓은 문제를 협의하는 조직이다. 하지만 이 조직 역시 민족주의자의 무력 투쟁에 대응하는 군사 동맹의 색이 짙다.

상하이협력기구는 미국에서 동시다발 테러가 일어나기 3개월 전인 2001년 6월에 발족했다. 하지만 그 전신인 '상하이 파이브'(우즈베키스탄은 나중에 참가)의 최초 모임을 연 것은 그보다 앞선 5년 전으로 거슬러 올라간다. 이슬람 과격파 활동과 연계된 분리 · 독립 운동은 중국뿐만 아니라 국내에 이슬람 반체제파가 활동하는 러시아와 친러 정권이 들어선 신흥 국가의 골칫거리였다. 분리 · 독립 운동에 위협을 느끼던 상하이 파이브는 동시다발 테러가 일어나기 몇 년 전부터 이슬람 원리주의의 위험성과 국제 테러 대책을 호소하는 선언을 했다.

위구르인은 신장웨이우얼 자치구를 '동투르키스탄(터키인의 땅)'이라고 부른다. 이들의 분리 · 독립 운동은 청나라 시대부터 계속되었고, 20세기 전반에는 두 번에 걸쳐 '동투르키스탄공화국'이 수립되었으나 결국 중화인민공화국에 통합되었다. 이슬람교를 믿고 아라비아 문자를 쓰는 위구르인에게는 이슬람 국가인 동투르키스탄공화국을 부활시키는 것이 오래된 염원이지만, 분리주의 운동이라면 치를 떠는 공산당 정부는 어떤 조건이든 그런 사태를 허용할 리가 없다.

상하이협력기구가 창설되자 위구르 자치구와 중앙아시아의 주변국에 자리한 재외 위구르가 연대하기는 어려워졌다. 2006년 6월에는 몽골, 인도, 파키스탄, 이란의 4개국이 더 참가하면서 상하이협력기구는 명실상부한 유라시아 대륙의 대표 기구가 되었다. 게다가 인도와 파키스탄이 참여하면서 위구르는 망명길마저 막히게 되었다.

망명 위구르인의 독립 조직은 독일과 터키, 미국 등 세계 각지에 있다. 무력 투쟁을 적극적으로 지지하는 그룹부터 인권 단체까지 조직의 성격은 다양하지만, 독립 조직은 입을 모아 중국이야말로 동투르키스탄을 침략한 테러 국가라고 주장했다. 금세기에 들어오면서 위구르의 테러 활동은 잠잠해지는 듯했으나 2004년 9월, 여러 독립 조직이 힘을 합쳐 미국에서 '동투르키스탄 망명 정부'를 수립하고, 다음 해에는 강경파 그룹이 중국 정부에 대한 무력 투쟁을 선언했다. 티베트 독립파가 분리 · 독립을 거의 포기하고 고도의 자치를 추구하는 노선으로 방향을 전환한 것과는 대조적으로 위구르 문제는 당분간 두고 봐야 할 것 같다.

> ## 03

미국 백인에게 짓밟힌
인디언의 땅과 꿈

서부극 중에 인디언이 주인공인 영화는 수백 편에 이른다

　북아메리카에는 과거에 300개 이상의 언어가 존재했다. 언어로만 나눠도 300개가 넘는 토착민(아메리카 인디언, 에스키모(스칸디나비아를 제외한 북극 지방과 러시아 동쪽 지방에 사는 민족), 크게는 북부 알래스카, 캐나다, 그린란드에 사는 이누이트와 서부 알래스카, 극동부 러시아에 사는 유픽족, 알류트족 등)이 자연환경의 혜택을 받은 지역에 저마다 무리 지어 살았다. 현재, 미국의 인디언은 토착민이면서도 민족 구성비로 따지면 1퍼센트에도 못 미쳐서 아프리카계, 히스패닉은 물론 아시아계 이민자에게도 크게 뒤처진다. 또 인디언의 약 절반은 인디언 보호구역(Indian Reservation, 미국 정부에서 인디언을 효율적으로 다스리기 위해 지정한 땅으로, 미국 전역에 310곳의 인디언 보호구역이 있다)에 살면서 경제적

매니페스트 데스티니(정해진 운명, 미국의 팽창주의와 영토 약탈을 합리화한 슬로건이다). 의인화된 미스 컬럼비아가 여신처럼 공중에 떠 있고, 왼쪽에서는 인디언들이 쫓겨나고, 오른쪽에서 기차와 역마차가 들어오고 있다. 왼쪽 끝으로 대서양과 태평양, 로키산맥이 보인다. 1872년, 존 가스트, 미국 의회도서관

으로나 문화적으로 전국 평균보다 훨씬 낮은 수준의 생활을 영위하고 있다.

 인디언 대신 '네이티브 아메리칸'이라고 부르는 사람도 많지만, 어차피 둘 다 백인이 멋대로 붙인 이름이라고 하여 네이티브 아메리칸이라고 불리기를 싫어하는 사람도 많다. 법률명이나 단체명에도 인디언이란 호칭이 자주 쓰이므로 이 책에서는 그대로 인디언이라고 하겠다.

전 세계의 소수 토착민족 중에 인디언만큼 널리 알려진 민족은 없을 것이다. 할리우드 서부극 중에 인디언이 주인공인 영화는 수백 편에 이른다. 하지만 잔인한 악마부터 고귀한 야만인까지 과거 은막에 비친 인디언은 백인의 시선에서 그린 모습이 대부분이었다.

그런 서부극의 틀을 깬 것이 미국의 대표적인 배우 케빈 코스트너(Kevin Michael Costner)가 감독하고 주연으로 촬영한 영화 〈늑대와 춤을〉(Dances With Wolves. 서부극 형식을 빌려 전하는 인류와 자연에 대한 사랑을 그린 영화)이다. 토착민족인 라코타 수족의 삶과 문화를 그린 이 영화는 1990년에 아카데미상 7개 부문을 수상했는데, 케빈 코스트너는 인디언 체로키족의 후손이다.

이 영화는 '수족의 마을은 폐허가 되었고, 그들의 버펄로도 모두 사라졌다. 마지막 수족은 네브래스카 로빈슨 요새에서 백인에게 항복했다. 평원의 위대한 기마 민족은 없어졌고, 서부는 소리 없이 역사 속으로 묻혀갔다'라는 자막이 마지막을 장식한다.

영화 〈늑대와 춤을〉 스틸 영상. 백인의 침략을 비판하고 '백인은 선, 인디언은 악'이라는 서부극의 공식을 바꾼 영화이다.

체로키족은 초록이 아름다운 조지아 땅에서 강제 추방

영화와는 별개로 요 몇 년 사이에 인디언의 신비한 정신문화가 부각되거나, 에콜로지 사상의 대두와 함께 자연친화적인 삶이 재조명되면서 인디언의 이미지가 몰라보게 향상되었다. 하지만 이미지가 좋아졌다고 해서 그들의 존엄성이나 권리가 회복되지는 않았다.

중남미의 토착민은 '침략자' 스페인인에게 학살되고 약탈당하는 등 철저하게 유린당했다. 하지만 북아메리카 인디언의 비극은 약간 다르다. 북아메리카에 온 사람들은 주로 가족 단위의 이민자로, 그들이 바란 것은 토지였다. 백인은 토착민을 노예로 부리려고도 하지 않고 오로지 토지를 얻는 데만 열을 올렸다. 물론 영국과 프랑스의 패권 전쟁에 휩쓸린 희생자도 많았으나, 인디언 인구가 줄어든 가장 큰 이유는 백인이 들여온 페스트나 티푸스와 같은 전염병에 걸린 것이었다.

초기의 영국인 이주자는 인디언에게 토지 보상비를 지불하고 공식 계약을 맺고 토지를 취득했다. 또 건국 초기에는 '인디언에게는 항상 최고의 경의를 표하고, 그들의 동의 없이 토지와 재산을 빼앗아서는 안 된다'라고 선언하며 인디언의 재산, 권리, 자유를 보장했다. 다시 말해, 모든 인디언 부족과 부족연합을 정치적인 공동체로 간주하고 토지소유권까지 인정한 것이다. 하지만 이것은 표면상의 방침에 불과했다. 얼마 안 있어 백인은 조약을 바꾸고 약속을 파기하는 등 착취와 폭거를 일삼았다. 결국 인디언은 조상의 땅에서 쫓겨나거나 승

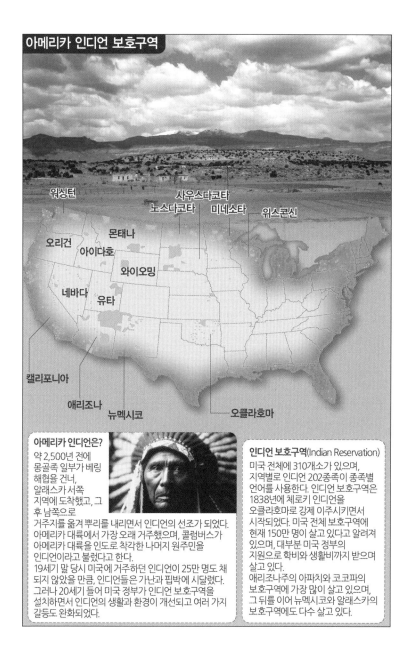

아메리카 인디언 보호구역

워싱턴
사우스다코타
노스다코타
미네소타
위스콘신
몬태나
오리건
아이다호
와이오밍
네바다
유타
캘리포니아
애리조나
뉴멕시코
오클라호마

아메리카 인디언은?
약 2,500년 전에
몽골족 일부가 베링
해협을 건너,
알래스카 서쪽
지역에 도착했고, 그
후 남쪽으로
거주지를 옮겨 뿌리를 내리면서 인디언의 선조가 되었다.
아메리카 대륙에서 가장 오래 거주했으며, 콜럼버스가
아메리카 대륙을 인도로 착각한 나머지 원주민을
인디언이라고 불렀다고 한다.
19세기 말 당시 미국에 거주하던 인디언이 25만 명도 채
되지 않았을 만큼, 인디언들은 가난과 핍박에 시달렸다.
그러나 20세기 들어 미국 정부가 인디언 보호구역을
설치하면서 인디언의 생활과 환경이 개선되고 여러 가지
갈등도 완화되었다.

인디언 보호구역(Indian Reservation)
미국 전체에 310개소가 있으며,
지역별로 인디언 202종족이 종족별
언어를 사용한다. 인디언 보호구역은
1838년에 체로키 인디언을
오클라호마로 강제 이주시키면서
시작되었다. 미국 전체 보호구역에
현재 150만 명이 살고 있다고 알려져
있으며, 대부분 미국 정부의
지원으로 학비와 생활비까지 받으며
살고 있다.
애리조나주의 아파치와 코코파의
보호구역에 가장 많이 살고 있으며,
그 뒤를 이어 뉴멕시코와 알래스카의
보호구역에도 다수 살고 있다.

산 없는 싸움에 나서야 하는 처지가 되었다.

특히 인디언강제이주법이 제정된 1830년부터는 변경 지역으로 강제로 이주되는 것이 일상이 되었다. 특히 '눈물의 여로(Trail of Tears)'로 잘 알려진 체로키족은 1838년 겨울부터 다음 해까지 초록이 아름다운 조지아주의 땅에서 1,000킬로미터 떨어진 곳으로 추방되었다. 체로키는 훗날 '문명화된 다섯 부족'의 하나가 되는데, 강제 이주가 시행될 때는 이미 기독교를 받아들이고 라틴문자를 참고로 하여 독자적인 체로키문자를 창안하는 등 백인 문화를 적극적으로 수용한 상태였다. 백인과의 평화적 공존을 바랐던 1만여 명의 사람들은 갑자기 집과 땅을 빼앗긴 채 쫓기듯 서쪽으로 먼 길을 떠나야 했다. 이때 기아와 추위에 시달리다 병을 얻은 수천 명의 인디언이 목숨을 잃었다.

케빈 코스트너 외에도 배우 조니 뎁과 킴 베이싱어, 가수 엘비스 프레슬리, 티나 터너, 기타리스트 지미 헨드릭스 등 체로키족의 피를 이어받은 아메리카인이 적지 않다.

인디언 보호구역의 가장 큰 문제는 높은 자살률과 알코올 중독

19세기 후반이 되면서 인디언에 대한 탄압이 더 심해졌다. 인디언의 영토였던 광대한 대지를 모조리 빼앗은 백인은 작은 땅에 '인디언 보호구역'을 설치하고 그들을 격리했다. 그리고 인디언 보호구역에서 금광이 발견되었다거나 도로를 내야 할 때는 여러 가지 이유를 들어 멋대로 없애버렸다.

　20세기에 들어와서 인디언 정책은 차츰 개선된다. 백인이 불법으로 입수한 토지가 미국 전 지역의 3분의 1에 해당한다는 것이 공공기관에서 실시한 조사에서 밝혀졌다. 발표 직후에 빼앗긴 토지를 둘러싼 소송이 줄을 이었는데, 토지 복권과 보상금 지불 등 인디언의 권리를 인정하는 판결도 나왔다.

　1960년대 이후에는 토착민의 권리와 관련된 복권 운동도 활발하게 일어났다. 인디언 보호구역에서 도시로 이주한 신세대 인디언의 주도하에 일어난 이러한 운동을, 흑인의 인권 운동을 지칭하는 '블랙 파워'를 따서 '레드 파워'라고 불렀다. 물론 도시 지역의 인디언 모두가 연대한 것은 아니라서 레드 파워에도 한계가 있었다. 그래서인지 인디언은 미국 사회의 밑바닥에서 여전히 헤어나지 못하고 있다.

　인디언 보호구역의 가장 큰 문제는 높은 자살률과 알코올 중독이다. 하지만 그것이 전부는 아니다. 과거 수백 개 부족이 각자 고유한 문화를 갖고 있던 것처럼 오늘날에도 보호구역에 따라 생활 방식이 저마다 다르다. 고유한 전통을 지키며 사는 곳이 있는가 하면, 전통 생활 양식을 거의 잃어버린 곳도 있다. 전통을 살린 수공예품을 만들어서 브랜드 이미지를 높이는 곳이 있는가 하면, 관광객을 위한 볼거리로 전통의상과 의식을 현대식과 접목하여 새로운 쇼를 선보이며 살아가기도 한다.

04

홋카이도의 아이누는
일본의 피차별민족

1993년의 '국제 토착민의 해'와 이어서 시행된 '세계 토착민의 10년' 캠페인은 일본의 토착민족 아이누(오늘날의 일본 홋카이도, 혼슈의 도호쿠 지방에 정착해 살던 소수민족)에게도 희망의 빛을 던졌다. 타이밍도 좋았다. 아이누 최초의 국회의원 가야노 시게루(萱野茂)가 1994년에 등장했기 때문이다. 그는 1992년의 참의원 선거에서 낙선했지만, 1994년에 다시 출마해 당선되었다.

아이누가 미디어의 주목을 받는 가운데, 1899년에 제정된 '홋카이도구토인보호법(통칭 구토인법)'을 폐지하고 아이누 신법을 제정하라는 요구 운동이 거세졌다. 구토인법은 아이누를 일본제국의 '신민'으로 규정하고 아이누의 독자적인 전통과 풍습을 부정하는 법률이라고 하여 일찍부터 폐지하자는 목소리가 높았다. 1994년에 무라야마 내각의 관방장관이 된 이가라시 고조(伍十嵐広三)는 과거 아사히카와 시장을 세 번 역임해 아이누 문제에도 관심이 많았다. 이가라시 관방장관이 구토인법이라는 100년이나 된 악법을 아이누 신법으로 교체하자는 해결책을 제시했다.

이렇게 하여 '아이누 문화의 진흥 및 아이누의 전통 등에 관한 지식의 보급 및 계발에 관한 아이누 신법'이 1997년 5월에 제정되었다. 아이누 신법 제정에 앞서 같은 해 3월에는 '민족의 성지를 훼손한다'라며 가야노 시게루가 니부타니댐 건설을 중지하라고 공소를 제기하자, 삿포로 지방재판소가 획기적인 판결을 냈다. 아이누를 토착민족으로 인정하고, 댐 건설이 위법이라고 판결한 것이다.

하지만 댐은 이미 완성되었으므로 댐 운영을 중지해달라는 청구에 대해서는 기각했다. 다만 일본 영토에 아이누라는 토착민족이 존재했다는 사실을 인정하는 판결을 얻어낸 것만으로도 큰 수확이었다. 아이누를 자처하는 사람들은 민족의 자부심을 되찾을 수 있게 된 것을 크게 환영했다. 현재 중등 교과서에서도 아이누와 관련해서 이전보다 많은 페이지를 할애하고, 17세기에 반기를 든 샤쿠샤인(沙牟奢允. 일본 에도 시대에 홋카이도 히다카 국의 히다카아이누인의 수장이었다. 샤쿠샤인 전쟁을 일으켜 에도 막부와 일본인에 반기를 들었다)의 전쟁 등을 크게 다루고 있다.

그러면 아이누란 어떤 사람들일까. 홋카이도우타리협회는 '아이누란 아이누어로 카무이(신)에 대응하는 인간이라는 의미로 민족의 호칭이기도 하다'라고 간결하게 정의한다(한편 우타리는 '동포'란 의미). 그리고 '아이누족은 과거에 도호쿠 지방 북부에서 홋카이도, 사할린

아이누족 모임, 1863~1870년, 펠리스 베아토

(가라후토(樺太)), 쿠릴 열도(치시마 열도(千島列島))에 이르는 광대한 아이누모시리(인간이 사는 대지)에 일찍부터 터를 잡고 살았다'라고 정의한다.

아이누어는 오늘날 언어 계통이 밝혀지지 않은 고립어로 분류

아이누라는 명칭은 영어의 Man과 의미가 매우 흡사하다. '인간'을 의미하는 Man은 'Man and woman'처럼 '남자', 'Man and wife'처럼 '남편', 'Man and his son'처럼 '아버지'를 뜻한다. '아이누'도 역시 '신'에 대응하는 '인간'이며, '여자'에 대응하는 '남자', '아내'에 대응하는 '남편', '아들'에 대응하는 '아버지'의 의미를 갖는다. 또 아이누는 본래 품행이 좋은 사람에게만 쓰이는데, '샤쿠무시＋아이누(샤쿠샤인)'와 같이 남성의 이름 뒤에 붙어 존칭으로 쓰였다.

아이누어는 오늘날 언어 계통이 밝혀지지 않은 고립어로 분류된다. 삿포로, 왓카나이, 시레토코, 오샤만베, 니세코, 사로마호 등 홋카이도 지명의 80퍼센트는 아이누어에서 유래한다. 또 도나카이(순록), 랏코(해달), 옷토세이(물개), 시샤모(열빙어), 홋키(함박조개) 등 소수이긴 하지만 일본어 어휘가 된 것도 있다. 하지만 현재 아이누어는 사라질 위기에 처해 있다. 아이누 신법에 기초해 설립된 아이누문화진흥연구추진기구가 아이누어 강좌를 개설하기도 했으나, 아이누어를 이해하는 사람이 대부분 80세를 넘은 터라 언제 사라질지 모르는 상황이기 때문이다.

아이누의 전통적인 식생활은 곰, 사슴, 토끼, 오리 등의 산짐승과, 연어를 비롯한 어패류, 산채, 그리고 약간의 재배 곡물로 이루어졌다. 곰이나 범고래, 올빼미, 바다, 바람, 불, 집, 통나무배 등 아이누의 삶과 관련된 동식물이나 자연현상, 도구까지 전부 신이 깃들었다고 믿고 기도를 올렸다. 특히 아이누를 위해 노획물로 모습을 바꾸고 이 땅에 내려왔다고 믿으므로, 신을 카무이모시리(신의 나라)로 돌려보내기 위해 정중한 의식을 치렀다. 일본인에게 널리 알려진 이오만테(신에게 곰을 바치는 의식)는 큰곰에 깃든 신을 카무이모시리로 돌려보내는 의식이다. 이렇게 애니미즘의 정신문화는 아이누의 삶에 구석구석까지 스며들었다.

또, 아이누는 문자를 갖고 있지 않지만 문자가 없는 민족이 그러하듯 풍부한 전승 문예를 자랑한다. 영웅 서사시 《유카르》(아이누인에게

아이누족의 이오만테, 1870년, © PHGCOM, 런던 브리티시 뮤지엄

구전 전승되어 내려오는 서사시를 말한다. 방언에 따라 투이탁(Tuytak), 우에페케르(Uepeker)라고도 불린다), 신화 《카무이유카르》, 민화 《우에페케르》 등이 몇백 년에 걸쳐 구전되었다.

'인간은 발밑이 어두워지기 전에 고향으로 돌아간다'

에조치라고 불린 아이누의 땅에 왜인이 본격적으로 침입하기 시작한 것은 15세기의 일이다. 도요토미 히데요시(豊臣秀吉)에게서 에조치의 지배를 인정받은 가키자키 요시히로(蠣崎慶廣)는 히데요시가 죽은 후, 도쿠가와 이에야스(德川家康)에게 접근해 성을 마쓰마에(松前)로 바꾸고 마쓰마에 번을 세운 후 아이누와의 독점 교역권을 인정받았다. 이것은 육지(혼슈)로 나가서 자유롭게 교역하던 아이누의 경제활동을 제한한다는 것을 의미했다. 마쓰마에 번이 아이누에게 일방적으로 불리한 교역을 내세우자 아이누가 저항했지만 결국에는 마쓰마에 번의 지배하에 편입되었다.

하지만 이에야스는 마쓰마에 번에 독점 교역권을 인정하는 문서 '고쿠인죠'(黑印狀, 전국 시대부터 에도 시대에 걸쳐 쇼군·다이묘·하타모토 등이 먹으로 직접 써서 찍은 후 발급한 문서)에서 '이(夷, 오랑캐)', 다시 말해 아이누에게 행동의 자유를 보장했다. 그래서 왜인의 착취와 억압은 횡행했지만 에조치 전역은 여전히 아이누의 땅이었고, 아이누의 전통은 왜인에게 훼손되지 않았다.

그런데 메이지 유신이 일어나자 메이지 정부는 에조치와 북에조치가 주인이 없는 땅이라며 각각 홋카이도, 가라후토라는 이름으로 일본 영토에 편입했다. 이후 아이누 동화 정책을 실시하고 호적법을 개정해, 아이누를 '평민'으로 규정하고, 독화살 금지, 연어 낚시 및 사슴 사냥 제한 등 생활의 근간인 전통 생활 양식에 금지령을 내리고 농업을 장려했다.

또 아이누의 전통문화를 부정하고 일본식 성과 이름으로 바꾸기를 강요했다. 귀고리, 문신 등의 풍속이나 이오만테 등의 의례를 금지하고, 일본어를 사용하라고 강요했다. 아이누는 무슨 일이 일어나는지도 모른 채, 이 모든 일을 속수무책으로 당할 수밖에 없었다. 앞에서 설명한 '홋카이도구토인보호법'은 '구토인', 요컨대 아이누를 '보호'하는 명목으로 만들어졌으나 실제로는 아이누에게 피차별민이라는 굴레를 씌웠다.

이후 대부분의 아이누가 전통문화를 버리며 살았고, 세대가 교체되면서 아이누라는 것을 숨기는 사람이 늘어났다. 1999년에 홋카이도에서 실시한 조사에서는 아이누라고 밝힌 사람이 2만 3,767명이었으나, 아이누라는 것을 부정하는 사람을 포함하면 적어도 그 배는 될 것이라고 추정한다.

1997년에 제정된 아이누 신법 제1조에는 '아이누 문화의 진흥 및 아이누의 전통 등에 관한 지식을 보급하고 계발하기 위한 시책을 추진함으로써 아이누인의 민족적인 자부심이 존중받는 사회를 실현할 뿐만 아니라 일본의 다양한 문화 발전에 기여하는 것을 목적으로 한다'라고 나와 있다. 하지만 총 13조와 부칙으로 구성된 이 법률에서 '민족'이라는 단어가 쓰이는 곳은 이 부분과 제4조, 두 군데뿐이다.

정부는 과거에 국제연합의 국제인권 B규약(시민적이고 정치적인 권리에 관한 국제규약) 제27조에 있는 '종족적, 종교적 혹은 언어적 소수민족'은 일본에 존재하지 않는다는 입장을 취했다. 1986년에는 나카소네 야스히로(中曾根康弘) 수상이 '일본인은 단일민족'이라고 발언해 국내외에 파문을 일으켰는데, 실태가 어떠하든 그의 발언은 정부 견해와도 일치했다.

하지만 이 발언은 아이러니하게도 아이누의 인권 문제를 재조명하는 계기를 마련해 인권 회복 운동이 활기를 띠었다. 다음 해부터 홋카이도아이누협회는 국제연합 차원의 활동에 참가하고, 정부도 마침내 아이누의 존재를 인정하게 되었다. 그리고 1991년에는 외무성이 '소수민족의 삶을 방해하지 않는다'라는 보고서를 국제연합에 제출하기에 이르렀다. 하지만 그 후에도 정부의 견해에 반하는 정치가의 의도적인 단일민족 발언은 계속되었다.

정부는 아이누를 소수민족이
라고는 인정했지만 토착민족으
로는 인정하지 않았다. 토착민족
이라고 인정하면 토지권 등 골
치 아픈 문제가 불거지기 때문이
다. 아이누 신법은 나중에 소개
할 캐나다의 이누이트나 오스트
레일리아의 애버리진처럼 토착
민족으로서 특별한 법적인 지위
를 아이누에게 보장하는 것이 아

아이누 문화 연구자이며, 자신도 아이누
족인 가야노 시게루는 아이누 문화의 보
존과 전승을 위해 애썼다. ⓒ 아이누 민
족재단, W-C

니라, 문화의 진흥과 전통에 관한 지식의 보급을 주장하는 것뿐이다.
그래도 20세기의 마지막 10년 동안 아이누를 둘러싼 상황이 크게 변
한 것은 사실이다.

  문제는 그다음부터이다. '인간(수렵 민족)은 발밑이 어두워지기 전
에 고향으로 돌아간다'는 말을 남기고 1998년에 정계를 은퇴한 가야
노 시게루가 2006년 5월, 79세의 나이로 세상을 떠났다. 그런 후 가
야노 시게루가 20여 년에 걸쳐 번역하던 책도 재정적인 이유로 번역
이 중단되었다. 아이누 신법을 무시하는 일도 벌어지고 있다. 이런
상황에서 아이누 민족이 자부심을 갖고 자신이 아이누라고 떳떳하게
밝히는 날이 과연 올 것인지 하는 의문이 일어나고 있다.

에스키모와 이누이트는
북극에 사는 토착민족

캐나다에서는 이누이트, 미국 알래스카에서는 에스키모

북극권의 시베리아 동북부 추코트반도에서 알래스카, 캐나다 북부, 그린란드까지 동서로 1만 킬로미터에 펼쳐진 툰드라 지대에 살던 민족을 에스키모라고 불렀다. 에스키모란 '생고기를 먹는 사람'을 의미하는 알곤킨 인디언어에서 유래했다. 하지만 에스키모에 비하하는 의미가 있다고 하여 한때 에스키모를 이누이트로 부르기도 했다.

일반적으로 캐나다에서는 이누이트, 미국 알래스카에서는 에스키모라고 부른다. 그런데 조금 더 자세하게 설명하면, 그린란드에서 북알래스카에 걸친 일대에서는 이누이트어(Inuktitut)를 쓰고, 그중에서 캐나다 국적의 토착민은 스스로를 이누이트라고 불렀다.

한편, 남서알래스카와 시베리아 동단의 추코트반도에는 다른 언어와 문화를 가진 사람들이 사는데, 그곳에서는 이누이트라고 하면 비하하는 의미가 있다고 하여 싫어한다. 이누이트어를 쓰는 북알래스카인도 이누이트라고 불리는 것을 싫어해 스스로를 에스키모라고 부른다. 그린란드에서도 에스키모는 차별어가 아니지만, 그린란드의 토착민은 특별히 칼라알릿(Kalaallit, 몽골 인종 에스키모계 토착민족인 넓은 의미의 이누이트 가운데 캐나다에 사는 좁은 의미의 이누이트와 구별하여 그린란드에 사는 사람들을 가리킨다)이라고 부른다.

지역의 차이는 있지만 에스키모나 이누이트는 전통적으로 가족을 중심으로 작은 사냥 그룹을 조직해 계절마다 이동하면서 겨울에는 해빙 위에서 바다표범과 고래를 잡고, 짧은 여름에는 물고기를 잡거

알래스카 이누이트 가족, 1929년, ⓒ 에드워드 커티스, W-C

나, 순록 사냥, 식물 채집과 같은 수렵채집 생활을 했다. 혹독한 자연 환경을 견디며 수천 년 동안 수렵 생활을 하는 동안 입에서 입으로 지혜를 전해 독자적인 신화와 종교관을 만들었다.

16세기 무렵부터 그들은 유럽인 탐험가와 교류했고, 19세기부터는 포경선 선원과 모피 상인 등과 자주 접촉했으나, 북극 지역에 유럽인이 진출하는 일은 드물었다. 한때, 유럽인이 들여온 천연두와 같은 전염병이 만연해 인구가 크게 줄어들기도 했는데, 다행히 아메리카 인디언과 같은 비극은 겪지 않았다. 그러다 20세기 중반부터 각국에서 정착 정책을 추진하면서 토착민의 생활 양식도 크게 달라졌다.

캐나다와 알래스카의 예를 들어보면 작살은 라이플총으로, 개썰매는 차량이나 스노모빌로 바뀌었으며, 이글루(눈이나 얼음으로 만든 돔 모양의 가옥)나 텐트를 이용해 이동 생활을 하던 토착민은 중앙난방

알래스카 에스키모의 집.

식 가옥을 짓고 정착해 살게 되었다. 마을에는 교회, 학교, 보건의료 시설과 행정 시설, 상업 시설이 마련되었고 화폐가 도입되었다. 영어 교육과 최근에 보급된 위성방송의 영향으로 일상적으로 모어를 쓰는 사람이 눈에 띄게 줄었으나, 아직까지 모어를 계승하겠다는 의식이 남아 있다.

이누이트인들이 인구의 다수를 차지한 누나부트 준주 탄생

20세기 후반이 되자 북극 지역에서 석유나 천연가스 개발, 수력발전망 건설 등이 활발해지면서, 과거에는 이용 가치가 없다고 여겨지던 이누이트나 에스키모의 땅에 권리 문제가 대두되었다. 1970년대 이후, 토지나 자원에 관한 권리를 둘러싸고 각국 정부와 토착민족이 협상을 벌인 결과, 알래스카와 캐나다 일부에서는 토지의 부분적인 소유권과 보상금, 거기에 제한적인 자치권을 주는 조건으로 토착민의 권리를 포기하기로 정부와 합의했다.

한편, 캐나다에서는 동북부를 이누이트 자치주로 하자는 의견이 나왔다. 그리고 오랜 협의 끝에, 1993년에 노스웨스트 준주에서 이누이트가 많이 사는 동쪽 지역을 누나부트 준주로 분할하는 법이 승인되었다. 1999년에 캐나다 국토의 오분의 일에 달하는 광대한 면적을 가진 누나부트 준주가 탄생한 것이다. 이누이트어로 '우리의 땅'을 의미하는 누나부트에서는 이누이트어가 사실상 공용어 역할을 한다. 이누이트인들은 누나부트 준주 인구의 다수를 차지하며, 자신들의 문화와 전통, 소망을 견지하면서 준주 정부를 이끌어간다.

하지만 이누이트에게 자립의 길은 멀고도 험난하다. 화폐경제를 받아들인 이상, 전처럼 물고기만 잡아서는 생활을 유지할 수 없다. 나뭇조각이나 바다코끼리 어금니, 활석에 새긴 조각품은 옛날부터 현금을 손에 넣을 수 있는 수단의 하나였으나, 지금은 일부 아티스트의 작품을 제외하고는 거의 팔리지 않는다.

공공기관을 비롯한 건설, 운수, 협동조합, 관광업계 등 다방면에서 젊은이들을 고용하려고 애쓰고 있지만 벌이가 신통치 않아서 실효성이 별로 없다. 또 식생활이 변화하고, 전통적인 가치관과의 차이에서 생기는 사회 문제는 세계 각지의 소수민족에게 공통적으로 나타나는 현상으로, 이곳에서도 비만, 알코올과 약물 의존, 높은 자살률 등이 심각한 문제로 떠오르고 있다.

한편, 덴마크령 그린란드에서는 일찍이 1979년에 그린란드 자치법이 성립했다. 인구의 대부분이 칼라알릿(이누이트)인 그린란드에서는 그린란드어(이누이트어와 거의 유사하다)와 덴마크어를 공용어로 쓴다. 이 섬의 정식 명칭은 '칼라알릿 누나트(Kalaallit Nunaat, 그린란드어)'와 '그뢴란(Grønland, 덴마크어)'으로 병기된다. 전통적인 생활 양식은 거의 사라지고 토착민의 대부분은 어업과 수산가공업에 종사하지만, 정신문화를 잃지 않아서 언어는 물론 노래와 춤 등이 그대로 남았다. 민족의 정체성을 잃어버리지 않고 현대의 정치경제 시스템에 적응하고 있는 칼라알릿은 전 세계 소수민족 중에서 그나마 행복한 사람들이라고 할 수 있다.

오스트레일리아의 토착민 애버리진은 시드니올림픽으로 주목

2000년 9월, 20세기 최후의 하계올림픽이 시드니에서 개최되었다. 이 시드니올림픽에서는 애버리진과 백인의 화해를 상징하는 다양한 장면이 연출되었다. 대회의 로고로 부메랑이 채택되었고, 개회식에는 2,000명의 애버리진이 참가했다. 애버리진 예술을 테마로 하는 아트 페스티벌이 열리고, 경기장 내에서도 회화와 수공예품이 판매되었다.

또 애버리진의 성지 에어즈록(Ayers Rock, 오스트레일리아 노던주 남서쪽에 있는 거대한 바위이며, 원주민들에게 신성한 공간으로 여겨진다. 사암질의 거대한 바위로 해발고도가 867미터이며, 바닥에서의 높이 330미터, 둘레 8.8킬로미터이다. 시각과 구름의 농도에 따라 색채가 변하는데, 하루 7차례의 다른 모습을 목격할 수 있다. 오스트레일리아 초대 수상인 헨리 에어즈(Henry Ayers)의 이름을 따서 '에어즈록'이라고 불리지만 본래 원주민의 언어인 '울룰루

원주민들의 신성한 공간인 에어즈록, 2007년, © Huntster, W-C

(Uluru)'가 맞는 표현이다. 울룰루는 원주민의 언어로 '그늘을 지닌 장소'라는 의미)에서 출발하는 성화 봉송의 첫 번째 주자와 마지막 주자로 애버리진 선수가 선발되었다. 최종 주자인 캐시 프리먼(Cathy Freeman)은 여자 육상 400미터에서 금메달을 획득하고 나서 애버리진의 깃발과 오스트레일리아 국기를 양손에 들고 경기장을 한 바퀴 돌았다.

몽골계 인종이 약 오만 년 전에 이주해 수렵채집 생활을 영위

사실 오스트레일리아의 토착민족 애버리진은 일찍부터 세상에 알려졌다. 하지만 그때까지 외국의 미디어가 주목한 것은 전통적인 생활을 영위하는 애버리진의 모습으로, 현대 사회와의 거리감을 강조하는 장면이 기사로 많이 나왔다. 하지만 프리먼의 활약은 '현대인'이 된 애버리진의 존재를 전 세계에 널리 알리는 계기가 되었다. 대회에 앞서 애버리진에 대한 차별과 억압에 투쟁하는 단체는 프리먼에게 보이콧을 주문했으나, 국내외의 미디어는 프리먼의 금메달을 민족 융화의 상징으로 치켜세웠다.

'애버리진'은 원래 '원주민'을 의미하는 영어의 일반명사이다. 오스트레일리아 대륙의 토착민족 집단을 총칭할 때는 대문자 A를 두문자로 한다. 오스트레일리아의 토착민족은 스스로를 부르는 민족 이름이 없었으므로 이 이름을 기꺼이 받아들였다. 현재, 애버리진은 약 50만 명으로 추정되는데, 사회보장이나 우대 정책에 따른 혜택을 받기 위해 애버리진이라고 자진 신고하는 사람이 매년 증가하고 있다.

애버리진은 미국이나 유럽에서 이주해 온 자들에게 '흑인'으로 불렸으나 사실상 몽골로이드(몽골 인종)에 속한다. 일설에 의하면 그들은 약 오만 년 전에 대륙에서 건너와 수렵채집 생활을 영위해왔다. 대륙 중부에서 서부에 걸쳐 드문드문 위치한 애버리진 랜드(애버리진 거주 지역으로, 애버리진 외에는, 허가 없이 들어갈 수 없다)에는 전통적인 삶을 고수하는 사람들이 모여 산다. 다만 이제 그들은 걸어 다니는 것이 아니라 사륜구동차를 타고, 창이나 부메랑 대신 사냥총으로 무기를 바꿔 들었다.

전통적인 삶을 고수한다고 해도 실제로 수렵채집을 생업으로 하는 애버리진은 소수에 불과하다. 80퍼센트가 넘는 애버리진이 도시 지역에서 백인이나 아시아계, 아프리카계의 이민자와 같이 살았으므로 일찍부터 혼혈이 진행되어, 겉만 봐서는 애버리진인지 아닌지를 구분할 수 없다.

애버리진은 종교 생활을 중요하게 여긴다. 아니, 그보다 생활 양식

오스트레일리아 토착민족 애버리진의 거주지

티위족

토레스 해협 제도 토착민

오로라족
야우루족

왈비리족

그레이트샌디 사막

마두족 기브슨 사막

울룰루 국립공원
(관광단지)

피찬차자라족

마랄링가
핵실험장

그레이트빅토리아 사막

루달리버
국립공원

발리호 주변
(금, 니켈 채굴)

시드니

캔버라

태즈메이니아인

태즈메이니아섬

애버리진(Aborigine)
사람과 비슷한 유인원이라고 불렸던 애버리진은 유럽인들이 이주하기 전까지 오스트레일리아에 살던 원주민을 말한다. 본토의 애버리진과 토레스 해협 제도의 토레스 제도 원주민, 태즈메이니아의 태즈메이니아인 등이 모두 속한다. 45만 명 정도가 500여 개의 부족으로 흩어져 살고 있는데, 오스트레일리아의 최하류층을 구성하고 있다.

검은 전쟁
식민지를 건설하기 위해 태즈메이니아에 들어갔던 영국인들은 문화적인 수준이 매우 낮았던 태즈메이니아 원주민들을 동물처럼 생각하고 마구 살해했다. 태즈메이니아인들은 부메랑이 뭔지도 모를 만큼 미개했기 때문에 어떤 저항도 없었다고 전해진다. 결국 영국인들은 19세기 초부터 약 30년 동안 태즈메이니아인들을 몰살했고(검은 전쟁), 이제 태즈메이니아에 태즈메이니아인은 없다.

전반이 신화, 혹은 선조의 지혜를 집대성한 구전설화(드리밍 스토리)를 신봉하며 산다고 말하는 것이 옳다. 천지창조 시대(드림타임)에 시작되는 대지를 둘러싼 갖가지 이야기 속에서, 그들은 대지의 은혜를 입고 대지를 지키는 방법을 배운다.

몇만 년 동안 애버리진이 대륙 전체로 뻗어나가면서 언어와 문화도 갈라졌다. 백인이 처음으로 오스트레일리아 대륙에 도착했을 무렵에는 200개가 넘는 언어와 700개의 민족 집단이 있었다. 신화나 복잡한 친족 관계를 말해줄 애버리진어는 대부분 소멸했지만, 지역에 따라서는 지역 방송을 통해 피진어(Pidgin, 주로 상거래에 사용되며 문법이 간략화되고 어휘가 극도로 제한된 영어), 크리올어(Creole, 크리올은 의사소통이 되지 않는 언어를 쓰는 사람들 사이에 상인 등에 의해 자연스레 형성된 언어(피진)가 그 사용자들의 자손에 의해 모국어화된 언어를 말한다), 그리고 영어와 공존하는 고유 언어가 사용되고 있다.

전통적인 생활을 영위하는 애버리진에게는 신화 시대와 현대의 삶이 별반 다르지 않다. 실제로 '문명인'의 시선에서 보자면 불과 100년 전까지 그들은 석기 시대의 삶을 살았다. 하지만 이 '미개인'이 축적한 지혜는 대단히 과학적이었다.

예를 들어, 그들은 우기가 끝날 무렵에 초원과 숲에 불을 질렀다. 이것은 우리가 흔히 생각하는 자연 파괴 행위가 아니라 식생을 유지하기 위해서였다. 들판을 태우지 않으면 손도 댈 수 없을 정도로 낙엽이 쌓여서 건기에 대규모 산불이 일어날 가능성이 높다. 반대로 풀이나 나무가 무성하게 자라면 애버리진의 식량인 캥거루처럼 덩치가 큰 동물의 생존이 위태롭다.

영국에서 이주한 자들이 애버리진을 학살하거나 노예로 삼았다

애버리진의 수난은 갑자기 찾아왔다. 1770년, 제임스 쿡(James Cook) 선장이 애버리진이 사는 땅에 상륙한 것이다. 그때까지 영국은 범죄자를 북아메리카로 추방했는데, 미국이 독립하자 오스트레일리아를 새로운 유형지로 정하고 식민지로 삼았다.

오스트레일리아로 이주한 자들은 애버리진을 학살하거나 노예로 삼았다. 그리고 그들과 함께 역병도 들어왔다. 희생된 애버리진의 수를 정확하게 파악할 수는 없지만, 백인이 오기 전에 약 30만 명이던 애버리진은 20세기 초에 6만 명까지 줄었다. 20세기에 들어와서는 정부가 애버리진을 보호한다는 명목으로 보호구역을 만들어 애버리진을 정착시키고 백인 사회에 동화시키는 정책을 폈다. 또 애버리진의 아이를 부모에게서 떼어놓아 백인 가정이나 격리 시설에서 양육하는 무자비한 정책도 폈다. 캐시 프리먼의 할머니도 이런 '도둑맞은 아이들'의 한 사람이었다. 오스트레일리아 정부가 애버리진을 오스트레일리아 국민으로 인정한 것은 1967년이었으나 백호주의에 입각한 정책은 1971년까지 계속되었다.

이리하여 애버리진은 백인 문화에 떠밀려서 친자의 연마저 끊긴 채, 정체성을 잃고 술에 탐닉했다. 알코올중독은 높은 실업률, 짧은 평균수명과 함께 애버리진 사회에 큰 문제가 되었다. 그런데 애버리

애버리진들이 춤을 추면서 공연하는 모습, 1981년. © Legoktm, W-C

진은 체질적으로 알코올분해효소가 거의 없어서 조금만 마셔도 금세 만취했기 때문에 '술주정뱅이'라는 편견마저 생겼다. 알코올이나 약물 의존 외에도 자살, 정신병, 가정 내 폭력과 범죄 발생률도 높은데, 그 모든 것이 백인들의 정책 때문이라고 지적하는 사람도 있다.

전통적인 생활 방식을 지키며 사는 데 어려움을 겪고 있는 이들의 간절한 바람은 아메리카 인디언의 소원과 매우 비슷하다. 바로 옛날부터 살던 터전에서 전통을 지키며 살아가는 것이다. 원래 백인은 애버리진이 사는 광대한 지역이 이용 가치가 낮다고 판단해 전통적인 생활을 할 수 있게 남겨두었다. 하지만 그곳에서 지하자원이 발견되면서 상황이 달라졌다. 애버리진은 울며 겨자 먹기로 다른 곳으로 이동해야 했다.

애버리진은 원래 한곳에 머무르지 않는 민족이지만 그들에게는 개인이나 집단의 성지가 있었다. 성지가 훼손되는 것은 참기 어려운 모독이었으므로 개발과 토지권을 둘러싼 갈등이 끊임없이 일어났다. 유명한 관광지이자 애버리진의 성지 중의 성지인 에어즈록에도 소유권을 놓고 갈등이 일어났는데, 울룰루 국립공원을 포함한 이 일대를 법적으로 소유한 애버리진 공동체가 국가와 공동 관리하는 것으로 문제를 해결했다. 하지만 지하자원 채굴권이나 삼림 채벌권, 댐 건설에 관해서는 쉽게 합의할 수 없는 상황이다.

애버리진이 화폐경제 안에서 자립하는 일은 쉽지 않아 보인다. 그런데 최근 들어 애버리진 아트가 세계적으로 주목을 받으며, 음악과 춤, 부시 터커(Bush tucker, 야생동물이나 야생 풀 등 오스트레일리아 특유의 식재료 및 그것들을 이용해 만든 요리) 등이 주목받으며 민족의 자긍심을 되찾는 사람들도 늘었다.

캐시 프리먼, 지구촌 화합의 상징이자 시드니 올림픽의 성화를 밝힌 오스트레일리아의 간판 육상 선수로 에버리진을 대표하는 인권운동가, © Jason Pini, W-C

오스트레일리아는 시드니를 1990년에 올림픽 후보지로 등록하면서 '애버리진에게 공헌하는 올림픽'을 개최하기로 약속했다. 이 시기는 토착민족의 권리 문제가 진일보했던 시대와 일치한다. 예를 들어, 같은 해 연방 예산을 받아서 애버리진 토착민족에게 필요한 사회 정책을 토착민족이 스스로 운영 및 관리하는 애버리진 토레스 해협 제도 토착민위원회(ATSIC)를 발족했다. 토레스 해협 제도 토착민은 토레스 해협 제도에 사는 멜라네시아 토착민족으로, 시드니올림픽 폐회식에서 세계의 눈길을 끌기도 했다. 토착민의 대표로 크리스틴 아누(Christine Anu)라는 가수가 첫 무대를 장식했기 때문이다. 결국 올림픽 개회식과 폐회식은 오스트레일리아가 토착민족을 존중하는 다민족 사회라는 것을 국내외에 알리는 자리이기도 했다.

이와 더불어 캐시 프리먼의 금메달이 민족 융화의 상징으로 떠오르자 토착민의 문제가 정부 측에 오히려 유리하게 돌아갔다. 애버리진의 인권 단체는 '과거의 애버리진에 대한 인권 침해의 사죄'를 계속 요구했으나, 정부는 애버리진에 관한 과거사에 대해 '유감'이라고 표현만 할 뿐, 실질적인 보상이 수반되는 '사죄'는 거부하고 있다.

토착민족의 전통문화를
관광 상품으로 판매

지금까지 토착민족과 소수민족이 겪은 시련만을 소개했다. 하지만 소수라는 것은 다시 말하면 희귀하거나 드물다는 뜻을 내포하고 있다. 그래서 소수라는 점이 오히려 희소성의 가치를 가지게 되면서 이익을 얻기도 한다.

우선은 관광산업이다. 20세기 전반부터 유럽인의 이국적인 취향에 부응하는 관광산업이 주로 남반구 각지에서 발전했다. 관광 명소로 개발된 토착민의 거주지에서 여행자는 '구경꾼'이 되고, 그곳에 사는 사람들은 '관광자원'이 된다. 가령 그 지역 고유의 전통문화는 관광객을 대상으로 하는 '전통예능'이나 '전통공예'로 새롭게 관광 상품으로 탈바꿈했다.

인도네시아 정부는 발리섬의 힌두 전통문화를 관광 상품으로 개발

인도네시아 정부는 일찍부터 발리섬을 관광지로 개발했는데, 인형 그림자와 가면을 이용한 와양(Wayang, 인도네시아의 그림자 인형극. 양피를 잘라내어 채색한 와양 인형을 이용한다. 음악 반주에 맞추어 한 사람의 인형 조종자가 이야기 줄거리를 말하면서 여러 종류의 역할을 하는 인형들을 조종한다. 한편 와양은 연극 형식 일반을 이르는 말로도 쓰인다)과 바롱댄스, 가믈란(Gamelan, 인도네시아의 타악기 중심의 합주 형태 및 그 악기들)이라고 불리는 타악기 합주 등 특이하고 다채로운 전통 예능이 이미 20세기 전반, 즉 식민지 시대부터 유럽인의 마음을 사로잡았다. 이런 예능은 대부분 힌두 신에게 바치는 봉납의 예로 전승되어온 것이다. 관광객의 발길이 닿는 지역에서는 예능성이나 대중성을 의식한 새로운 의식이 탄생했고, 관광객의 발길이 미치지 않는 지역에서는 여전히 전통적인 의식이 남아서 공존하고 있다.

관광객의 시선을 사로잡는 힌두의 전통문화는 인도네시아 정부의 입장에서는 외화 획득을 위한 소중한 관광자원이다. 이슬람 신자가 압도적으로 많은 이 나라에서 '힌두 신의 섬'이 정부의 보호를 받은 배경에는 독특한 전통문화를 상품 가치로 본 정부 측의 계산도 있었다.

인도네시아 정부는 발리 이외의 토착민족 거주지를 중심으로 관광 산업을 일으키려 했다. 예를 들어, 술라웨시섬의 토라자족은 외부와의 접촉이 없었으나 그들만의 독특한 가옥과 장례 등이 관광 개발 정

발리의 와양 쿨릿(그림자극), 판다바 5형제(비마, 아르주, 유디슈티라, 나쿠라, 사하데바), 2008년,
© Gunkarta, W-C

책의 대상이 된 후, 교통편이 나쁜 산악 지대에 있음에도 많은 관광
객이 찾게 되었다. 또한 외부의 주목을 받게 되면서 민족의 전통이
소중하다는 것을 깨달은 듯, 토라자 마을은 관광지가 된 이후에 전통
행사도 활발해졌다.

  종교 의례, 전통 예능, 민속의상, 건축물이나 수공예품, 요리까지
토착민족, 소수민족의 전통문화를 관광자원으로 하여 관광 상품을
개발하려는 열기가 전 세계에 확산되었다. 중국도 문화대혁명 시대
에는 소수민족의 존재를 부정하고 그들의 전통문화를 억압했으나 지
금은 관광자원으로 재평가하고 있다. 그중에서 미얀마, 라오스, 베트

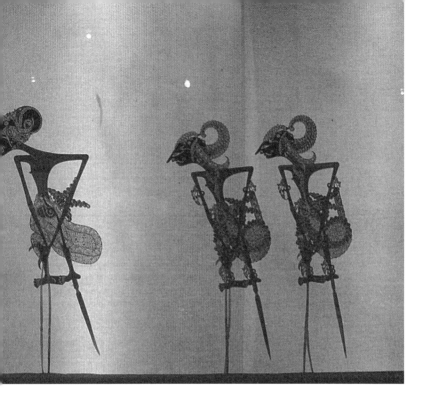

남과 국경을 접하는 윈난성에서는 이족, 바이족, 나시족, 타이족, 먀오족, 와족 등 20개가 넘는 소수민족이 독자적인 전통 행사를 열고 있으며, 현재는 이색 민족문화를 관광자원으로 하는 관광 진흥책에 힘을 쏟고 있다.

또 근래에 붐이 일고 있는 에코투어(Eco Tour, 생태학(ecology)과 관광 (tourism)을 합성한 단어로 최근 관광업계의 새로운 흐름을 이루는 레저 문화, 거대한 부조물이나 석조물, 그 지역의 문화나 풍물을 단순히 보고 즐기던 관광에서 벗어나, 날로 오염되고 있는 지구 환경의 심각성을 깨우쳐주고 생태계 보호의 중요성을 체험하는 관광)에 착안해 '토착민의 삶을 배운다'라는 테마를 내세운 관광 상품이 속속 등장했다. 그중에는 관광객 유치를 위해 전통 행사를 부활시키거나 전통과 관계가 없는 축제를 만든 곳도 있는데, 어쨌든 그러한 시도가 결과적으로 소수민족의 정체성을 강화하는 효과가 있다.

  그럼 전통을 살린 수공예품으로 민족의 정체성을 높이는 데 성공한 예를 들어보겠다. 남아메리카 에콰도르의 안데스 고지에 사는 오타발로는 정부의 관광 촉진 프로그램에 맞춰, 고대부터 이어져 내려온 직물 기술을 응용한 관광 상품을 만들었다. 오타발로의 토요시장이 열리면 양모로 된 깔개, 그물 모양의 스웨터 등을 사려는 사람들로 북새통을 이룬다. 한편 물건을 팔러 나온 오타발로 여성은 짙은

오타발로 시장의 패브릭 제품들, 2006년, © Sputnikcccp, W-C

감색의 긴 치마 등의 민족의상을 입었는데, 이 옷은 특별히 관광객을 의식해 입은 것은 아니다. 그들은 여전히 케추아어를 쓰고 전통 생활 방식을 지키며 살지만, 이제는 쓰지 않는 오타발로 전통 제품을 팔면서 민족의 자긍심과 경제적인 성공을 동시에 얻었다.

아크릴화 도구를 사용해 점묘화로 재탄생시킨 '애버리진 아트'

또 하나의 예는 세계적으로 유명해진 애버리진 아트이다. 오스트레일리아의 토착민족 애버리진은 수만 년 전부터 신화나 다양한 메시지를 암벽이나 모래땅, 나무껍질에 새겼다. 그것을 아크릴화 도구를 사용해 점묘화로 재탄생시켜서 오래전부터 서양의 아트 갤러리를 장식해왔다. 그리고 최근에는 도마뱀이나 캥거루, 추상적인 문양을 손으로 그린 컵받침이나 열쇠고리 등 애버리진의 전통이 살아 숨 쉬는 다양한 종류의 수공예품과 잡화를 판매하고 있다. 그들은 돈을 벌기 위해서뿐만 아니라 민족의 자긍심을 높이는 효과를 얻기도 한다.

지금까지 소수민족과 관광산업이라는 시점에서 몇 가지 예를 들어보았다. 수공예품은 현재 인터넷을 통해 전 세계 어디에서나 간단히 손에 넣을 수 있다. 소수민족의 전통을 살린 수공예품과 잡화 시장은 비약적으로 발전했다. 아메리카 인디언의 장신구, 인도 카슈미르 지방의 파시미나 스톨 같은 인기 제품부터 뉴기니섬의 세픽강 유역에 사는 사람들이 새긴 가면이나 아프리카 민족 집단의 목각인형 같은 전통 공예품까지 수많은 종류의 수공예품이 인터넷 사이트에 소개되

과테말라의 어느 공정 무역 조합에서 커피 열매의 과육을 채취하고 분류하는 노동자들.
ⓒ rohsstreetcafe, W−C

고 있다.

 이런 상품을 취급하는 조직 중에는 공정무역을 고집하는 곳도 많다. 공정무역이란 문자 그대로 '공정한 무역'을 통해 생산자의 생활 향상을 꾀하는 국제 협력의 일환으로, 요 몇 년 사이에 NGO(비정부 조직)의 개발도상국 지원, 정확히는 생산자를 지원하는 든든한 버팀목이 되고 있다.

 간단히 말해서 개발도상국에서 생산물을 대자본의 중개 없이 유통하는 서비스를 가리키며, 구체적으로는 현지 생산자가 조직을 만들거나 시장 개척, 수송, 디자인, 광고 등을 할 때 지원한다. 지원 대상은 지주나 대자본에 착취당하는 사회적 약자로, 소수민족만 해당하는 것은 아니다. 하지만 대지주에게 고용되어 착취당하다시피 하는 소작농은 대부분 그 지역의 소수민족이다. 그러므로 인근 지역에서 농산물을 재배하는 생산자를 지원하는 것은 결과적으로 소수민족의 사회적 · 경제적인 자립을 돕는 셈이다.

공정무역의 생산물은 커피콩이나 바나나처럼 거대 기업이 시장을 마음대로 움직이는 농산물부터 특정 향신료와 견과류처럼 소작하는 틈틈이 숲에서 수확하는 농산물, 여성이 손수 만든 수공예품까지 다양하다. 특히 민족의 전통 수공예품을 생산하는 경우에는 자본이 필요 없고 부가가치가 높은 데다 여성의 사회적 지위가 올라간다는 장점이 있다. 무엇보다 민족의 자긍심을 높이는, 눈에 보이지 않는 효과도 얻을 수 있다.

5장

/

민족의 대립과 분쟁

제2차 체첸 전쟁, 2009년 러시아군이 승리했다. © Svm-1977, W-C

체첸 분쟁은 독립을 바라는 세력과 이를 허용하지 않는 러시아의 전쟁이다. 이 지역에서 러시아에 대한 증오가 뿌리를 내린 역사는 18세기로 거슬러 올라간다.

발칸반도의 화약고, 유고슬라비아의 민족 분쟁

6개의 공화국, 5개의 민족, 4개의 언어, 3개의 종교, 2개의 글자

2006년 6월 3일, 몬테네그로공화국이 독립을 선언했다. 원래 이 지역은 세르비아-몬테네그로(구유고슬라비아연방공화국)에서 몬테네 그로가 분리된 후, 유고슬라비아라는 이름으로 통합과 해체를 거듭 하던 곳이다. 그러나 독립 선언으로 이 지역의 혼란은 당분간 잠잠해 질 것 같다.

'남슬라브인의 나라'를 의미하는 유고슬라비아의 전신은 1918년에 탄생한 '세르비아인 크로아티아인 슬로베니아인왕국'이다(1929년에 유고슬라비아왕국으로 이름을 바꾼다). 그 이름이 상징하는 바와 같이 역 사도 언어도 종교도 다른 민족이 모인 집단이었으나 겉으로는 '남슬 라브인'이라는 단일민족국가를 표방했다. 그러한 배경에는 이 지역의 복잡한 역사가 있다.

6~7세기에 발칸반도에 정착한 남슬라브인은 종교의 차이에 따라 여러 집단으로 나뉘었다. 구유고슬라비아의 북부와 서부(슬로베니아, 크로아티아)는 가톨릭권, 남부는 그리스정교회에 속했는데, 중부 지역(보스니아-헤르체고비나)은 14세기 후반부터 오스만제국의 지배에 놓여 이슬람교의 영향을 크게 받았고 개종자도 적지 않았다.

1914년에 보스니아를 지배하던 오스트리아의 황태자가 보스니아의 수도 사라예보에서 암살당했고, 이 사건을 계기로 제1차 세계대전이 발발했다. 유럽의 화약고라 불리던 발칸반도는 열강이 호시탐탐 노리던 지역이었다. 이 무렵 오스만제국은 쇠퇴기에 접어든 지 오래였다.

19세기에 한발 앞서 오스만제국에서 독립한 세르비아와 몬테네그로왕국과, 제1차 세계대전 후 오스트리아-헝가리제국(합스부르크제국)의 지배에서 벗어난 크로아티아, 슬로베니아, 보스니아-헤르체고비나 등 다섯 나라 및 지역이 합치면서 앞에서 설명한 '세르비아인 크로아티아인 슬로베니아인왕국'이 탄생했다.

합스부르크제국과 오스만제국이라는 다민족국가가 붕괴하면서 분단되었던 '남슬라브인'이 통합을 이룬 것이다. 그러나 이들은 '남슬라브인'이라는 정체성을 확립하지 못했다. 특히 세르비아 국왕의 중앙집권화를 지지하고 다수를 차지한 세르비아인에게 두 번째로 인구가 많은 크로아티아인이 강하게 반발하는 등 처음부터 두 민족이 심각하게 대립했다.

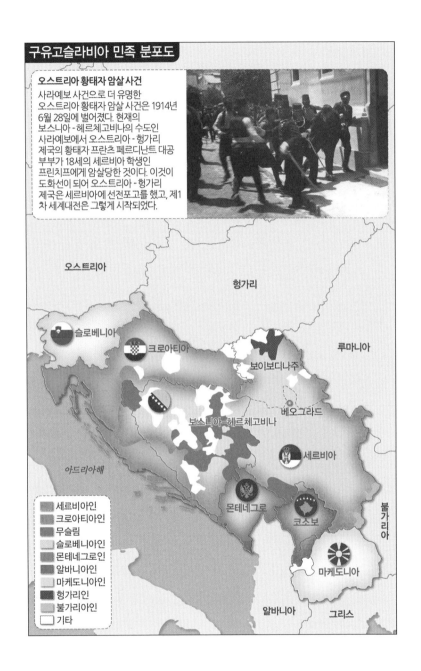

구유고슬라비아 민족 분포도

오스트리아 황태자 암살 사건

사라예보 사건으로 더 유명한 오스트리아 황태자 암살 사건은 1914년 6월 28일에 벌어졌다. 현재의 보스니아 - 헤르체고비나의 수도인 사라예보에서 오스트리아 - 헝가리 제국의 황태자 프란츠 페르디난트 대공 부부가 18세의 세르비아 학생인 프린치프에게 암살당한 것이다. 이것이 도화선이 되어 오스트리아 - 헝가리 제국은 세르비아에 선전포고를 했고, 제1차 세계대전은 그렇게 시작되었다.

오스트리아

헝가리

루마니아

슬로베니아

크로아티아

보이보디나주

베오그라드

보스니아-헤르체고비나

세르비아

아드리아해

몬테네그로

코소보

불가리아

마케도니아

알바니아

그리스

세르비아인
크로아티아인
무슬림
슬로베니아인
몬테네그로인
알바니아인
마케도니아인
헝가리인
불가리아인
기타

이러한 민족 대립을 교묘하게 이용해 독일이 분할 통치를 꾀했다. 1941년에 나치 독일과 이탈리아가 주축이 되어 유고로 진격해 분할 점령했다. 새로 성립한 크로아티아독립국에는 나치 괴뢰정권이 들어서고, 크로아티아 국내에 거주하던 세르비아인을 대거 학살했다. 그리자 곧바로 세르비아인 민족주의 조직에서 크로아티아인에게 보복했다.

이러한 민족 대립에도 아랑곳하지 않고 지하 활동을 계속하던 유고슬라비아공산당 서기장 요시프 브로즈 티토(Josip Broz Tito)는 독일에 대항하는 파르티잔(Partisan, 유격전을 수행하는 비정규군. 한국에서는 파르티잔을 음차한 빨치산이라고 부른다) 저항 운동을 이끌고 구소련의 지원 없이 유고슬라비아의 국토를 되찾았다.

1946년에 유고슬라비아연방인민공화국 헌법이 공포되었다. 신생 유고슬라비아를 통솔하게 된 티토는 이 나라를 '남슬라브인'이라는 허구의 단일민족국가가 아닌 다민족국가로 인식했다. 그리고 민족은 평등하다는 대원칙 아래 각 공화국의 민족자결권을 인정하는 것에서 국가 재건을 시작했다.

이 연방국의 다양성을 알 수 있는 것으로 '일곱 개의 국경, 여섯 개의 공화국, 다섯 개의 민족, 네 개의 언어, 세 개의 종교, 두 개의 글자로 구성된 하나의 나라'라는 표현을 들 수 있다. 일곱 개의 국경은 이탈리아, 오스트리아, 헝가리, 루마니아, 불가리아, 그리스, 알바니아를 가리키고, 여섯 개의 공화국은 슬로베니아, 크로아티아, 세르비아, 보스니아-헤르체고비나, 몬테네그로, 마케도니아를 의미한다.

다섯 개의 민족은 슬로베니아인, 크로아티아인, 세르비아인, 마케도니아인, 몬테네그로인을 뜻하고, 네 개의 언어는 슬로베니아어, 세르비아-크로아티아어, 보스니아어, 마케도니아어를 가리킨다. 또 세 개의 종교는 동방정교회, 가톨릭, 이슬람교이고, 두 개의 문자는 라틴문자와 키릴문자이다.

이것만 봐도 이 나라를 통치하기가 얼마나 어려울지 충분히 짐작할 수 있을 것이다. 그런데 현실은 이보다 훨씬 복잡하다. 예를 들어, 인구 비율이 높은 민족은 세르비아인, 크로아티아인에 이어 무슬림이 차지한다. 이 나라에 사는 무슬림은 오스만제국 시대에 이슬람교로 개종한 세르비아인과 크로아티아인의 자손이라고 할 수 있으며, 종교의 차이를 들어 1960년대에 독자적인 민족으로 인정받았다. 마

유고슬라비아의 대통령 요시프 브로즈 티토, 1980년 사망.

찬가지로 다섯 개의 민족에 포함되지 않지만 알바니아인은 세르비아공화국 내에 만들어진 두 개의 자치주 중 코소보 자치주에서 인구의 약 90퍼센트를 차지한다. 또 하나의 자치주인 보이보디나에서는 헝가리인이 다수를 차지하고, 그 밖에 터키인, 불가리아인, 루마니아인, 로마 등의 소수민족이 있다.

1980년에 티토가 사망한 후, 억눌렸던 민족주의가 한꺼번에 분출

'민족의 조정자' 티토는 타고난 카리스마와 균형 감각으로, 학살의 기억이 생생하게 남아 있는 이 연방국을 성공적으로 안정시켰다. '미국과 소련 어느 쪽에도 속하지 않는 비동맹주의', '노동자 자주 관리 제도' 등의 독자노선으로 국가를 운영해 '민족을 넘어선 단결'을 유지했다. 하지만 독자적으로 추진한 사회주의 정책이 지역 간의 경제 격차를 벌렸다는 부정적인 평가도 받았다. 그래서 티토의 말년에는 인접한 동구권 나라들과 마찬가지로 결국 경제 위기가 찾아온 것이다. 1980년에 티토가 사망한 후, 억눌렸던 민족 감정이 한꺼번에 분출되었다.

1990년 자유선거를 통해 각 공화국의 공산주의 정권이 민족색이 짙은 정권으로 바뀌었다. 세르비아에서는 슬로보단 밀로셰비치(Slobodan Milosevic, 유고의 정치가이자 신유고연방의 대통령. 1989년 세르비아 대통령으로 선출되었다)가 정권을 잡고 '세르비아주의'를 내세우며, 세르비아를 명실상부한 연방의 중심으로 만들었다.

이듬해인 1991년에 슬로베니아 분쟁이 일어났다. 살육과 보복이 난무하는 분쟁의 막이 오른 것이다. 연방 중에서 비교적 선진 지역이었던 슬로베니아는 경제 발전이 뒤처진 다른 공화국으로부터 분리되기를 원했다. 독립 선언 후, 유고슬라비아연방군(실제로는 세르비아군)과 열흘 동안 교전을 치르고 독립했다.

슬로베니아와 때를 같이하여 독립을 선언한 크로아티아는 독립하기가 쉽지 않았다. 앞에서 설명한 것처럼 크로아티아와 세르비아는 격렬하게 대립해 많은 희생자를 낸 과거가 있다. 실질적으로는 세르비아인으로 구성된 연방군이 크로아티아에 사는 세르비아인을 보호한다는 명목으로 크로아티아를 침략했다. 이후 4년에 걸쳐 계속된 크로아티아 전쟁으로 많은 사상자와 난민이 발생했다.

　1992년부터 1995년에 걸친 보스니아 분쟁은 더욱 비참했다. 공화국 인구의 40퍼센트가 약간 넘는 무슬림은 인구 비율로 20퍼센트가 조금 안 되는 크로아티아인(가톨릭)과 함께 독립을 결정했는데, 인구 비율이 30퍼센트인 세르비아인(세르비아정교)이 독립을 거부하면서 내분이 발생했다. 여기에 인접국인 크로아티아군과 연방군이 개입

파괴된 크로아티아인의 집에 세르비아인이 낙서를 해놓은 모습. ⓒ Modzzak, W-C

하고, 무슬림 측에서는 중동 지역에서 무슬림 의용군이 참가해 '민족 정화'라는 이름 아래 살육과 집단 강간이 자행되었다.

'민족 정화'라는 말은 나치 독일이 유대인에게 자행한 홀로코스트를 떠올리게 한다. 하지만 보스니아의 무슬림과 크로아티아인, 세르비아인은 민족적으로는 한 뿌리로, 언어도 현재는 보스니아어, 크로아티아어, 세르비아어로 나뉘기는 했으나 충분히 대화가 가능할 정도로 가깝다. 내분이 일어나기 전까지는 민족 간의 혼인도 흔히 이루어졌다. 그러나 불행히도 이 땅은 세르비아와 크로아티아의 민족주의자끼리 싸우는 전장이 되고 말았다.

알바니아인의 코소보 독립은 세르비아인의 반감을 사다

1995년에 국제연합의 조정으로 평화협약에 조인했다. 이로써 무슬림과 크로아티아인이 중심이 된 '보스니아-헤르체고비나연방'과 세르비아인이 중심이 된 '스르프스카공화국'이라는 연합국가로 재탄생하게 되었다(스르프스카는 '세르비아인의'라는 의미이므로 '세르비아(인) 공화국'이라고도 해석할 수 있다. 그러나 세르비아공화국과 혼동될 수 있으므로 '스르프스카공화국'이라고 표기한다). 3년이 넘게 계속된 분쟁으로 사망자 20만 명, 난민과 피란민이 200만 명에 이르렀다(분쟁 전인 1991년의 조사 결과에 따르면 총인구는 438만 명). 이것은 제2차 세계대전 이후에 유럽에서 벌어진 최악의 분쟁이다.

하지만 분쟁은 여기서 끝나지 않았다. 세르비아공화국 내의 코소보 자치주는 무슬림인 알바니아인이 대다수를 차지하는데, 독립을 둘러싼 분쟁으로 미군이 중심이 된 NATO군이 공중 폭격을 가하고 유고연방군이 알바니아인을 대량 학살했다. 이 코소보 분쟁은 1999년에 종결되면서 밀로셰비치 대통령이 실각했다. 코소보는 경제가 뒤처진 빈곤한 지역이지만, 중세 세르비아왕국과 세르비아정교의 중심지였다. 세르비아왕국은 1389년에 '코소보 전투'에서 오스만제국에 패하고 나중에 이슬람으로 개종한 알바니아인이 이주한 역사가 있다. 그래서 알바니아인이 주도하는 코소보의 독립은 세르비아 민족주의자에게 반감을 일으켰다. 2008년 세르비아로부터 독립을 선언한 코소보는 현재 국제연합에 가입은 못했지만, 다수 국가가 독립국으로 인정하고 있다.

코소보 분쟁은 나아가 1991년에 독립 선언을 해 평화로운 독립을 이룬 인접국 마케도니아에도 피해를 주었다. 마케도니아 인구의 30퍼센트 정도를 차지하는 알바니아인은 전부터 마케도니아인과 동등하게 대해주지 않는 것에 불만을 품었다. 때마침 마케도니아에 코소보의 알바니아인 난민이 대량으로 흘러 들어가면서 알바니아인의 민족주의가 과열되었다.

2001년에 알바니아인 무장 세력과 마케도니아 정부군이 무력으로 충돌했으나 다행히 참극이 벌어지는 상황은 피할 수 있었다. 그 후 마케도니아에서는 다민족국가로서 민족이 서로 공존하려는 노력이 계속되었다.

한편, 연이은 독립 선언을 받아들여 세르비아공화국과 몬테네그로

공화국이 1992년에 유고슬라비아연방을 계승하고, 2003년에는 세르비아몬테네그로로 나라 이름을 변경했다. 그러다 2006년에 몬테네그로가 독립하면서 연방은 완전히 해체했다.

하지만 민족주의가 완전히 사그라진 것은 아니다. 2006년 3월에 전쟁, 학살, 반인도적 범죄 등으로 국제연합 구유고슬라비아 국제형사재판소(ICTY)에 수감 중인 밀로셰비치가 사망했을 때 슬퍼한 세르비아인이 적지 않았다. 이 지역이 '화약고'라고 불리지 않는 날은 언제 올 것인가.

러시아에 저항하는
캅카스산맥의 체첸

언어와 종교가 다른 50개가 넘는 민족이 사는 캅카스산맥

동쪽의 카스피해와 서쪽의 흑해 사이, 그리고 북쪽으로 러시아, 남쪽으로 이란, 터키와 접하는 지역을 캅카스(영어로 코카서스)라고 부른다. 캅카스는 면적으로 따지면 한반도의 2배 정도로, 언어와 종교가 다른 50개가 넘는 민족이 한곳에서 살고 있다. 과거에 이곳에는 통일국가가 존재하지 않아서 러시아제국을 세운 표트르 1세 이후 러시아와 오스만제국, 그리고 이란의 각 왕조가 이 지역을 노리고 각축을 벌였다.

흑해에서 카스피해까지 캅카스를 남북으로 나누는 대캅카스산맥 남쪽에는 소비에트연방에서 일찌감치 독립을 선언한 조지아와 아르메니아, 아제르바이잔이 있다. 그리고 산맥의 북쪽에는 러시아 정부

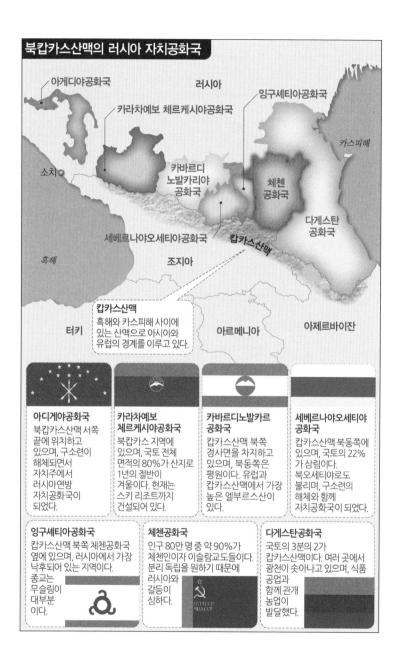

북캅카스산맥의 러시아 자치공화국

아게디야공화국

러시아

잉구셰티야공화국

카라차예보 체르케시야공화국

카스피해

소치

카바르디
노발카리야
공화국

체첸
공화국

다게스탄
공화국

세베르나야오세티야공화국

캅카스산맥

흑해

조지아

캅카스산맥
흑해와 카스피해 사이에
있는 산맥으로 아시아와
유럽의 경계를 이루고 있다.

터키

아르메니아

아제르바이잔

아디게야공화국
북캅카스산맥 서쪽
끝에 위치하고
있으며, 구소련이
해체되면서
자치주에서
러시아연방
자치공화국이
되었다.

**카라차예보
체르케시야공화국**
북캅카스 지역에
있으며, 국토 전체
면적의 80%가 산지로
1년의 절반이
겨울이다. 현재는
스키 리조트까지
건설되어 있다.

**카바르디노발카르
공화국**
캅카스산맥 북쪽
경사면을 차지하고
있으며, 북동쪽은
평원이다. 유럽과
캅카스산맥에서 가장
높은 엘부르스산이
있다.

**세베르나야오세티야
공화국**
캅카스산맥 북동쪽에
있으며, 국토의 22%
가 삼림이다.
북오세티야로도
불리며, 구소련의
해체와 함께
자치공화국이 되었다.

잉구셰티야공화국
캅카스산맥 북쪽 체첸공화국
옆에 있으며, 러시아에서 가장
낙후되어 있는 지역이다.
종교는
무슬림이
대부분
이다.

체첸공화국
인구 80만 명 중 약 90%가
체첸인이자 이슬람교도들이다.
분리 독립을 원하기 때문에
러시아와
갈등이
심하다.

다게스탄공화국
국토의 3분의 2가
캅카스산맥이다. 여러 곳에서
광천이 솟아나고 있으며, 식품
공업과
함께 관개
농업이
발달했다.

에 대항해 출구가 보이지 않는 항쟁을 계속하는 체첸과 다게스탄, 잉구셰티아(잉구시), 세베르나야오세티야 등 일곱 개 공화국이 러시아와 공존하고 있다.

체첸 분쟁은 단순하게 말하면 독립을 바라는 세력과 이를 허용하지 않는 러시아의 전쟁이다. 이 지역에서 러시아에 대한 증오가 뿌리를 내린 역사는 18세기로 거슬러 올라간다. 이제부터 소개할 캅카스의 역사를 보면서 체첸인의 뿌리 깊은 저항의식이 생기게 된 배경이 무엇인지 알아보자.

세계사 교과서를 펼쳐서 러시아제국의 외교 정책에 관해 살펴보면, 18세기 후반에 여제 예카테리나 2세(Ekaterina II, 러시아의 여황제로 스스로 남편 표트르 3세를 폐위하고 제위에 올라 대제라 불렸다. 법치주의 원칙을 도입함과 동시에 귀족들과 협력 체제를 강화했으며, 영토를 크게 확대하고 농노제를 확장했다)의 '탁월한 외교 수완과 눈부신 성과'를 강조하는 것을 볼 수 있다. 젊은 시절에 계몽 군주가 되려는 이상에 불탔던 예카테리나는 러시아 역사의 전환기를 연 걸출한 인물이다. 세력 확대라는 관점에서만 보면 프러시아와 오스트리아의 불화를 틈타 폴란드를 수중에 넣고, 오스만제국과 치른 두 번의 전쟁으로 크림반도를 얻어서 표트르 대제 이후에 표방했던 확장주의를 크게 전진시켰다.

하지만 예카테리나의 계획은 훨씬 대담했다. 흑해 연안을 평정하고 터키인을 유럽에서 쫓아내서 발칸반도와 그리스에 비잔틴제국을 부흥시키려는 이른바 '그리스 계획'을 세운 것이다. 그래서 콘스탄티노플을 노리고 흑해에서 캅카스로 진출했는데, 이때 숱한 소수민족

러시아의 황후이자 여제였던 예카테리나 2세, 1780년, 알렉상드르 로슬랭, 겨울 궁전, 예르미타시 미술관

을 짓밟았다. 다시 말해, 예카테리나의 '눈부신' 외교 정책의 그늘에는 역사의 무대에 드러나지 않는 소수민족의 비극이 있었던 것이다.

그 무렵, 한 체첸인이 러시아에 저항 운동을 일으켰다. 이슬람신비주의 교단의 지도자 만수르는 북캅카스에 침입한 카자크인(코사크인)에 대항하는 산악 민족을 규합하고, 러시아를 상대로 지하드(성전)를 선언했다. '세이크 만수르의 반란'이라고 불리는 이 저항 운동은 러시아에 충격을 주는 동시에 북캅카스의 산악 지방에 사는 민족에게 이슬람교를 전파하는 계기가 되었다.

러시아와 오스만의 충돌에 희생된 체첸인 등 북캅카스 민족

그리고 예카테리나 시대 이후 오스만제국보다 러시아의 우위가 분명해지자, 러시아는 오스만제국의 영토에 끊임없이 손을 뻗쳤다. 1821년에 그리스가 오스만제국에 일으킨 독립 전쟁을 둘러싸고 러시아가 오스만제국과 몇 번 충돌했는데, 오스만제국을 치려면 제국에 인접한 캅카스 지방을 먼저 진압해야 했다. 그래서 당시의 황제였던 니콜라이 1세는 캅카스를 진압하기 위해 본격적으로 진격했다.

체첸인을 비롯한 북캅카스 민족은 니콜라이 1세에게 러시아의 남진을 방해하는 장애물이었다. 산맥의 남쪽 지역은 19세기 초부터 차례차례 러시아에 합병되었는데, 바로 앞에 있는 북캅카스, 특히 산악 민족이 지리적으로 러시아와 남캅카스의 관계를 차단하는 식으로 저항을 계속했기 때문이다. 니콜라이 1세는 러시아군과 전투를 치르면서 차츰 산지로 후퇴하던 체첸인에게 총공세를 퍼부었다. 하지만 야만스럽고 용맹한 체첸인도 고분고분 물러나지는 않았다.

체첸의 동쪽 다게스탄에서도 이슬람신비주의 교단이 러시아인을 상대로 저항 운동과 종교 운동을 일으켰다. 체첸인도 이에 호응해 이 운동의 3대째 지도자 이맘 샤밀(Imam Shamil)이 통치하던 샤밀 시대에 다게스탄 북부와 체첸의 산악 지역을 기반으로 이슬람 국가를 수립했다.

샤밀이 일으킨 무력 저항 운동은 1859년에 그가 투항할 때까지 계속되었다. 체첸과 다게스탄 민족은 러시아가 캅카스를 본격적으로 제압한 후 40년이 넘는 세월 동안 대국 러시아를 상대로 저항을 계속한 것이다. 러시아에 병합되고 나서도 이 지역에서 이슬람교도의 반란은 계속되었다.

북서 캅카스 지역에서 사는 아디게야인의 저항 운동과 함께 산악 민족이 벌인 이 전투를 캅카스 전쟁이라고 한다. 캅카스 전쟁은 북캅카스 민족에게 지워지지 않는 반러시아 감정을 남겼다. 샤밀의 이름은 지금도 이 지역 산악 민족에게 독립의 상징으로 남아 있다.

세월이 흘러 러시아혁명 때도, 그 후에도 체첸인들은 소비에트 정권에 끌려다녔다. 체첸과 잉구시 등에 사는 전 민족이 연합해 1921년에 겨우 구소련으로부터 '산악공화국'으로 인정받았으나, 이듬해인 1922년에 해체되었다가 몇 번의 과정을 거쳐 '체첸잉구시 자치공화국'을 수립했다. 하지만 제2차 세계대전 중에 나치 독일에 협력했다는 누명을 쓰고, 체첸인과 잉구시인은 중앙아시아와 시베리아로 강제 이주되었다. 1957년에 비로소 명예 회복을 하고 귀환했지만, 이미 러시아에서 이주한 사람들에게 토지와 재산을 모조리 빼앗기고 결국에는 돌려받지 못했다. 이 일도 체첸인을 분노케 했다.

현재 체첸의 사정은 어떨까? 1991년에 체첸잉구시 자치공화국에서 열린 대통령 선거에서 체첸인 두다예프(Dzhokhar Dudayev)가 당선되었다. 그리고 체첸이 독립을 선언하고 잉구세티아가 분리되었다. 하지만 이를 인정하지 않은 러시아의 옐친(Boris Yeltsin, 러시아의 정치가로 급진적인 개혁 논리를 주창하며 대중의 지지를 얻어 대통령이 되었다. 보수 강경파에 의한 쿠데타를 저지하고 독립국가연합(CIS)을 결성해 실질적인 지도자 역할을 했다) 정권이 1994년에 체첸의 수도 그로즈니에 침공했다. 생화학 병기까지 동원한 이 침공으로 희생된 체첸의 시민은 8만 명이나 되었다. 한편, 러시아군이 입은 피해도 만만치 않아서 두 나라는 결국 1996년에 평화조약에 합의했다. 이것을 제1차 체첸 분쟁이라고 한다.

'체첸인은 테러리스트'라는 인식이 국제 사회에 뿌리박혔다

분쟁 후 피폐해진 체첸 사회에서는 이슬람 부흥을 주창하는 수니파의 일파인 와하비파(Wahhabi. 18세기 중반 아라비아반도에 와합(Muhammad ibn Abd al-Wahhab)이 세운 이슬람교의 일파,《코란》과 계율을 엄격하게 지킬 것을 주창한다)의 영향력이 커지면서 이슬람 국가의 실현을 지상 과제로 삼은 무장 조직이 세력을 키웠다. 1996년에 러시아군이 암살한 두다예프를 대신해 실질적인 지도자가 된 마스하도프(Aslan Maskhadov, 체첸 분리주의 운동의 지도자로, 체첸공화국의 제3대 대통령을 지냈다. 2005년 러시아

체첸의 초대 대통령 두다예프, 1991년, © Dmitry Borko, W-C

연방보안국(FSB) 특수요원에게 암살되었다)는 온건파였는데, 마스하도프가 장악하지 못한 독립강경파 무장 세력이 1999년에 갑자기 인접국 다게스탄을 침공했다. 같은 시기에 300명 이상 희생자를 낸 모스크바의 아파트 폭파 사건이 일어났는데 러시아 당국은 이를 체첸인이 저지른 범행이라고 단정하고, 군은 다시 그로즈니를 침공했다. 이로써 제2차 체첸 분쟁이 시작되었다.

제2차 체첸 분쟁은 최초의 분쟁이 일어났을 때와 몇 가지 달라진 점이 있다. 우선 '강한 러시아'를 표방하는 블라디미르 푸틴(Vladimir Putin) 정권이 체첸독립파와 대화하는 것을 거부하고 철저한 탄압 정책을 폈다는 점이다. 2005년에 마스하도프는 무력 사용 중단을 실현하고 평화 노선을 걸었으나, 푸틴 정권은 협상을 거부했을 뿐만 아니라 마스하도프 암살이라는 극단적인 조치를 취했다. 그 시기에는 보도 통제가 이루어지고 NGO와 같은 시민단체의 활동도 제한받아서, 외부에서는 체첸에서 무슨 일이 일어났는지 알기 어려웠다. 하지만 일반 시민에게도 강탈이나 고문, 살해 등이 횡행한다는 증언이 발표되었다.

또 무장 조직은 알카에다 등 국외의 이슬람 과격파 세력과 손을 잡고 대규모 테러 사건을 일으켰다. 2002년 모스크바 극장 점거 사건에서는 인질 922명 중 129명이 사망했다. 2004년에는 세베르나야오세티야공화국에서 베슬란의 어느 학교를 점거해 인질 1,181명 중 350명 이상이 사망했다. 이 두 사건으로 '체첸인은 테러리스트'라는 인식이 국제 사회에 뿌리박혔다. 그러나 과격파는 체첸의 민심이 등을 돌린 것에도 아랑곳하지 않고 여전히 테러를 멈추지 않고 있다. 그들이 테러를 계속하는 한 분쟁의 평화적 해결은 어려울 것이다.

또한 앞에서 언급한 바와 같이 2001년 9월 11일을 경계로 '테러와의 전쟁'이라는 명분만 내세우면 정부가 인권을 탄압해도 비난의 목소리를 낼 수 없는 상황이 되었다. 이러한 상황은 체첸도 별다르지 않아서 '테러와의 전쟁'은 민간인을 탄압하는 구실이 되었다. 국제사회가 방관하는 가운데 제2차 체첸 분쟁은 여전히 꺼지지 않는 불씨로 남아 있다.

프로테스탄트와 가톨릭의
북아일랜드 분쟁

잉글랜드왕국의 아일랜드 침공으로 수백 년간 대립

북아일랜드 분쟁의 대립 구도는 비교적 단순하다. 한쪽은 켈트의 피를 이어받은 아일랜드계로 가톨릭교 신자이자 민족주의자인 데 반해, 다른 한쪽은 앵글로색슨의 피가 짙은 잉글랜드계이자 프로테스탄트인 유니오니스트(Unionist)이다. 유니오니스트란 영국과의 결속을 중시하는 사람들을 말한다.

수백 년 동안 대립하게 된 것은 잉글랜드왕국이 아일랜드를 연거푸 침공했기 때문이다. 특히 16세기에 헨리 8세가 로마가톨릭교회와 결별한 이래, 가톨릭을 믿던 아일랜드인은 종교 탄압을 받아 가톨릭 대 프로테스탄트(영국국교회)의 종교 대립이 생기게 되었다.

가톨릭에 대한 탄압은 17세기, 청교도혁명의 지도자 올리버 크롬

웰(Oliver Cromwell, 영국의 정치가이자 군인으로, 1642~1651년의 청교도혁명에서 왕당파를 물리치고 공화국을 세우는 데 큰 공을 세웠다)의 독재정치 시대에 정점을 찍었으나, 그 후에도 정치, 경제, 문화 등 모든 방면에서 차별이 계속되었다. 서구 사회에서 다수파 가톨릭이 소수파 프로테스탄트를 박해하는 것이 일반적이었으나, 아일랜드에서는 다수파 가톨릭이 철저하게 억압을 받았다.

물론 가톨릭교도에 대한 대우가 다소 개선된 시대도 있었다. 프로테스탄트가 정치와 경제의 요직을 차지하고 가톨릭교도가 가난한 소

올리버 크롬웰의 초상, 1656년, 사무엘 쿠퍼, 런던 내셔널갤러리

작농이던 사회 구조는 바뀌지 않았으나, 19세기 전반의 아일랜드는 사회 전체가 상당히 안정적이었다. 그런데 1845년부터 수년간 아일랜드에 전례가 없는 대기근이 일어났다.

아일랜드인의 주식인 감자가 마름병으로 인해 수확이 확 줄어들어 농민들을 절망에 빠트렸다. 통계에 따르면, 1841년에 818만 명이던 인구는 10년 후에 655만 명으로 감소했다. 감소한 인구 중 약 100만 명은 사망하고, 나머지 사람들은 섬을 빠져나가 다른 나라로 이주했다. 그들의 목적지는 영국 외에 미국, 캐나다, 오스트레일리아와 뉴질랜드 등이었다.

이후에도 아일랜드의 인구는 100년 넘게 감소 상태를 유지하다가 겨우 증가세로 돌아섰지만 오늘날에도 대기근이 일어나기 전의 인구에는 미치지 못한다.

반대로 아일랜드인 자손은 전 세계에 퍼졌다. 세계 각지에 퍼진 아일랜드계 이민자와 그 자손은 7,000만 명 혹은 8,000만 명이다. 통계에 따라 수치가 들쭉날쭉하기는 하지만, 미국에서는 아일랜드계가 총인구의 10퍼센트에서 15퍼센트를 차지하고 있으며, 일부는 WASP(앵글로색슨계 프로테스탄트 백인)에 동화되었다. 그리고 오스트레일리아에서는 총인구의 30퍼센트, 뉴질랜드에서는 15퍼센트가 아일랜드계이다. 오브라이언, 오하라, 오코너 등 이름의 머리글자에 'O'가 붙는 성은 스코틀랜드계인 맥(Mc, Mac)과 함께, 아일랜드계라는 출신 성분을 나타내는 성으로 유명하다.

대기근 사태로 많은 사람이 굶어 죽어가는 동안 뒷짐만 지고 구경하던 영국 정부에 아일랜드인은 깊은 원한을 품게 되었고, 프로테스탄트와 가톨릭의 갈등도 더욱 깊어졌다. 그런 와중에 현재 아일랜드 공화국군(IRA)의 모체인 무장 혁명 조직 아일랜드 공화주의 형제단(IRB)이 탄생했다. 뒤이어 평화운동을 지지하는 지도자가 등장해 민족 독립의 기운은 점점 높아졌다.

제1차 세계대전이 종결된 이후 총선거에서 승리해 대약진한 신페인당(Sinn Féin, 아일랜드와 북아일랜드에서 활동 중인 정당이다. 1905년 더블린 태생의 아서 그리피스에 의해 창설되었고, 신페인은 게일어로 '우리 스스로'이다)은 1919년, 국민의회를 결성하고 독립을 선언했다. 하지만 3년간의 독립 전쟁 후에 영국-아일랜드 조약으로 아일랜드가 얻은 것이라고는 영국의 자치령이라는 지위뿐이었다. 더구나 잉글랜드와 가까워서 경제적으로 우위에 있던 북부의 얼스터(Ulster, 아일랜드에 있는 지방)라고 불리던 6개 주는 자치령에도 포함되지 못하고 여전히 영국령으로 남았다. 이런 역사적인 배경이 현재의 '북아일랜드 문제'가 발생한 원인이다.

자치령은 나중에 독립을 달성하지만 영국의 일부로 남은 북아일랜드는 분란의 불씨가 되었다. 이 문제를 둘러싸고 신페인당 내부에서도 대립이 일어나서 내전이 발발했다(당이 분열된 가운데, 조약 반대파가 신페인이라는 이름을 자처한다. 이 당은 훗날 IRA의 합법적인 정치결사 단체가 되는데, 이마저도 나중에 분열된다).

종교 분쟁을 겪고 있는 북아일랜드

런던데리

아일랜드

영국
런던

북아일랜드
벨파스트

아이리시해

아일랜드

더블린

대서양

교전국

영국군 연합
(영국연합)

아일랜드공화국
준군사조직(아일랜)

얼스터 왕당파
준군사조직(얼스터)

아일랜드공화국
방위군(아일공)

북아일랜드 분쟁

아일랜드공화국이 영국 연합왕국에서 독립할 당시 얼스터의 일부 지방이 영국에 남음으로써 시작된 민족주의 분쟁이다. 런던 폭력 사태로 시작되었지만 점점 확산되면서 이 분쟁은 북아일랜드와 아일랜드공화국, 영국은 물론 유럽 대륙까지 휩쓸었다.

공화파 준군사조직(아일랜드공화국군 임시파가 가장 유명하다), 왕당파 준군사조직(얼스터 의용군과 얼스터 방위협회), 영국 정부군(영국 육군과 북아일랜드 경찰력인 왕립 얼스터 경찰대), 그리고 여러 정치인들과 정치 운동가들이 이 분쟁에 적극적으로 참여했다. 30년 동안 진행된 북아일랜드 분쟁은 3,500명 이상의 사망자를 발생시켰고, 부상자를 포함한 사상자는 5만 명을 훌쩍 넘는다고 알려져 있다. 전쟁에 준하는 분쟁으로 세계에 알려진 북아일랜드 분쟁은 벨파스트 협정으로 마무리되었다.

벨파스트 협정(Belfast Agreement)

1998년 4월 10일, 영국 북아일랜드의 벨파스트에서 영국과 아일랜드공화국이 체결한 평화 협정이다. 부활절 이틀 전인 성금요일(聖金曜日, Good Friday)에 협정이 체결되었다고 해서 성금요일 협정이라고 불리기도 한다. 이 협정으로 아일랜드는 북아일랜드의 6개 주에 대한 영유권을 포기했다. 한때는 무장 투쟁의 격전지로 검문소와 바리케이드, 철조망이 많았지만 이제 벨파스트는 30년의 분쟁을 끝내고 도약하는 도시로 변모되었다.

아일랜드 통일국가와 영국 자치 정부 사이에서 줄다리기

북아일랜드가 영국령이 된 것은 이 지역에서 다수를 차지하는 프로테스탄트, 즉 유니오니스트가 그것을 바랐기 때문이다. 다시 말해, 섬 전체가 가톨릭교도의 수중에 떨어지는 것을 두려워한 프로테스탄트와, 산업이 발달한 북부를 노리던 영국 정부의 생각이 일치한 것이다. 프로테스탄트는 이 지역 인구의 3분의 1을 차지하는 가톨릭 신자를 '2급 시민'으로 차별하고, 참정권 요구 운동을 탄압했다. 그리고 이를 견디지 못한 가톨릭 측에서도 1969년에 투쟁을 선언하면서 '북아일랜드 분쟁'이 시작되었다. 이후에 벌어진 거듭된 테러 사건과 충돌은 국제적인 관심을 끌었다.

분쟁의 직접적인 계기가 된 유니오니스트와 민족주의자의 충돌은 런던데리에서 일어났다. 벨파스트와 연결된 북아일랜드 제2의 도시 런던데리는 17세기 초, 런던시령이 될 때까지는 데리(게일어로 '오크숲'이라는 뜻)라고 불렸다. 아일랜드계 사람들은 지금도 런던이라는 지명을 싫어해서 그냥 '데리'라고 한다.

세계적으로 유명한 아일랜드 민요 '런던데리의 노래'(Londonderry Air, 오스트레일리아 출신 미국의 작곡가 P. A. 그레인저의 현악기와 호른을 위한 곡. 정식 곡명은 '데리 지방의 아일랜드 민요(Irish Tune from Country Derry)'이다. 그레인저는 일찍부터 영국 각지의 민요에 흥미를 가지고, 영국 민요를 바탕으로 많은 곡을 썼는데 이 곡도 그중의 하나이다. 부르기 쉽고 친근감을 주는 곡이다)도 아일랜드에서는 '대니 보이'라는 이름으로 불린다.

이 아름다운 노래는 가사만 100개가 넘는데, 그중에 잉글랜드의 법률가가 작사한 '대니 보이'는 전쟁에 나간 아들 대니를 그리워하는 부모의 심정을 그린 것으로, 제2차 세계대전이 일어난 당시에 발표되어 많은 사람의 공감을 얻었다. 이 노래는 영국에 대한 저항가이자 추억의 노래로 오늘날까지 널리 불리고 있다.

민중가요의 인기가 높아지고 시인이자 극작가 윌리엄 버틀러 예이츠(William Butler Yeats) 등 지식인 등을 중심으로 켈트 문예의 부흥 운동이 활발해짐과 동시에 19세기부터 20세기에 걸쳐 형성된 켈트 민족주의도 더욱 고조되었다(단, 예이츠를 비롯하여 문예 부흥을 주도한 사람들은 켈트계가 아닌 유복한 앵글로색슨계였다).

하지만 근대적인 테러 보복전이 시작된 이후, 켈트 문화를 사랑하는 사람들은 무장 단체로부터 거리를 두기 시작했다. 1997년 영국에서 지방분권을 앞세운 토니 블레어(Tony Blair) 정권이 탄생하고, 평화합의에 대한 찬반을 묻는 북아일랜드의 주민투표에서 70퍼센트가 넘는 사람들이 평화협정을 지지했다. 결국 다음 해인 1998년, 평화합의가 이루어졌다. 그리고 평화합의에 공헌한 북아일랜드의 정치가 존 흄(John Hume)과 데이비드 트림블(David Trimble)은 같은 해에 노벨 평화상을 받았다.

평화합의로 30년에 걸친 분쟁이 마침내 마침표를 찍는 것처럼 보였다. 하지만 평화에 이르는 과정은 더디게 진행되었다. 1999년에 발족한 북아일랜드의 자치정부(북아일랜드의회 집행위원회)는 포괄적 평화합의에 동의했으나 과격파 조직의 무장 해제를 둘러싸고 합의가 암초에 걸리면서 즉각 자치가 정지되었다. 그 후에도 자치의 재개와 중단이 거듭되다가, 2002년에 기능이 정지되었다. 2005년 IRA는 무장투쟁 포기 선언을 하고, 그 후 착실히 무장 해제를 이행하는 듯이 보였으나, IRA를 자처하는 조직이 많아서 행동을 통일하기가 쉽지 않은 상황이다. 또 프로테스탄트 측 과격파의 무장 해제도 상대적으로 진행되지 않아서 전면적인 무장 해제가 이루어지기까지는 걸림돌이 많다.

2006년 5월, 3년 만에 북아일랜드의회가 소집되었다. 북아일랜드에 평화의 기운을 가져온 블레어 수상으로서는 임기 중에 어떻게 해서든 자치 정부의 재개를 실현하기를 원했다. 그래서 블레어 수상은 아헌(Patrick Bartie Ahern) 아일랜드 수상과 함께 2006년 11월까지 자치 정부가 재개되지 않으면 영국과 아일랜드 양국이 직할통치를 하겠다고 발표했다. 하지만 아일랜드 통일국가를 목표로 하는 신페인당과, 영국이 지배하는 직할통치와 자치 정부의 중간 형태를 주장하는 프로테스탄트 강경파 민주통일당 사이에 갈등이 심해서 사태를 예측할 수가 없는 상황이다.

여러 차례 평화협정과 무장 해제 선언 등이 있었지만, 북아일랜드 분쟁은 여전히 현재진행형이다. 영국과 북아일랜드, 북아일랜드 내 신교도와 구교도의 갈등이 뿌리 깊이 남아 있기 때문이다.

키프로스에서 대립하는
그리스와 터키

그리스와 터키는 종교와 민족, 영토 문제로 끊임없이 충돌

1983년 11월 15일, 북키프로스-터키공화국이라는 나라가 키프로스에서 독립을 선언했다. 하지만 이 나라의 독립은 터키를 제외하고 어느 나라에서도 인정받지 못했다. 그래서 지도를 봐도 북키프로스-터키공화국이라는 나라 이름은 찾을 수 없다.

그 이유는 무엇일까? 역사를 거슬러 올라가서 그 이유를 살펴보자.

키프로스는 지중해 동부, 터키의 남쪽에 있는 섬으로 고대에는 동의 산지로 지중해에서 번영을 누렸다. 심지어 동을 의미하는 영어 'Copper'는 키프로스(Cyprus)에서 유래한 말이다. 온후한 기후의 혜택을 받아 아름다운 꽃이 만발하는 천혜의 섬으로 유명해 그리스 신화의 무대가 되기도 했다. 바다 거품에서 태어난 미의 여신 아프로디

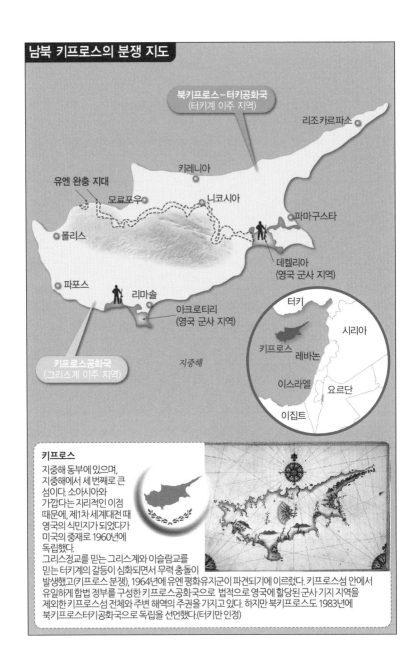

남북 키프로스의 분쟁 지도

북키프로스-터키공화국
(터키계 이주 지역)

리조카르파소

키레니아

유엔 완충 지대

모르포우

니코시아

파마구스타

폴리스

데켈리아
(영국 군사 지역)

파포스

리마솔

아크로티리
(영국 군사 지역)

키프로스공화국
(그리스계 이주 지역)

지중해

터키

시리아

키프로스

레바논

이스라엘

요르단

이집트

키프로스

지중해 동부에 있으며, 지중해에서 세 번째로 큰 섬이다. 소아시아와 가깝다는 지리적인 이점 때문에, 제1차 세계대전 때 영국의 식민지가 되었다가 미국의 중재로 1960년에 독립했다.

그리스정교를 믿는 그리스계와 이슬람교를 믿는 터키계의 갈등이 심화되면서 무력 충돌이 발생했고(키프로스 분쟁), 1964년에 유엔평화유지군이 파견되기에 이르렀다. 키프로스섬 안에서 유일하게 합법 정부를 구성한 키프로스공화국으로 법적으로 영국에 할당된 군사 기지 지역을 제외한 키프로스섬 전체와 주변 해역의 주권을 가지고 있다. 하지만 북키프로스도 1983년에 북키프로스터키공화국으로 독립을 선언했다.(터키만 인정)

테가 흐르고 흘러 도착한 곳이 바로 키프로스의 서남단에 있는 도시 파포스였다.

그리스에서는 자기 나라를 그리스(Greece)라고 하지 않고 헤라스, 현대 그리스어로는 에라스라고 부른다. 헬레니즘이 그리스 문화나 그리스 정신을 의미하는 경우도 있다. 그리스는 해양 민족(혹은 상업 민족)으로 지중해 각지에 식민도시를 세웠다. 하지만 그 도시로 이주해 그리스 문화의 네트워크를 형성한 사람 모두가 민족의식과 동족의식을 가졌느냐는 것에는 의견이 분분하다. 단, 자신들이 유럽 문화의 원류이고 자랑스러운 민족의 자손이라는 것에 자부심을 가진 것만은 분명하다.

한때 번영을 누리던 고대 그리스는 차츰 쇠퇴해 기원전 146년에 로마의 지배를 받다가 4세기 말에는 비잔틴제국의 지배를 받고 기독교의 영향을 받았다. 그리고 15세기에는 이슬람을 신봉하는 오스만제국에 정복당했다. 하지만 기독교와 유대교 공동체의 존재와 문화, 자치권을 인정하는 정책을 펼친 오스만제국의 지배하에서 그리스인은 계속해서 그리스어를 쓰고 기독교를 믿었다. 요컨대 이슬람교를 믿는 터키인이 기독교를 믿는 그리스인을 지배한 것이다.

18세기가 되면서 유럽에서 민족주의가 성행하는 한편, 오스만제국에는 쇠락의 그늘이 드리운다. 그리스는 오스만제국의 허를 찔러, 1821년에 펠로폰네소스반도에서 반란을 일으키고 다음 해에 독립을 선언했다. 이에 놀란 오스만제국이 이집트의 지원을 받아 그리스를 진압하려고 했으나 영국, 프랑스, 러시아의 간섭으로 나바리노 해전에서 그리스에 패배했다. 1829년, 아드리아노플 화약(Treaty of Adrianople, 1829년 러시아와 오스만제국이 맺은 평화조약)으로 그리스는 오스만제국으로부터 독립을 인정받고, 그 이듬해에 런던의정서를 통해 독립을 확정했다.

그리스 독립을 계기로 기독교를 믿는 그리스인 사이에서는 헬레니즘 정신이 강력하게 대두되어 그리스정교가 탄생했다. 국가관, 종교관이 확고해지고 그런 기운이 일반인에게 널리 퍼지면서 시민들은 이슬람의 나라에서 기독교도로 사는 것, 기독교의 나라에서 이슬람교도로 사는 것에 대한 불편함에 눈뜨게 된다. 그리고 자연히 기독교 신자인 그리스인은 그리스에서, 이슬람교 신자인 터키인은 터키에서 살자는 움직임이 일어났다.

제1차 세계대전 중, 연합군은 그리스의 지원을 받으려고 오스만제국 내의 아나톨리아 지방의 일부를 이양하기로 약속했다. 이 땅을 선택한 것은 18세기 이후, 이즈미르(Izmir, 터키 서부 이즈미르주의 주도.)에서 그리스인이 대거 이주해 그리스화되었기 때문이다. 1919년, 종전 후 연합국 최고회의는 약속을 이행할 것을 촉구하는 그리스의 요구에 못 이겨 그리스군의 이즈미르 상륙을 허락했다. 터키-그리스 전쟁의 막이 오른 것이다.

1920년, 그리스군은 아나톨리아에 진격해 이즈미르에 그리스 문민정부를 수립했지만, 다음 해에 케말 아타튀르크(세브르조약에 대한 민족 독립 전쟁을 일으켜 그리스군을 격퇴했으며, 정치 개혁으로 술탄 제도를 폐지하고 연합국과 로잔조약을 체결했다. 공화제를 선포하고 대통령이 되었으

1489년에 자신의 왕국을 베니스에 팔아치운 키프로스의 카테리나 코르나로 여왕, 젠틸레 벨리니, 부다페스트 미술관

며 정당정치를 확립했다) 장군이 이끄는 터키군의 반격을 받고 1922년에 대패했다. 이때 케말은 오스만제국을 멸망시키고 1923년에 터키 공화국을 수립했다. 전쟁에 패배해 터키에 살던 그리스인은 졸지에 난민이 되어 오지도 가지도 못하는 존재가 되었다. 난민 문제를 해결하기 위해 양국은 1923년에 로잔조약(1922~1923년에 스위스 로잔에서 터키와 제1차 세계대전 연합국이 맺은 조약. 1922년에 연합국 및 그리스와 싸워

이긴 터키가 주도한 것으로, 1920년의 세브르조약을 개정해 터키를 완전한 독립국으로 인정했다)을 맺고 터키에서는 약 110만 명의 그리스인이, 그리스에서는 40만 명의 터키인이 맞교환하는 형식으로 이주했다.

과거에 이런 일이 있어서인지 그리스와 터키의 관계는 썩 좋지 않다. 소수민족 문제가 있기는 하지만 그나마 따로 사는 양국에 비해, 키프로스는 사이가 나쁜 양국이 한데 섞여 살고 있어 문제가 더 심각하다.

키프로스의 터키계 국민은 북부로, 그리스계 국민은 남부로 '국민교환'

앞에서 설명한 바와 같이 키프로스는 고대 그리스 시대부터 그리스인의 나라였다. 그리스와 마찬가지로 비잔틴제국의 지배를 받아서 기독교의 영향을 짙게 받았다. 그런데 16세기에 들어와 오스만제국의 지배를 받으면서 이슬람 신자인 터키인이 유입되었다. 그래서 현재 인구 약 110만 명 중에 그리스계가 약 77퍼센트, 터키계가 약 15퍼센트, 나머지는 외국인이 차지한다(2012년).

키프로스는 지리적으로 지중해 동부의 요충지에 있어서 1978년부터 영국의 지배를 받았다. 지중해와 인도양 사이를 연결하는 중계지인 이집트(수에즈 운하)의 이권을 지키려는 영국의 포석이었다. 그러자 얼마 안 있어 그리스 본토의 독립에 영향을 받은 그리스인이 반영국 투쟁을 일으켰다. 반영국 투쟁은 그리스 본토와 함께하는 형태를 띠었고(에노시스 운동), 제2차 세계대전 후에는 그리스정교회에 속한 키프로스교회의 대주교 마카리오스 3세(Makarios III. 키프로스의 대주교이자 정치가. 키프로스의 그리스 귀속을 목표로 한 에노시스 운동의 지도자로 활약했으며. 키프로스공화국의 독립과 동시에 초대 대통령이 되어 3회나 연임했다)가 주도권을 쥐면서 더 격렬해졌다. 그리스계와 터키계의 이해관계가 엇갈리는 가운데, 영국, 그리스, 터키 삼국이 마카리오스가 제안한 키프로스의 독립안을 채택함으로써(취리히런던회의), 1960년에 키프로스공화국으로 독립했다.

마카리오스가 대통령에 오르고 터키계 국민의 대표를 정부 요직에 앉히자 키프로스공화국을 그리스에 귀속시켜달라는 그리스계 국민의 요구가 거세졌다. 마카리오스도 이에 동조해 1963년에 헌법 개정을 할 거라고 발표했지만, 헌법 개정이 터키계 국민에게 불리하게 적용되자 곧 내전이 발발했다. 내전은 쉽게 끝나지 않아서 1964년에 국제연합 평화유지군이 파견된 후에야 겨우 정전되었다.

하지만 그 후에도 무력 충돌이 그치지 않아서 터키, 그리스 두 나라가 군대를 파견해 많은 인명 피해가 발생했다. 그사이에 터키계 국민은 북부로, 그리스계 국민은 남부로 이주해 자연스럽게 국민 교환이 이루어졌다.

1974년, 그리스에서 군사정권이 성립하자 통합을 바라는 그리스계 과격파가 군사정권의 지원을 받아서 쿠데타를 일으키고 마카리오스 대통령을 추방했다. 상황을 지켜보던 터키는 즉시 군대를 파견해 터키계가 다수인 키프로스 북부(국토의 약 37퍼센트)를 점령했다.

한편, 그리스 군사정권이 이 사태에 대처하지 못한 채 붕괴되면서 그리스와 터키는 다행히 충돌을 면했다. 이듬해에 북부 지역은 키프로스·터키연방국을 선언한 후, 1983년에 북키프로스-터키공화국을 수립했다.

현재 북쪽과 남쪽 사이에는 국제연합군이 설치한 완충 지대가 있고 통행 가능한 검문소는 네 군데가 있는데, 이곳을 왕래하는 이는 관광객뿐이다. 남키프로스공화국(그리스계)은 두 개의 사회, 두 개의 구역, 하나의 주권을 가진 연방국가안을 주장하고, 북키프로스-터키공화국은 개별 주권을 가진 두 개의 국가안을 주장하고 있는데, 양측의 이견이 좁혀질 기미가 보이지 않고 있다.

1990년, 경제적으로 풍족한 남키프로스공화국이 EU(유럽연합)에 가입 신청을 하자 국제연합이 양측의 협상이 진전되기를 기대하며 포괄적인 합의안을 제시했다. 합의안에는 키프로스를 그리스계 국민과 터키계 국민으로 구성된 키프로스 연합공화국으로 하자는 제안과 함께, 대통령에 상당하는 직위의 심사제, 양국 국민의 이주 제한, 양국의 경계선 확정 등이 포함되었다.

하지만 이 제안은 받아들여지지 않고 키프로스공화국은 2004년 5월 1일에 정식으로 유럽연합에 가입했다. 터키계 키프로스 지역은 국제 사회에서 인정받지 못한 국가라서 교역국이라고는 터키가 유일해 남북의 경제 발전 격차는 점점 더 벌어졌다. 하지만 키프로스 문제가 해결될 때까지 EU의 법을 적용할 수 없으므로 차선책으로 EU에서는 경제 지원을 시작하는 등 평화로 가는 길을 모색하고 있다.

식민지 정책에 희생된
투치족과 후투족의 대립

르완다와 부룬디에 사는 투치족과 후투족은 서로 대량학살

사하라 이남의 아프리카에서 과거에 가장 이슈가 되었던 민족 문제는 남아프리카의 아파르트헤이트(Apartheid, 남아프리카공화국의 극단적인 인종 차별 정책과 제도)와 관련된 문제일 것이다. '최후의 백인 대통령' 프레데릭 데 클레르크(Frederik W. de Klerk)는 아프리카의 이런 상황에서도 1994년에 평화적인 정권 교체에 성공했다. 그 성공 뒤에는 '최초의 흑인 대통령'이었던 넬슨 만델라(Nelson Mandela)의 지원과 협상이 있었다.

그 후 이 나라는 많은 문제를 안고 있으면서도 '신생' 국가의 이미지를 훼손하지 않은 채 민주주의를 향해 조금씩 전진하고 있다. 2010년에는 월드컵을 성공적으로 개최해 전 세계에 좋은 이미지를 남겼다. '격리'를 의미하는 아파르트헤이트같이 유색인에 대한 백인의 인종 차별을 일국의 정책으로 삼는 것은 이제 이 나라에서 볼 수 없게 된 것이다.

아프리카의 몇몇 나라에서는 여전히 피로 피를 씻는 전쟁이 끊이질 않고 있다. 수단, 소말리아, 콩고민주공화국(구 자이르), 부룬디, 라이베리아가 내전을 겪었고, 에티오피아와 에리트레아가 분쟁하는 등 영토 및 영유권 분쟁에 많은 민족이 연루되었다.

아프리카에서 민족 문제가 빈번하게 일어나는 것은 국가가 '부족 사회'로 이루어져 있기 때문이다. 아프리카의 부족(더 적절하게는 민족 집단)은 1,000개가 넘는다. 정치 조직이라고 하기에는 애매한 부족 사회를 근대 개념인 국가라는 틀에 끼워 맞추려다 보니 어떻게 보면 분쟁이 일어나는 것도 당연하다.

이미 앞에서 부족이라는 용어에 따르는 편견에 대해 다뤘으나, 사실 부족이란 개념뿐만 아니라 부족 자체가 식민지 시대에 인위적으로 만들어진 것이라는 주장도 있다. 문화적인 배경을 공유하고 느슨한 연대의식을 가진 사회에 식민지 정부가 들어서면 통치하기 수월하게, 경계를 만들고 때로는 대립을 부추겨서 그것을 이용한다. 그러면 자연히 같은 문화와 지역을 배경으로 하는 동족끼리 똘똘 뭉치게 된다.

아시다시피 민족끼리 대립하도록 교묘히 부추겨서 식민지 정부에 대한 저항 의지를 꺾는 분할통치는 식민지 정부의 상투적인 전략이다. 르완다와 부룬디에 사는 민족 집단 투치족(Tutsi, 후투족(Hutu), 트

식민지 종주국으로부터 독립한 아프리카 국가들

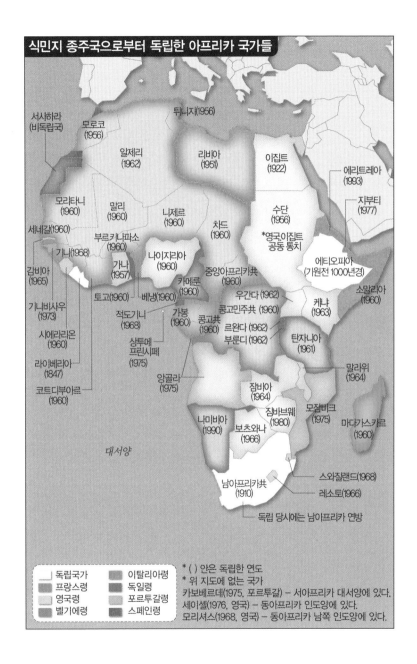

서사하라
(비독립국)

모로코
(1956)

튀니지(1956)

알제리
(1962)

리비아
(1951)

이집트
(1922)

에리트레아
(1993)

지부티
(1977)

모리타니
(1960)

말리
(1960)

니제르
(1960)

차드
(1960)

수단
(1956)

세네갈(1960)

부르키나파소
(1960)

*영국이집트
공동 통치

에티오피아
(기원전 1000년경)

기니(1958)

가나
(1957)

나이지리아
(1960)

중앙아프리카共
(1960)

소말리아
(1960)

감비아
(1965)

토고(1960)

베냉(1960)

카메룬
(1960)

우간다 (1962)

케냐
(1963)

기니바사우
(1973)

적도기니
(1968)

가봉
(1960)

콩고共
(1960)

콩고민주共 (1960)

르완다 (1962)

부룬디 (1962)

시에라리온
(1960)

상투메
프린시페
(1975)

탄자니아
(1961)

라이베리아
(1847)

말라위
(1964)

코트디부아르
(1960)

앙골라
(1975)

잠비아
(1964)

짐바브웨
(1980)

모잠비크
(1975)

대서양

나미비아
(1990)

보츠와나
(1966)

마다가스카르
(1960)

남아프리카共
(1910)

스와질랜드(1968)

레소토(1966)

독립 당시에는 남아프리카 연방

독립국가
프랑스령
영국령
벨기에령
이탈리아령
독일령
포르투갈령
스페인령

* ( ) 안은 독립한 연도
* 위 지도에 없는 국가
카보베르데(1975, 포르투갈) - 서아프리카 대서양에 있다.
세이셸(1976, 영국) - 동아프리카 인도양에 있다.
모리셔스(1968, 영국) - 동아프리카 남쪽 인도양에 있다.

와족(Twa)과 함께 3대 부족을 이루며 인구는 약 250만 명)과 후투족(인구가 1,150만 명이며, 르완다와 부룬디 양국에서 다수 민족을 차지하고 있다)은 식민지 정책으로 분단되어 서로 대립하다가 결국에는 서로 죽이고 죽이는 대량학살을 초래했다.

아프리카의 광활한 토지에 사는 이들의 민족성과 민족 문제를 부족 사회나 식민지 정책 탓으로만 돌릴 수는 없다. 다만 식민지 권력 측에서 '부족'이라는 단어에 내포된 차별적 개념과 '부족끼리는 항상 대립한다'라는 편견을 확대 재생산하면서 통치 수단으로 삼은 것은 분명하다.

아프리카 민족 분쟁의 원인 중 다른 하나는 자로 선을 그은 것 같은 국경선이다. 구종주국들의 이해관계에 따라 자연, 민족 분포를 완전히 무시하고 국가의 경계가 정해졌으니 문제가 일어날 수밖에 없다. 국경선도 '부족 사회'와 마찬가지로 식민지 지배가 남긴 폐해이다.

벨기에는 세금을 걷는 앞잡이로 소수파인 투치족을 중용했다

한편, 르완다의 투치족 대량학살(1994년)은 국제연합의 르완다 지원군이 학살 현장에서 철수한 이후로는 국제 사회에서 완전히 잊힌 듯하다.

3개월 만에 80만 명이나 되는 희생자를 낸 대량학살은 후투족인 르완다 대통령의 암살 사건 때문에 발생했다. 국제 사회는 대통령 암

식민지 정책으로 분단된 르완다와 부룬디

우간다

키갈리

기부호

르완다

탄자니아

빅토리아호

부줌부라

콩고민주공화국

부룬디

탕가니아호

르완다

부룬디

1962년에 독립한 아프리카의 공화국으로 탄자니아, 콩고민주공화국, 우간다, 부룬디에 둘러싸인 내륙국이기도 하다. 독일의 식민지로 부룬디와 합했다가 벨기에의 신탁통치를 거친 후 다시 부룬디와 분리하고 벨기에로부터 독립했다. 르완다 정부는 처음부터 부족 간의 고질적인 불신감을 해소시킴으로써 국민 화합을 달성하고 농촌을 개발하는 데 주력하였다.
또한 비동맹 중립 노선을 취하여 1962년에 유엔, 1970년에 비동맹회의에 가입하였다. 하지만 외국 원조를 받아 경제 개발을 하기 위해 실리주의 노선을 취하고 있기도 하다. 그래서 식민지 종주국이었던 벨기에와 독일, 프랑스에 자금과 기술 협정을 맺는 등 의존하고 있다.

부룬디는 아프리카 중앙 콩고민주공화국 동쪽에 있다. 우간다, 르완다, 콩고민주공화국, 탄자니아와 국경을 마주하고 있으며, 국민의 62퍼센트가 가톨릭교도이다.
제1차 세계대전 때 벨기에 지배에 들어가 1923년 르완다-우룬디(Urundi)로 벨기에 통치를 받았다. 국제연합(UN)의 신탁통치령으로 있다가 1962년에 르완다와 분리되면서 부룬디 왕국으로 독립하였다. 1972년에 인종청소라는 미명하에 후투족(주민의 85퍼센트를 차지한다)들을 대량으로 학살했는데, 그 사건으로 25만 명으로 추산되는 후투족과 온건 투치족이 목숨을 잃었다. 후투족과 피그미계 트와족, 투치족 등의 대립이 심각하며, 아프리카 연합 평화유지군에 참여하고 있다.

살이 민족 대립이 원인이 되어 일어난 사건으로 보았다.

물론 벨기에 식민지 시대 말기인 1960년경 시작된 오랜 민족 대립으로 볼 수도 있지만, 투치족과 후투족은 옛날부터 같은 지역에서 살며 같은 말을 써온 사람들이었다. 투치족보다 500년이나 먼저 이 땅에 정착해 살던 후투족은 농경민으로, 유목민이던 투치족과는 출신지가 다르다는 설이 있지만 다른 민족으로 구별할 정도는 아니다. 굳이 따지자면 '소'를 재산으로 소유하고 있는지 아닌지, 혹은 농사를 짓는지 아닌지 정도가 두 부족을 구별하는 기준이다.

하지만 오늘날의 후투족과 투치족은 민족 차이가 아니라 '계층'의 차이가 있다. 소의 소유인인 투치족은 소수지만 과거에는 왕족이나 귀족 등 지배층을 차지하고, 다수를 차지하는 후투족은 투치족의 비호를 받는 입장이었다. 그런데 원래 소의 소유자냐 아니냐 하는 애매한 기준밖에 없던 투치족과 후투족 사이에 생업의 차이라든지 키 차이, 코 모양의 차이를 들어 민족의식을 일깨우고, 나아가서는 대립을 부른 것이 벨기에와 독일의 인류학자였다. 가령 투치족한테는 아리아 신화까지 들먹이며 '검은 아리아인'이라고 치켜세웠다.

간접통치를 하던 벨기에로서는 '지배자 계급 투치족'을 식민통치에 활용하는 게 여러모로 유리했다. 알기 쉽게 말하면 벨기에는 세금을 걷는 앞잡이로 소수파인 투치족을 중용했다. 이 같은 새로운 사회 제도는 종래의 투치족과 후투족의 상호 의존 관계를 파괴했다. 서양인이 의도적으로 만들어낸 '부족의식' 때문에 1962년의 독립 전후부터 두 부족은 격렬하게 반목했다. 그리고 1973년, 후투족의 쿠데타로 투치족과 후투족의 우월 관계가 역전된 이후, 많은 사망자와 피난민을 내는 참사가 되풀이되었다. 한편, 인접국 부룬디에서는 투치족이 권력을 장악하고, 반대로 후투족이 피난민이 되어 르완다로 흘러 들어왔다.

부룬디, 우간다, 콩고 등 주변국까지 휘말린 르완다 내전은 대량학살 후에 투치족의 난민이 중

부룬디의 대통령 피에르 은쿠룬지자.

심이 된 '르완다애국전선'의 승리로 막을 내렸다. 2003년에는 내전 후 처음으로 대통령 선거를 치러서 민족 융화와 민주화를 꾀했다.

부룬디에서는 1993년 선거를 통해 사상 최초로 후투계인 멜키오르 은다다예(Melchior Ndadaye) 대통령이 탄생했지만, 곧바로 그가 암살되면서 투치계 국군과 후투계 반정부 무장 세력 사이에 보복 전투가 이어졌다. 1999년 남아프리카의 만델라 대통령이 분쟁을 멈추기 위해 협상 테이블을 마련했으나 반정부 세력이 참석을 거부했다. 그 후에 몇 번의 과정을 거쳐 2005년에 과거 반정부 세력을 이끌던 후투족 출신의 피에르 은쿠룬지자(Pierre Nkurunziza)가 대통령이 되었다. 하지만 몇몇 무장 세력은 여전히 게릴라 활동을 멈추지 않고 있다.

홍해와 인도양 잇는
소말리아의 씨족 분쟁

옛날부터 홍해, 인도양을 잇는 해상 요충지 '아프리카의 뿔'

아프리카 북동부에 지형상 툭 튀어나와서 '아프리카의 뿔'이라고 불리던 해안 지대는 옛날부터 홍해, 인도양을 잇는 선박 교역의 요충지였다. 페르시아나 아랍의 교역선은 상아와 표범 가죽, 유향, 천연 고무 수지인 몰약(沒藥, 미르라) 등과 같은 아프리카 특산물을 이곳에서 실어 날랐다.

이 지역에는 소말리인이 약 80퍼센트를 차지한다. 소말리인은 디르, 이샤쿠, 다로드, 하위예, 디길, 라한빈의 여섯 부족으로 구성된다. 씨족이란 공통의 선조를 둔 집단으로, 유목민으로 뿔뿔이 흩어져 사는 소말리인 사회에 정치적, 경제적 결속을 다지고 사회 질서를 유지하기 위한 전통적인 시스템이었다. 같은 소말리어를 쓰고 소말리인 대부분이 이슬람의 수니파에 속하는 등 문화와 풍습을 공유하는 소말리인의 국가 소말리아는 아프리카에서는 드물게 이민족 간의 분쟁이 일어나지 않았다. 하지만 씨족끼리 패권을 다투다가 나라가 분열 상태에 빠졌는데, 특히 남부 지역은 10년 넘게 무정부 상태로 있다.

표면적으로는 전근대적 씨족 사회의 패권 전쟁으로 국민국가를 이루지 못한 것처럼 보이지만, 소말리아가 혼란을 겪게 된 것은 과거 식민지 시대에 동서 냉전의 대리 전쟁에 이용되었기 때문이었다. 그리고 현재는 이슬람 원리주의 세력이 커지며 문명의 충돌론을 정당화하는 대테러 전쟁의 틀에 갇힐 가능성이 크다.

소말리아가 유럽 열강의 이해관계에 얽혀서 이리저리 휘둘리게 된 것은 1887년, 소말리아에 영국군이 침공해 북부를 보호령으로 삼으면서부터였다. 1889년에는 이탈리아가 남부를 보호령으로 삼은 후에 제2차 세계대전이 끝날 때까지 양국의 식민지 쟁탈의 경쟁지가 되었다. 1960년에 소말리아공화국으로 독립했지만, 이것은 국제연합의 결의에 따른 것으로 큰 혼란은 없었다.

1969년, 군대가 쿠데타를 일으키고 최고혁명평의회의장이 된 모하메드 시아드 바레(Mohamed Siyad Barre)는 나라 이름을 소말리아민주공화국으로 변경했다. 그리고 이듬해에 사회주의 국가를 선언하고 일당독재 체제를 수립했다.

소말리아에서는 독립 전부터 민족주의 운동이 활발해서 바레도 '대소말리아주의'를 강력하게 주장했다. 지도를 보면 알 수 있듯이

'아프리카의 뿔' 소말리아의 내전

홍해
에리트레아
사나
예멘
지부티
에티오피아
아디스아바바
소말리아
케냐
모가디슈
나이로비
인도양

소말리아 인접국에 퍼져 있는 소말리 민족.

아프리카의 뿔
아라비아해로 돌출되어 있는 동아프리카반도로, 아덴만의 남쪽을 따라 뻗은 이곳은 소말리반도보다 아프리카의 뿔로 더 유명한 곳이다. 코뿔소의 뿔처럼 뾰족 튀어나왔다고 해서 아프리카의 뿔이라고 불리는데, 이 지역(한반도 면적의 9배쯤 되는 200만㎢)에 소말리아, 에리트레아, 지부티, 에티오피아가 있다.
국경 분쟁과 내전이 끊이지 않는 지역으로, 전쟁과 기근으로 숨진 주민이 200만 명이 넘는다고 할 만큼 열악한 지역이다.

소말리아
고대 세계의 상업 중심지였던 소말리아는 고대 푼트 왕국이 있었다는 설이 있다. 소말리아의 선원과 상인들은 당시의 귀중품이었던 유향, 향신료 등을 고대 이집트, 페니키아, 미케네에 공급하며 그들과 밀접한 관계를 맺었다. 특히 현재의 수도인 모가디슈시는 '이슬람의 도시'로 유명한데, 수백 년간 동아프리카의 황금 무역을 장악했다고 알려져 있다.
국민의 대부분이 소말리족(소말리아, 에티오피아 동부, 지부티, 케냐에 살고 있는 민족)이며, 세계에서 가장 위험한 국가 중 하나로 여행 금지국으로 지정되어 있다.

소말리아 국경선은 인접국인 지부티, 에티오피아, 케냐와 맞닿아 있다. 바레는 소말리아가 보호령이던 시절에 열강이 소말리인의 분포를 무시하고 국경선을 멋대로 그은 것에 불복해 에티오피아에 국경을 다시 정할 것을 요구하고, 1977년에 오가덴(Ogaden, 에티오피아 남동부의 지명) 전쟁을 일으켰다. 당시에 구소련이 에티오피아를 지원하자 이에 대항해 미국이 사회주의 국가 소말리아를 지원하는 기묘한 상황이 벌어지기도 했다. 1978년에 오가덴 전쟁은 에티오피아군이 소말리군을 격퇴하고 막을 내렸다. 한편, 이때 소말리아에 유입된 대량의 무기는 훗날 씨족 간의 분쟁에 사용되었다.

바레는 민족주의를 내세워 소말리인의 결속을 호소했으나, 정작 자신의 출신지인 다로드 씨족만 우대해 다른 씨족의 불만이 거세졌다. 그리고 1980년대에 들어서자 오가덴 전쟁의 피해가 아물기도 전에 심각한 가뭄이 발생해 기아에 허덕이다가 경제까지 파탄이 났다. 이 여파로 바레 독재정권에 대한 반정부 투쟁이 일어나고 소말리아는 길고 긴 내전에 돌입했다. 1991년에 바레 정권이 붕괴하고 북서부의 이샤쿠 씨족이 소말릴란드공화국의 수립을 선언했다(소말릴란드(Somaliland)는 현재 소말리아 남부의 혼란과는 무관하게 정치적으로 안정되었으나 국제 사회에서는 독립국가로 승인받지 못했다).

씨족 간에 패권 다툼이 일어나자 1992년에 국제연합의 다국적군이 파견되었다. 그러나 분쟁 진압에 성공하기는커녕, 이듬해에 미국군 특수 임무 부대의 헬리콥터 블랙호크가 격추되는 사건이 발생했다. 국제연합은 이라크가 쿠웨이트를 침공했을 때도 평화유지군을 파견했는데, 중동에는 석유 자원이 있었던 것과 달리 광물 자원이든 농산물이든 쓸 만한 자원이 없던 소말리아에서는 목숨을 걸고 싸울 만한 가치가 없었다. 그래서 희생자까지 나오자 국제연합군과 미군은 1995년에 완전히 철수했다.

미국 등 국제 사회도 자원 빈국인 소말리아 내전을 방치한 채 철수

국제 사회의 방치로 무정부 상태가 계속되는 가운데, 1998년에 소말리아 북동부에서 푼틀란드(Puntlaand, 누갈(Nugaal) 지역인 가로웨(Garowe)가 중심지로, 소말리아인의 3분의 1이 거주한다)가 자치를 선언하면서 소말리아는 사실상 소말릴란드, 푼틀란드와 수도 모가디슈를 중심으로 한 남부까지 세 개로 분단되었다. 2000년에 지부티에서 개최한 평화회의의 결과에 따라 소말리아 잠정정부가 성립했다. 그러나 실질적인 지배가 미치는 곳은 남부뿐이었고, 설상가상으로 내부 항쟁도 끊이지 않았다. 그 혼란을 틈타 이슬람 원리주의 무장 세력이 소말리아 사회에 침투했다.

이슬람법정동맹(ISU)이라고 밝힌 이 세력은 알카에다와 관계가 있다. 국제 사회가 소말리아에 개입하지 않겠다고 선언한 틈을 타서, 남부에서 서서히 세력을 넓힌 이슬람법정동맹은 2006년 6월에 모가디슈를 점령했다. 잠정정부가 이슬람 세력에 의해 쫓겨나자 미국과 유럽 각국은 서둘러 잠정정부를 지원한다고 표명했다.

빌 클린턴(Bill Clinton)이 정권을 잡자 소말리아 내전에서 미군이 철수해야 한다고 주장한 것은 공화당이었다. 그 후 내전과 기아로 피폐해진 소말리아 사회에서 이슬람법정동맹은 학교와 병원, 자선단체와 이슬람 법정을 운영해 민중의 지지를 받았다. 그 기세를 틈타 남부뿐만 아니라 푼틀란드까지 세력을 넓히던 이슬람법정동맹을 부시 정권이 가만둘 리가 없었다. 미국은 이슬람 원리주의가 대두하는 것을 두려워하여 이에 대항하는 군벌을 은밀하게 지원했는데, 이제는 본격적으로 군사 개입을 해야 한다고 주장하는 목소리가 터져 나왔다. 또 진작부터 잠정정부를 지지하는 에티오피아를 지원하던 터였다.

2006년 9월, 에티오피아군은 잠정정부를 지원한다는 명목으로 지방 도시 바이도아를 침공했다. 그리고 이에 대항해 이슬람법정동맹이 지하드(성전)를 호소하면서 이 나라는 다시 긴장 상태에 돌입했다. 잠정정부와 반군 세력이 대립하고 있다가, 2012년에 잠정정부 체제를 끝내고 헌법과 의회 제도를 도입해 소말리아연방공화국으로 출범했다.

수단과 다르푸르의
종교와 민족 분쟁

'수단'은 아라비아어로 검은 사람이 사는 지역이라는 뜻이다

641년, 아랍인은 아라비아반도에서 탄생한 이슬람의 가르침을 전하기 위해 이집트를 침공했다. 그때까지 비잔틴제국의 지배를 받던 이집트는 3세기경에 들어온 기독교 일파인 콥트교를 널리 믿었다. 당시 라틴어가 주류를 이루었으나, 고대 이집트어를 그리스문자로 표기한 콥트어도 콥트교회를 중심으로 쓰였다. 때문에 당시에도 그리스 문화가 남아 있었을 것이다.

그리스인은 기원전 7세기경 고대 이집트 왕조 시대에 이집트에 처음 발을 들였다. 당시 이집트는 서아시아, 지중해 동부, 아프리카 내륙에까지 영향을 끼친 국제적인 나라였다. 그래서 그리스인은 이집트 남쪽에 피부색이 검은, 자신들이 보기에 태양에 그을린 피부를 가진 사람들이 많이 사는 것을 목격하고 '(태양에) 그을린 얼굴을 한 사람들의 땅'이라는 뜻으로 '아이토스오포시아'라고 불렀다. 이것이 현재의 에티오피아의 어원이다.

아랍인도 이곳을 아라비아어로 검은 사람이 사는 지역이라는 뜻으로 '수단'이라고 불렀다. 원래 수단은 이집트와 사하라 사막보다 남쪽에 있는 흑인의 나라, 즉 동아프리카에서 서아프리카(아프리카 남부는 포함하지 않는다)를 포함한 광대한 지역을 의미했다. 현재의 수단은 이 이름에서 유래한 것이다. 참고로 과거의 수단을 현재의 수단과 구별해 '역사적 수단'이라고 표현하기도 한다.

이집트를 침공한 아랍은 뒤이어 지중해 연안의 북아프리카로 진격해 이베리아반도에 도착했지만 아프리카 내륙에는 미치지 못했다. 그래서 아프리카 내륙에는 이슬람이 침투하지 않았다. 카이로와 주변 지역에 이슬람교가 뿌리내리는 데 족히 400~500년이 걸렸는데, 카이로 남쪽으로 전파하는 데는 여러 가지 어려움이 많았다. 나일강변에는 아랍인에게 쫓겨난 콥트교 신자가 살았는데, 이곳을 지나지 않으면 리비아 사막과 사하라 사막을 넘을 수 없었기 때문이다.

이집트 국경에서 가까운 수단 북부와 중부는 콥트교의 영향을 강하게 받아서 콥트교 왕조가 성립했다. 하지만 13세기경에 마침내 이슬람화가 시작되고, 15세기 말에 콥트교의 마지막 왕조가 붕괴하면서 이슬람 왕조가 세워졌다.

그런데 1820년대에 이집트군이 수단을 침공해 이집트 총독의 지배하에 넣고, 주 자치 정부를 세웠다. 이때 훗날 수단의 수도가 되는

수단과 다르푸르의 분쟁 지역

리비아

이집트

차드

수단

홍해

북수단

○하르툼

에리트레아

다르푸르
지역

에티오피아

인구 3958만 명
(2016년 기준)

북다르푸르

중앙아프리카
공화국

남수단

서다르푸르

남다르푸르

우간다

케냐

다르푸르 분쟁

수단의 다르푸르(해발 600~900m 고원 지대로, 흑인 토착민인 푸르(Fur)족의 고향이라는 뜻) 지역에서 발생했다. 2003년부터 수단 정부의 아랍화 정책이 이 지역에 시행되면서 여기에 반대한 아프리카계 푸르족들이 수단 정부군과 민병대를 상대로 벌인 처절한 투쟁으로, 아랍민병대까지 개입하면서 그동안 20만 명 이상이 희생되었고, 250만 명의 난민이 발생했다고 보고되어 있다. 2004 년부터 아프리카연맹(AU)이 개입하여 평화유지군을 파견하고 중재를 해서 2006년에 평화조약이 체결되었다. 그러나 다르푸르 분쟁은 현재도 진행형이다.

독립한 남수단

50년 동안 수단과 내전을 했던 남수단은 2011년에 국민투표를 거쳐 독립을 선포하고, 정식으로 유엔의 회원국이 되었다. 그러나 석유 수익금을 분배하라고 요구하는 북수단의 위협에 여전히 시달리고 있다.

니메이리(1930~2009)

육군사관학교 출신으로 1969년의 쿠데타로 정권을 잡은 수단의 대통령이다. 그는 사회주의 경제 정책을 펼쳤지만 수단의 식량 문제 해결을 위해 자본주의 농업으로 노선을 바꾸었고, 굴지의 제당공장도 만들었지만 경제 위기를 초래했다. 임기 내내 수많은 쿠데타 기도와 내전에 시달렸으며, 1985년 무혈 쿠데타로 실각했다. 그 후 이집트로 망명했다가 다시 수단으로 돌아와 세상을 떠났다.

하르툼을 수도로 정했다. 1881년에는 스스로 마흐디(Mahdi, 구세주)라고 밝힌 종교지도자 무함마드 아흐마드(Muhammad Ahmad, 이슬람교 사회운동가로 무함마드의 권위를 부정하며 이슬람교의 신조를 바꾸고, 수단에서 1881년 구세주를 자칭하며 지하드(聖戰)를 선언했다. 그의 세력은 영국군에게 토벌될 때까지 약 10년간 수단을 지배했다)가 봉기한 사람들을 이끌고 성전(지하드)을 벌여 이집트군을 축출하고 독립을 달성했다. '마흐디'란 신의에 따라 바르게 인도된 자라는 의미로, 종말이 오면 악의 술수로 혼란에 빠진 이슬람 질서를 바로 세우고 진정한 이슬람 공동체로 인도하는 '구세주'로 해석한다.

하지만 수단은 1899년에 키치너(Horatio Herbert Kitchener) 장군이 통솔하는 영국군에 패하고, 영국과 이집트가 공동 통치하는 형태로 영국의 식민지가 되었다.

석유, 수자원 등의 경제 기반이 있던 수단 남부가 분리·독립을 주장

한편, 이집트는 1922년에 이집트왕국으로 독립했고, 1952년에 자유장교단의 주도로 혁명이 일어나서 다음 해에 공화정이 들어섰다. 이집트 독립에 영향을 받은 수단에도 민족자결의 기운이 높아지면서 1956년에 공화국으로 독립했다.

수단에 내분이 일어난 주요 원인은 아프리카 대륙에서 가장 넓은 영토(250만 6,000제곱킬로미터)와 식민통치를 들 수 있다. 수단에 이슬람교가 침투한 과정을 보면 알 수 있듯이, 아프리카 중부에서 북부에

미국 방문을 위해 앤드류 공군 기지에 도착한 수단의 가파르 니메이리 대통령, 1983년, W-C

이르기까지 아랍의 영향력은 엄청났다. 그에 비해 흑인계가 많은 아프리카 남부에는 식민지 시대에 영국의 영향을 받아 기독교로 개종한 사람이 많았다.

수단은 독립 후 북부의 아랍계가 정치와 경제를 장악하자 남부에서 수단해방운동 등 반군을 중심으로 분리·독립을 주장하는 움직임이 일어났다. 남부에 석유, 수자원 등의 경제 기반이 있던 것도 분리·독립을 주장하는 배경이 되었다.

1969년, 쿠데타에 성공한 가파르 니메이리(Gaafar Muhammad an-Nimeiry)가 나라 이름을 수단공화국에서 수단민주공화국으로 변경하고 1971년에 대통령에 취임했다. 그리고 1972년에 남부의 수단해방운동과 회담을 열고 남부의 자치권을 인정하는 '아디스아바바 협정'

을 체결했다. 이로써 북부와 남부의 긴장이 완화되었다. 하지만 1983년 니메이리 대통령이 이 협정을 휴지 조각으로 만들고, 전국에 이슬람 형법을 시행한다고 공표하면서 남부에서 반란이 일어났다. 이에 가랑(John Garang) 대좌가 수단인민해방군(SPLA)을 조직하고 군사투쟁을 시작했다.

그런데 다음 해인 1984년에 에티오피아에서 난민이 유입되자 경제가 피폐해졌다. 이 여파로 1985년 5월에 쿠데타가 일어나서 니메이리 대통령이 실각했다. 나라 이름을 다시 수단공화국으로 변경하고 1986년, 무함마드 아흐마드의 증손자인 사디크 알 마흐디(Sadiq al-Mahdi)를 수상으로 옹립했다. 오랜 혼란 끝에 수단에 평화의 서광이 비치는 듯했으나, 1989년에 오마르 알 바시르(Omar Hasan Ahmad al-Bashir) 장군이 군사 쿠데타를 일으키면서 이슬람 원리주의를 표방하는 국민이슬람전선(NIF)이 정권을 잡았다. 그리고 국민이슬람전선이 이슬람법을 견지하는 정책을 내놓자 가랑 대좌가 의장을 맡은 수단인민해방군은 군사 대결의 의지를 표명했다.

바시르 정권은 9 · 11 미국 동시다발 테러를 계기로 엄격한 이슬람 원리주의 노선에서 한발 물러났다. 당시, 바시르 정권은 수단이 테러의 주모자 오사마 빈 라덴(Osama bin Laden)과의 관계를 지목받고 미국과의 관계가 악화될까 두려워 서둘러 유화 정책을 펼친 것이다. 그리고 이것은 내전의 종결로 이어졌다.

2005년 1월, 바시르 대통령과 수단인민해방군의 가랑 대좌는 6년간 잠정정부가 통치하기로 합의하고 남부에서 주민투표를 할 것, 남부에서는 이슬람법을 시행하지 않을 것, 석유 이권을 절반씩 나누는 것을 골자로 하는 포괄적 평화협정에 조인했다. 남부에서 치르게 될 주민투표에서는 연방제를 도입할 것인지, 남부만 따로 독립할 것인지를 결정하기로 했다. 그런데 가랑 대좌의 뿌리이면서 독립을 바라는 딩카족(Dinka, 수단 남부에 거주하는 나일계 목우민)과 북부의 지원을 받는 누어족이 대립했다.

7월 9일에는 가랑 대좌를 제1부통령으로 하는 잠정정부가 발족했다. 그런데 7월 30일, 가랑 부통령이 우간다를 방문하고 돌아오는 길에 헬리콥터를 탔다가 악천후를 만나 사고사를 당하는 사건이 일어났다. 하지만 가랑 부통령의 죽음을 단순한 사고라고 인정하지 않은 남부의 주민 수천 명이 아랍계 주민을 습격했다. 설상가상으로 남부에서는 딩카족과 누어족의 대립이 격렬해졌다.

수단 서부 고원 지대의 다르푸르 지방에서 새로운 민족 분쟁이 발발

광활한 영토의 수단 내에서도 나일강 연안에서 분쟁이 잠잠해진 사이에 차드, 중앙아프리카, 리비아와 국경을 접한 서부 고원 지대의 다르푸르 지방에서 새로운 민족 분쟁이 일어났다.

다르푸르 지방에도 13세기에 아랍계 바가라족이 침공해 비아랍계 민족(흑인)을 이슬람으로 만든 적이 있다. 똑같이 이슬람교를 믿었지만 아랍계 민족과 비아랍계 사이에는 생활 문화에서 두드러진 차이가 있었다.

2003년, 북부와 남부에서 평화가 진전되는 가운데 다르푸르 지방의 비아랍계 주민으로 구성된 수단해방군(SLA)과 정의와 평등 운동(JEM)이 정부군과 기타 시설을 공격하면서 분쟁이 시작되었다.

정부는 지역에서 모집한 아랍계 민병 잔자위드(Janjaweed, 아프리카 수단 정부의 지원을 받아 다르푸르 지역에서 활동하는 테러 단체로 말에 탄 무장병이라는 뜻)를 주력 부대로 하여 지상 공격을 펼치는 한편, 공중 폭격으로 지상 공격을 지원했다. 격렬하게 대치하는 분쟁으로 18만 명이 넘는 주민이 민병에게 학살되었고, 200만 명 가까운 주민이 집을 잃었으며, 20만 명 이상의 난민이 차드로 피신했다.

국제연합에 따르면, 아랍계 주민의 마을이 별다른 피해가 없음에도 불구하고 비아랍계 주민이 사는 마을을 공격 대상으로 삼았다. 잔자위드가 자행한 공격은 특정 인종에 대한 계획적인 대학살이었다. 이는 국제법 위반이라는 견해도 있어서 국제연합 안전보장이사회의 결의를 받아 국제형사재판소(ICC)가 조사에 착수했다.

수단 정부는 대학살도, 잔자위드를 지원한 것도 부정하고 있으나 인접국 차드의 정부는 수단 정부를 믿을 수 없다며 국경을 봉쇄하고 국교 단절을 선언했다. 차드도 풍족한 편은 아니라서 많은 난민이 물과 식량 부족으로 고통을 겪었다. 유니세프 등이 돕고 있지만 해결의 실마리가 보이지 않고 있다.

2006년 5월, 수단 정부와 일부 반정부 세력이 다르푸르평화합의(DPA)에 서명했으나 모든 반정부 세력이 이에 서명한 것이 아니라서 지역 주민뿐만 아니라 인도 지원 관계자를 대상으로 한 공습은 여전히 계속되고 있다. 특히 2007년에 일어난 다르푸르 분쟁으로 수많은 사람들이 학살되기도 하였다.

2011년 2월에 분리 · 독립을 위한 주민투표를 실시했고, 수단의 남부 지역이 남수단 독립국가로 분리되었다.

이슬람 형법

고대 메소포타미아의 함무라비 법전과 마찬가지로 《코란》에는 '눈에는 눈'이라고 적혀 있다(제5장 제45절). 고의로 살인 및 상해가 일어난 경우, 피해자 혹은 그 상속인이 가해자에게 키사스(Qisas, 동해보복)를 할 수 있다는 의미이다. 단, 당한 대로 돌려주는 야만적이고 단순한 보복 행위가 아니라 증인이 있어야 하고 같은 방식, 같은 수준으로 가해를 해야 보복이 성립된다.

또 《코란》에서 정한 법적 지위가 가해자가 피해자보다 높은 경우, 예컨대 남편이 가해자이고 아내가 피해자거나 부모가 가해자이고 자식이 피해자라면 키사스를 할 수 없다. 그래서 실제로는 집행이 곤란할 때가 많다.

보복하는 대신, 디야(Diyya, 피의 보상)를 지불하면 화해할 수 있다. 법적 지위에 따라서, 상해를 입은 신체 부위와 그 정도에 따라서 디야의 크기도 달라진다.

그 외에 금지된 알코올을 섭취했거나 간통죄를 저지르면 채찍으로 때리기(횟수는 상황에 맞게), 절도를 하면 초범은 오른손 절단, 재범은 범행의 횟수에 따라 왼발, 왼손, 오른발의 순서로 절단한다. 강도(노상강도 등)는 최고형이 사형이다.

단, 이슬람법에 근거해 형을 집행할 때는 용의자의 자백, 혹은 두 명의 남성 증언자가 있어야 한다. 간통죄의 경우는 네 명의 증인이 필요하고, 만약 입증하지 못하면 신고한 자에게 무고죄가 적용된다.

수단의 경우, 서구 기독교 사회에 수단이 이슬람 국가임을 널리 알리기 위해 이슬람법을 채택했다는 견해도 있다.

6장

/

중동 · 아랍과 유대

지중해와 홍해, 인도양을 연결하는 수에즈 운하와 다리, © AashayBaindur, W-C

아랍인은 아라비아반도에 사는 몇 개의 집단인데, 남아랍 혹은 예멘족, 북아랍 혹은
카이스족을 가리킨다.

이슬람교를 창시한
아랍인의 기원과 역사

아랍의 우마이야 왕조가 지중해의 강대한 지배자로 군림

아랍인 하면 사람들은 흔히 중동에 사는 사람들을 떠올리지만 아라비아반도에 사는 몇 개의 집단을 뜻한다. 더 자세히 설명하면 《코란》에서 신이 멸망시킨 두 집단, 남아랍 혹은 예멘족(카흐탄이 선조이다), 북아랍 혹은 카이스족(아드난이 선조이다)을 가리킨다.

남아랍은 기원전 8세기에 예멘에 남아라비아왕국을 세우면서 성립되었다. 북아랍이 기록에 등장한 것은 기원전 854년으로, 아시리아와의 전쟁을 기록한 비문에서 처음으로 나왔다. 그 후, 헬레니즘시대(기원전 334년 알렉산더 대왕의 동방 원정부터 기원전 30년 로마의 이집트 합병까지)에는 대상 도시로 유명한 팔미라왕국(현재의 시리아)과 나바테아왕국(현재의 요르단 페트라)을 건설해 교역의 중계지로 번영을 누렸다.

같은 아랍이라도 남아랍과 북아랍은 언어와 문자가 다르다. 참고로 북아랍의 문자는 오늘날까지 전해 내려오지만 남아랍의 문자는 4세기에 남아라비아왕국의 멸망과 동시에 사라졌다. 남아라비아왕국이 멸망한 후 아라비아반도에서는 유목 생활이 주류를 이루어 북아랍의 언어, 문자가 공통적으로 사용되었으나 나중에는 점차 정착 생활자와 유목 생활자로 나뉜다.

610년경, 현재의 사우디아라비아의 메카로 이주한 쿠라이시족의 하심가에서 태어난 무함마드는 610년경 대천사 가브리엘을 통해 절대유일의 신 알라의 계시를 받아 예언자로서 이슬람을 창시했다.

무함마드의 계시를 집대성한 《코란》에는 '아랍'이라는 말이 나오지 않지만, 아라비아어를 쓰는 사람들이 아자미(이민족의 말)를 쓰는 아잠(비아랍)인과 구분되는 점이 눈길을 끈다. 즉, 아랍인은 이슬람교를 통해 민족의 정체성을 갖게 된 것이다.

아랍인은 곧 아라비아반도를 나와서 대규모 침공을 감행했다. 661년에 우마이야 왕조(Umayyad dynasty, 우마이야 1세가 다마스쿠스를 수도로 하여 세운 이슬람 칼리프 왕조)부터 11세기 중반에 터키인이 세운 셀주크 왕조(Seljuk Empire, 오구즈 또는 구즈 투르크멘이라고 불리는 유목 종족의 대집단에서 파생한 셀주크족이 세운 왕조)가 서아시아에 대두할 때까지 강대한 지배자로 군림하게 되었다. 그리고 서아시아 각지에 구축한 군영 도시 미스르(Misr)는 인근 주민의 아랍화 및 이슬람화의 거점이 되었다. 아랍인이 침략하기 전에 서아시아를 지배했던 로마제국과

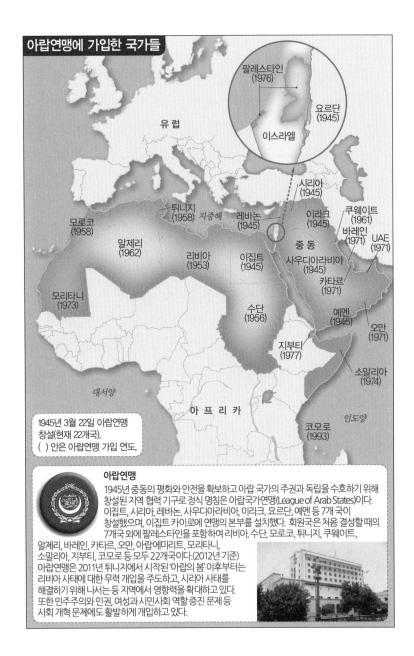

아랍연맹에 가입한 국가들

유럽

팔레스타인
(1976)

요르단
(1945)

이스라엘

튀니지
(1958) 지중해

레바논
(1945)

시리아
(1945)

이라크
(1945)

쿠웨이트
(1961)

바레인
(1971)

UAE
(1971)

모로코
(1958)

알제리
(1962)

리비아
(1953)

이집트
(1945)

중 동

사우디아라비아
(1945)

카타르
(1971)

모리타니
(1973)

수단
(1956)

예멘
(1945)

오만
(1971)

지부티
(1977)

소말리아
(1974)

대서양

아 프 리 카

인도양

코모로
(1993)

1945년 3월 22일 아랍연맹
창설(현재 22개국).
( ) 안은 아랍연맹 가입 연도.

아랍연맹

1945년 중동의 평화와 안전을 확보하고 아랍 국가의 주권과 독립을 수호하기 위해
창설된 지역 협력 기구로 정식 명칭은 아랍국가연맹(League of Arab States)이다.
이집트, 시리아, 레바논, 사우디아라비아, 이라크, 요르단, 예멘 등 7개국이
창설했으며, 이집트 카이로에 연맹의 본부를 설치했다. 회원국은 처음 결성할 때의
7개국 외에 팔레스타인을 포함하여 리비아, 수단, 모로코, 튀니지, 쿠웨이트,
알제리, 바레인, 카타르, 오만, 아랍에미리트, 모리타니,
소말리아, 지부티, 코모로 등 모두 22개국이다.(2012년 기준)
아랍연맹은 2011년 튀니지에서 시작된 '아랍의 봄' 이후부터는
리비아 사태에 대한 무력 개입을 주도하고, 시리아 사태를
해결하기 위해 나서는 등 지역에서 영향력을 확대하고 있다.
또한 민주주의와 인권, 여성과 시민사회 역할 증진 문제 등
사회 개혁 문제에도 활발하게 개입하고 있다.

알렉산더 대왕도 토착어와 토착 문화를 없애려고 하지는 않았으나, 아랍은 아라비아어를 공용어, 공통어로 정착시키는 것에 주력해 이를 받아들인 곳을 전부 아랍으로 정의했다.

아랍 민족이란 이슬람교도로 아라비아어를 쓰는 사람들

예를 들어, 이집트처럼 3,000년에 걸친 고대 문명의 전통이 짙게 남아 있는 나라에 이주한 아랍인은 소수에 불과하다. 하지만 그들은 이집트인의 과거 문화를 전부 파괴하고 아랍 문화를 전파해서 이집트인마저도 아랍인으로 바꿔버렸다. 아랍인은 이슬람 전파의 첨병으로 이집트에도 미스르를 설치했다. 미스르는 대개 단기간 운영되었으나, 아시아와 아프리카의 접점에 위치하고 전통문화에 대한 자부심이 큰 이집트에서는 오랜 기간 미스르를 운영했다. 그러한 영향으로 아라비아어로 이집트, 특히 카이로를 미스르(혹은 마스르)라고 한다. 사실 이집트인 대다수가 이슬람을 믿기까지는 수백 년이 걸렸다.

하지만 북아프리카의 베르베르인처럼 자신들의 언어를 완강히 고수하며 살아온 사람들도 있다. 아시아에서도 말레이시아와 몰디브처럼 이슬람이 국교인 나라가 모국어를 공용어로 쓴다.

그런데 아랍인이 늘어나자 아랍인들의 존재감과 민족의식이 희박해졌다. 그리고 어느 민족 집단에 속해 있느냐보다 알라의 가르침에 충실한 자, 즉 이슬람교를 믿는 자가 아랍이라는 의식이 싹텄다. 이것이 훗날 아랍민족주의 운동에 크게 영향을 미쳤다.

OLD CAIRO (FOSTÂT).

구 카이로 시가지였던 푸스타트의 드로잉.

　최근 들어 이집트에서도 볼 수 있듯이, 아라비아어를 쓰는 기독교 신자나 유대교 신자처럼, 이슬람교도는 아니지만 아랍 문화권에서 생활하는 사람들이 늘어나면서 아랍인을 정의하기가 점점 어려워지고 있다.

　굳이 정의하자면 아랍 민족이란 알라의 가르침에 따르는 이슬람교도로 아라비아어를 쓰고 아랍의 전통문화를 따르며 사는 사람들이라고 할 수 있다.

이슬람교의 2대 종파인
수니파와 시아파

수니파는 《코란》과 함께 무함마드의 '수나'를 따르는 사람들

이슬람교 신자는 절대유일의 신에게 경건한 마음으로 복종해야 한다. 일반적으로 이슬람교도를 무슬림이라고 하는데 '(신에게) 절대로 복종하는 자'라는 의미이다. 현재, 무슬림은 크게 수니파(Sunnite, 이슬람의 가장 큰 종파이자 정통파로서, 신의 말씀인 《코란》과 함께 예언자 무함마드의 언행과 관행을 의미하는 수나(Sunnah)를 따르는 사람들을 말한다. 아랍어로는 '아흘 알-순나(Ahl al-Sunnah, 순나의 사람들)'라고 하며, 이를 줄여 수니파라 칭한다)와 소수파인 시아파(Shi'ite, 이슬람 세계에서 수니파 다음으로 큰 분파로 시아 이슬람이라고도 한다. '시아'는 사전적으로 '분파'라는 뜻으로 수니파(정통파)의 상대적인 개념으로 사용된다. 시아파는 수니파와 함께 이슬람의 한 갈래이며, 이 둘은 똑같이 정통 이슬람으로 규정된다)로 **나뉜다.**

중동과 아랍의 이슬람 교파 분포

러시아
흑해
카스피해
카자흐스탄
우즈베키스탄
아제르바이잔
터키
투르크메니스탄
시리아
이라크
이란
지중해
레바논
아프가니스탄
요르단
쿠웨이트
파키스탄
이집트
사우디아라비아
카타르
아랍에미리트
오만
수단
에리트레아
예맨
아라비아해
에티오피아

수니파
632년 이슬람교의 창시자 무함마드가 사망한 뒤 코란의 절차에 따라 이슬람 공동체(움마) 합의에 의한 4명의 칼리프를 모두 정통 후계자라고 주장한 일파이다. 이슬람 공동체에서 압도적으로 수가 많아서 정통파로 불리며, 사우디아라비아가 종주국이다.

시아파
수니파와 달리 칼리프를 인정하지 않고, 혈통을 통해 이슬람 공동체(움마)의 지도력이 유지될 수 있다는 근거로 무함마드의 사촌이자 사위인 알리 이븐 아비 탈리브만을 후계자로 인정한 일파이다. 주로 이란과 이라크에 집중 분포되어 있다.

이바디파
이슬람교 카와리지파에서 나온 종파 중 하나로 극단적인 성향으로 우마이야왕조의 탄압을 받고 흩어졌다. 하지만 과격한 것을 없애고 수니파와 절충하며 평화에 몰두했다. 이바드의 제자였던 아즈디가 현재의 오만으로 교단을 옮긴 후 발전했다.

수니파는 예언자 무함마드의 수나(Sunnah, 범례, 관행)를 따르는 사람들을 뜻한다. 그들은 무함마드가 살아생전에 했던 말과 명령, 그리고 그의 행동을 정리한 하디스(Hadith, 전승)를 철칙으로 삼는다.

한편, 시아파는 약간 복잡하다. 예언자 무함마드가 후계자를 정하지 않고 죽는 바람에, 무함마드의 사후에 이슬람은 한때 붕괴의 위기에 놓였다. 그때, 무함마드의 친구이자 가장 오래된 신도인 아부 바크르(Abu Bakr)가 칼리프(Caliph, 대리인, 계승자)로 선출되어 실질적인 최고 권위자가 되었다. 그리고 4대째, 혈통을 잇는 자가 정교의 최고 권위자가 되어야 한다는 주장이 대두되며, 예언자 무함마드의 사촌이자 사위인 알리(Ali)가 초대 이맘(Imam, 지휘자)에 올랐다.

수니파건 시아파건 신이 예언자 무함마드에게 계시한 말씀《코란》과 하디스를 교리와 법률의 근원으로 삼고, 무함마드가 만든 이슬람 공동체 '움마'(Ummah, 민족, 국가의 뜻으로 쓰인다.《코란》에서는 처음에 알라가 인류 구제의 역사 속에서 사도(예언자)를 보내어, 알라의 말을 전하게 한 단위 집단이란 뜻으로 쓰였으나, 나중에는 오로지 '무함마드의 움마', 즉 이슬람 공동체를 가리키게 되었다)를 이상으로 삼는다. 단, 시아파는 무함마드의 수나만이 아니라 초대 이맘 알리부터 12대 이맘이 해온 언행과 전승까지 모두 해석한다. 이것이 수니파와 다른 점이다.

이렇게 보면 수니파와 시아파가 이슬람교 내에서 둘로 나뉜 것뿐이라고 단순하게 생각할 수도 있지만, 문제는 단순하지 않다. 8억~10억 명이 넘는 집단이 모였으므로 사람의 생각이 딱 둘로 나뉘지 않는 것이 문제이다. 같은 파 내에서도 각지에 분포한 학파에 따라서 해석이 다르다. 무함마드의 출신지가 있는 사우디아라비아에서는 수니파 내에서도 《코란》과 수나를 엄격하게 따르는 와하비(Wahhabi)파가 득세해, 같은 수니파라도 이집트처럼 온건한 해석을 하는 나라와는 선을 긋는다. 이렇게 신앙심에도 차이가 있어서 《코란》을 규범으로 하는 이슬람법의 해석에도 차이가 났다. 그러다 보니 같은 이슬람교라고 해도 마찰을 피할 수 없었다.

페르시아인 이란과
아랍인 이라크의 대립

다민족국가인 이란은 이슬람 시아파로 결속

중동에 있는 이란은 이웃 나라 이라크와 지리적으로 가깝고 환경도 비슷한데, 아라비아어를 쓰지 않고 아랍 국가도 아닌 이슬람 국가이다.

이란에는 고대 페르시아어에서 유래한 '페르시아'라는 별칭도 있다. 7세기까지 이란고원에서는 페르시아 시대의 공용어 팔라비어 (Pahlavi language, 중세 페르시아어)를 썼으나, 이 지역에 아랍이 침공해 이슬람교가 들어오면서 아라비아어를 쓰기 시작했다. 이슬람교로 개종한 이란계 민족은 페르시아제국의 뛰어난 국가 운영 체제를 받아들여서, 관료, 의학·철학·역사학 분야의 전문가 중에서 와지르(재상이나 대신)로 활약하는 사람도 등장했다. 9세기에 이란에 타히르 왕조(Tahirid dynasty, 7세기 중엽 아랍에 정복된 이래 이란에 수립된 최초의 이란 계 왕조), 사파르 왕조(Saffarid dynasty, 이란의 아바스 왕조 시대의 독립 왕 조)가 들어서자 국내 정치가 활성화되면서 문학 등에 전통 페르시아 어가 쓰이게 되었다.

9~10세기, 사만 왕조(Samanid dynasty, 중앙아시아를 지배한 이란계의 이슬람 왕조)에서는 이란의 전통문화와 이슬람 문화를 융합해서 새로 운 문화가 탄생하기를 갈망했는데, 이러한 분위기 속에서 페르시아 의 문예가 부흥했다. 종교 문서와 이슬람 문화권에 보급해야 할 학술 서에는 아라비아어를 쓰고, 문학에는 페르시아어를 쓰게 되었다. 머 지않아 이슬람 세계와 문화 교류가 왕성해지자 페르시아어가 중앙아 시아, 아프가니스탄, 인도 북부, 터키까지 퍼져서 아라비아어 다음으 로 주요 언어가 되었다.

하지만 이란을 가리켜 흔히 '민족의 용광로'라고 하듯이, 페르시아 어를 일상어로 쓰는 사람들은 전체 인구(약 8,200만 명)의 절반 정도이 고, 나머지는 다른 민족 집단이다. 결속력이 없던 국가가 강한 민족 의식을 갖고 각국을 상대하게 된 것은 1501년, 현재의 이라크를 지 배했던 사파비 왕조(1501~1736년) 치하에서 이슬람 시아파(십이이맘 파, 이슬람교의 유력한 분파로서 시아파의 정통파이자 이마미(Imámí)라고도 한다)를 국교로 삼은 후부터이다. 당시에는 수니파를 신봉하는 오스 만제국이 세력을 확대하던 시기였으므로 당연히 사파비 왕조와 충 돌을 피할 수 없었다. 하지만 전투를 거듭하면서도 이란은 독자적인 색깔을 가진 나라로 입지를 굳혀갔다. 17세기 후반에는 이란의 비단

이란의 팔레비 국왕(1970년). 이란 혁명의 최고 지도자였던 호메이니.

을 사려는 네덜란드, 프랑스, 영국 등 서구 열강과의 교역으로 번영
한 탓에 "세계의 절반이 수도 이스파한에 있다"라는 말이 나올 정도
였다. 이란은 시아파를 선택한 이후에 타국과 항쟁하고 번영을 누리
며 다민족국가이면서도 공통된 국민의식하에서 결속을 단단히 다지
게 되었다.

1779년에 일어난 카자르 왕조의 시대는 혼란기였다. 19세기가 되
자 영국, 러시아가 진출하기 시작하고 나라가 둘로 나뉘는 사태도 벌
어졌다. 제1차 세계대전이 끝나고 1925년에는 영국의 지원으로 팔라
비(레자 샤(1878~1944)가 세운 이란의 왕조(1925~1979). 팔라비 왕조(Pahlavi
dynasty) 또는 팔레비 왕조라고 하며, 현재까지 이란에 존재했던 최후의 왕조로,
1935년 이후 이란제국(Imperial State of Iran)으로 나라 이름을 바꾸었다)가 들

어섰다. 1935년에는 나라 이름을 '이란'(산스크리트어로 '고귀한'을 의미하는 아리아에서 전와(轉訛)된 말)으로 정했다. 제2차 세계대전 후에는 구소련이 주둔해 국왕에 대치하는 정권을 세웠으나 미국이 국왕을 지지해 왕조가 지속되었다.

하지만 종교 지도자와 국민이 국왕의 실정과 독재정치에 반대해 대규모 반정부 운동을 일으켰다. 1979년, 이란혁명으로 국왕이 추방되고 호메이니(Ayatollah Ruhollah Khomeini, 이란의 종교가 · 정치가로서 이란혁명을 이끈 최고 지도자. 왕정을 부정하고 이란의 서구화 · 세속화 정책에 반대했다. 시아파의 세 거두 중 한 명이며 국왕 팔레비의 '백색혁명'에 반대했다가 터키로 망명해 이란혁명을 주도했다. 귀환 후 이란에 이슬람공화국을 세우고, 이맘(imam:敎主)의 칭호를 받으며 최고 지도자로 이란을 통치했다)가 전권을 장악했다. 이후 이란은 이슬람공화국이 되었다.

이란과 이라크의 대립은 후세인과 호메이니 시대부터

호메이니가 팔레비 국왕을 배제한 것은 국왕이 미국의 압도적 지원을 받아 근대화를 진행하는 동시에 중앙집권 체제를 강화하려고 했기 때문이다. 예언자 무함마드의 가르침으로 돌아가려면 '모든 무슬림은 동포'로서 가문과 혈연관계에 얽매이지 않을 뿐 아니라, 왕조 체제와 왕위의 세습을 인정할 수 없었던 것이다. 훗날 호메이니는 페르시아 연안의 왕조 체제를 유지하는 나라들을 가리켜 '억압자가 통치하는 이슬람 국가'라고 비판하고 이것을 공격의 이유로

들었다.

1979년 2월 11일, 호메이니는 이란의 이슬람혁명에 성공했다. 같은 해 7월, 이라크에서는 온건파 아메드 하산 알바크르(Ahmad Hassan al-Bakr) 대통령이 은퇴하고, 사담 후세인(Saddam Hussein, 1979년 이라크의 대통령에 취임했고, 쿠웨이트를 기습 점령해 걸프전을 일으켰지만 패배했다. 이라크가 보유한 대량살상무기(WMD)를 제거한다는 명분으로 미국과 이라크 사이에 전쟁이 발발, 패배 후 체포되어 전범재판에 회부되어 사형당했다) 이 대통령에 취임했다.

그 일이 있기 얼마 전인 1975년에 알제리에서 열린 OPEC(석유수출국기구) 총회에서 이란과 이라크의 국경선을 정하는 조인이 체결되고, 조인에 따라 이란은 이라크 정부에 반기를 든 쿠르드족에 대한 무기와 자금의 원조를 중지했다. 그러자 이라크는 이라크의 나자프에서 이란의 왕조 체제를 비판한 호메이니를 프랑스로 추방하라는 이란의 요구를 받아들였다.

당시에는 양국이 우호적인 관계를 유지했으나 후세인과 호메이니 두 사람이 국가의 통치자가 되자 대립하게 되었다. 1980년 4월 1일, 이란의 이슬람혁명 1주년이 되던 해에, 이라크 부수상의 암살 미수 사건이 일어났다. 이라크는 즉각 이 사건을 이란계 '이맘 전사'가 저지른 일이라고 선언했다. 이로 인해 양국의 관계는 급속도로 악화되고, 후세인은 호메이니를 가리켜 '교의를 입은 샤(국왕)'라고 격렬하게 비난했다.

그리고 같은 해 9월 22일, 이라크의 선제공격으로 이란과의 8년에 걸친 전쟁이 막이 올랐다. 전쟁 막바지에는 이라크가 쿠르드인 주거지에 화학 무기를 사용해 이란군뿐만 아니라 수천 명에 이르는 쿠르드인을 제물로 삼는 강공을 펼쳤다. 그러자 이란 측에서는 울며 겨자먹기로 국제연합의 정전 결의를 받아들일 수밖에 없었다. 이 전쟁은 양국뿐만 아니라 전 세계가 휘말린 전쟁이었다.

그 후 이라크는 1990년에 쿠웨이트를 침공했으나, 미국을 비롯한 연합군의 군사 공격과 경제 봉쇄 조치로 패배하고 자국으로 철수했다. 후세인 정권이 무너진 이후 이라크의 누리 알 말리키(Nouri al Malik) 총리가 쿠웨이트를 방문하는 등 양국의 관계가 공존을 모색하는 관계로 전환되었다.

한편 이란은 강력한 카리스마를 지닌 호메이니의 통치하에서 엄격한 이슬람 국가로 거듭났다. 호메이니는 민족 분리 문제도 이슬람 공동체 '움마' 안에서 해결할 수 있다는 신념을 갖고 국내의 분리·독립 운동, 자치 운동에 엄정하게 대처했다. 하지만 1989년 호메이니의 사후, 하메네이(Hojatolislam Sayyed Ali Khamenei) 대통령이 최고 지도자로 선출되고, 라프산자니(Akbar Hashemi Rafsanjani)가 대통령이 되면서 다시 자유와 민주주의를 외치는 움직임이 일어났다. 20세기 말이 되면서 하타미(Mohammad Khatami) 대통령이 이끄는 혁신파가 호메이니로 대표되는 보수파보다 압도적으로 우세해졌다.

하지만 이슬람 공동체 움마를 신봉하는 움직임이 사라진 것은 아니었다. 2005년 6월에 치러진 이란 대통령 선거에서는 보수강경파의 압도적 지지를 받아 테헤란 시장 아마디네자드(Mahmoud Ahmadinejad)

가 라프산자니 전 대통령을 물리치고 대통령으로 취임했다. 지금은 하산 로하니(Hassan Rouhani) 대통령이 11대에 이어 12대 대통령으로 재임하고 있다.

핵무기 개발 때문에
이란과 미국은 적대 관계

도널드 트럼프 미국 행정부가 이란 핵 협상 탈퇴를 공식 선언

미국은 이라크의 후세인 정권을 대량살상무기를 보유한 악의 축으로 규정하고 붕괴시켰다. 반미 감정이 강한 수니파의 후세인 정권을 붕괴시키기 위해, 미국은 이라크 남부에 분포한 시아파(이라크에서는 수니파의 약 3배, 전 국민의 60~65퍼센트)와, 후세인 정권의 탄압을 받았던 북부의 쿠르드인이 주도하는 정권을 수립하도록 뒤에서 지원했다.

그런 미국이 이란에 대해서는 이라크의 시아파에 대한 영향력을 강화하려고 획책한다고 비난했다. 그리고 2003년 5월에는 이란이 사우디아라비아에서 발생한 테러 사건에 관여한 알카에다의 간부를 숨겨주었다고 비난해 이란과 미국 사이에 긴장감이 높아졌다.

원래 이슬람혁명과 테헤란에 있는 미국대사관 점거 인질 사건이 발단이 되어 1980년 4월에 미국과 이란의 외교 관계는 단절된 상태였다. 부시 정권도 1995년 이래 실시된 대이란 제재를 지속해 이란 무역 투자 금지 조치도 갱신했다. 나아가 2001년 8월로 기한이 끝나는 이란-리비아 제재법(ILSA, Iran-Libya Sanctions Act)에 대해서도 미국의 상하 양원에서 초당파 의원으로부터 5년간 연장을 요구하는 법안이 제출·가결되었다. 그리고 2006년 8월에 법안의 연장이 받아들여지자, 미국 정부는 제재 강화 법안 만들기에 착수했다(프랑스 등은 이것에 반대해 대화를 제안했다).

2005년 6월에 실시된 이란의 대통령 선거에 대해서도 부시 대통령은 선거 제도 자체를 비판하며 인정하지 않았다. 이에 대해 아마디네자드 대통령도 미국이 이란 국민의 존엄과 이익을 준수하는 자세를 보이지 않는다면, 양국 사이에 우호 관계를 맺는 일은 없다고 맞섰다.

그리고 이란이 원자력발전을 추진하면서 은밀하게 핵무기를 개발한다는 의혹이 제기되었다. 이란은 1970년에 핵확산금지조약(NPT, Nuclear Non-Proliferation Treaty)에 가입해 국제원자력기구(IAEA, International Atomic Energy Agency)의 사찰을 받았다. 하지만 2003년 6월, 이란이 비밀리에 핵무기 개발을 한다는 의혹이 제기되었다. 결국 IAEA의 사찰을 받고 나서 우라늄 농축 작업을 일시 중지했다.

이에 대해 아마디네자드 대통령은 우라늄 농축의 전 단계에 해당하는 우라늄 전환 작업을 하는 것은 IAEA에 보고하겠지만, 그 외의 작업에 대해서는 간섭받지 않겠다고 선언했다. 이란으로서는 NPT에도 가입했고 핵의 평화적인 이용을 주장하는 이상, 이렇게 의혹을 제기하는 것을 수긍할 수 없다는 논리였다.

2006년 8월에는 국제연합 안전보장이사회가 채택한 이란 제재 경고 결의도 이란은 단호하게 거부했다. 이란이 미국을 비롯한 국제 사회의 강력한 제재에도 핵무기 개발을 강행할 수 있었던 것은 원유 수출 감축이라는 비장의 무기가 있기 때문이다. 이렇게 에너지 자원을 국제 정치에 이용하는 것이 또 다른 분쟁의 불씨가 되고 있다.

한편 핵 문제에 독자노선을 고수했던 이란은 20개월 동안 국제 사회의 애를 태우다가 결국 2015년 7월에 주요 6개국(미국, 영국, 프랑스, 독일, 중국, 러시아)과 핵 협상을 타결했다. 이란의 핵 개발 프로그램을 제한하는 대신 이란에 가해졌던 제재 조치를 해제한다는 것이 골자였다.

그러나 도널드 트럼프(Donald Trump) 미국 행정부가 2018년 5월에 이란 핵 협상 탈퇴를 공식 선언하면서 이란의 핵 문제는 다시 큰 논란이 되고 있다.

3대 종교의 성지인 중동의 예루살렘

예루살렘은 히브리어로 '평화의 도시'라는 뜻이다

예루살렘이라고 하면 많은 사람이 테러가 빈발하는 위험한 도시를 떠올린다. 사실 예루살렘은 히브리어로 '평화의 도시'라는 뜻으로, 유대교, 기독교, 이슬람교 등 3대 종교(중동에서는 불교를 종교가 아닌 사상으로 이해한다)의 성지이다. 하지만 많은 사람이 알다시피 빈번하게 분쟁이 발생하는 곳이기도 하다. 예루살렘은 오랜 세월 동안 여러 차례 강대국의 침략을 받아서 정치적, 종교적으로 분쟁의 불씨를 안고 있는 셈이다.

기원후 70년, 로마군의 침공으로 이스라엘인들은 졸지에 나라를 잃어버렸다. 이때 로마군은 성벽의 일부만 남기고 예루살렘의 전역을 초토화했다. 132년에는 유대인 시므온 바르 코시바(Simeon Bar

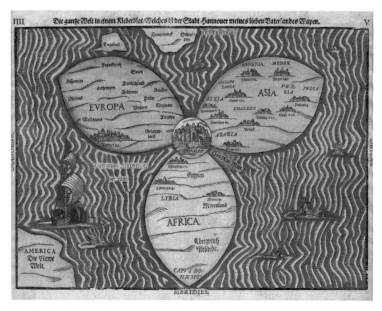

클로버 잎 모양으로 그린 고지도. 1581년 목판화, 마그 데 부르크. 예루살렘이 유럽, 아시아 및 아프리카에 둘러싸인 중심에 있다.

Koseba)가 반란을 일으켜서 수도 예루살렘을 되찾았지만, 135년 반격에 나선 로마군은 예루살렘을 다시 철저히 파괴했다. 그리고 폐허가 된 예루살렘에 흙을 쌓아 올리고 그 위에 로마의 식민도시 '아엘리아 카피톨리나(Aelia Capitolina)'를 세웠다. 현대에 들어와서도 이 도시를 둘러싸고 유대교도와 이슬람교도의 분쟁이 끊이지 않고 있다.

예루살렘은 어떻게 세 개나 되는 종교의 성지가 되었나?

최초로 예루살렘을 성지로 정한 것은 유대교였다. 기원전 1020년경에 세워진 이스라엘왕국의 두 번째 왕 다비드는 무술에 능하고 시, 음악 등 예술에도 뛰어난 재능을 발휘한 지배자였다. 그가 재임하던 시기에 예루살렘은 가나안인의 한 부족인 에브스가 사는 요새 도시로, 이름 그대로 에브스라고 불렸다. 다비드는 왕위에 오르자마자 이 에브스를 공략했다. 군사적 재능이 있던 다비드는 에브스가 요충지라는 것을 간파하고 이곳을 수도로 정했다.

다비드는 여기에 모세가 시나이산에서 신에게 받았다고 하는 십계의 석판을 넣은 궤(ark)를 안치했다. 훗날 그의 아들 솔로몬 왕이 성서의 창세기에 기록된 아브라함이 아들 이삭을 산 제물로 바치려고 한 모리아 언덕에 궤를 놓을 신전을 세움으로써 예루살렘은 성도가되었다. 기원전 960년경의 일이다.

그 후, 바빌론 유수(Babylonian Captivity, 기원전 598년과 기원전 587년에이스라엘의 유다왕국 사람들이 신바빌로니아의 바빌론으로 포로가 되어 끌려간 사건)가 일어나고 로마군에게 예루살렘은 무자비하게 파괴되었는데, 지금까지 남아 있는 솔로몬 왕 시대의 유적은 석벽뿐이다. 이를 '통곡의 벽'이라고 하며 유대교도의 성지가 되었다.

기독교에서 예루살렘은 십자가에 매달려 처형당한 예수가 3일 후에 그리스도(구세주)로 부활한 장소로 신앙의 기원이 된 곳이다. 이 사건을 계기로 예루살렘은 중요한 성지가 되었다.

그리고 이슬람교가 이스라엘의 예루살렘에 성지를 가진다는 것은 무슨 의미일까. 예루살렘을 가리켜 아라비아어로 '알쿠드스(Al-quds, 성지)'라고 한다. 메카의 카바 신전이 있는 방향(키브라)을 바라보고 예배를 하기 전, 이슬람 초기에는 유대교 신자를 따라서 예루살렘의 신전이 있는 방향을 바라보며 예배를 했다. 예언자 무함마드도 마찬

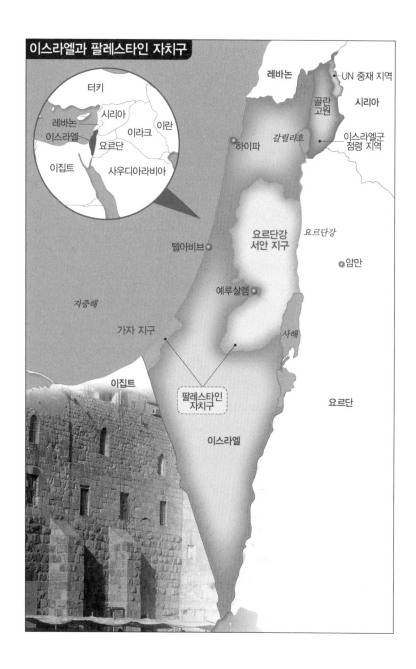

이스라엘과 팔레스타인 자치구

터키
시리아
레바논
이스라엘
요르단
이라크
이란
이집트
사우디아라비아

레바논
UN 중재 지역
골란
고원
시리아
갈릴리호
하이파
이스라엘군
점령 지역

요르단강
서안 지구
요르단강
텔아비브
암만
예루살렘
지중해
가자 지구
사해
이집트
팔레스타인
자치구
요르단
이스라엘

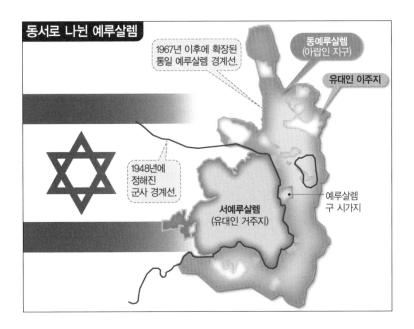

동서로 나뉜 예루살렘

1967년 이후에 확장된
통일 예루살렘 경계선.

동예루살렘
(아랍인 지구)

유대인 이주지

1948년에
정해진
군사 경계선.

예루살렘
구 시가지

서예루살렘
(유대인 거주지)

가지였다.

또한 《코란》에는 무함마드가 죽었을 때, 신이 대천사 가브리엘을 보내어 날개가 달린 천마를 타고 예루살렘을 돌다가 신전의 언덕에서 승천하는 장면이 나온다. 이런 연유로 예루살렘은 사우디아라비아의 메카, 메디나에 이은 이슬람의 중요한 성지가 된다. 신전의 언덕에서 무함마드가 도착한 장소에는 알아크사 모스크(Al-aqsa Mosque, 원격의 모스크)가 서 있고, 승천한 장소에는 바위의 돔이 세워져 있는데, 이 두 개의 모스크가 있는 장소를 가리켜 아라비아어로 하람 알 샤리프(Haram Al-sharif, 고귀한 성역)라고 한다.

예루살렘은 아랍의 도시이면서 3대 종교의 공통 성지로 발전

 예루살렘은 1099년부터 약 1세기 동안에 십자군의 침공으로 기독교도에게 점령되었다가, 이슬람이 십자군으로부터 탈환한 후에는 이슬람교도의 지배하에 들어갔다. 당시 이곳은 이슬람의 성지였으나 기독교도, 유대교도에게도 개방되었다. 그래서 중세에 유럽에서 박해를 받고 쫓겨난 유대인 중에는 예루살렘으로 이주한 사람도 적지 않았다. 예루살렘은 아랍의 도시이면서 3대 종교의 공통 성지로 발전했다.

 하지만 19세기에 들어와서는 가톨릭교회와 유대교도가 정치적인

통곡의 벽(예루살렘 서쪽), 2009년, © Kounosu, W-C

이유로 예루살렘에서의 우위를 주장하며 이슬람교도와 갈등을 빚었다. 20세기에는 국가 재건을 목표로 귀환하는 유대인이 늘어나면서 분쟁이 일어났다.

1948년에 이스라엘은 정식 국가가 되었다. 하지만 제1차 중동 전쟁 후에 예루살렘이 이스라엘(서쪽의 유대인 지구)과 요르단(동쪽의 아랍인 지구)으로 분할되고, 성지가 요르단의 지배에 놓이게 되면서 유대교도의 성지 방문이 금지되었다.

하지만 1967년 6월 제3차 중동 전쟁으로 이스라엘이 아랍을 물리치고 동서 예루살렘을 함께 지배했다. 그 후에도 이스라엘의 지배는 계속되어 1980년에는 이스라엘이 통일 예루살렘을 영원불멸의 수도로 선언하기에 이른다. 하지만 국제 사회가 이를 인정하지 않아서 예루살렘은 상징적인 수도에 지나지 않는다. 그 후에도 예루살렘을 둘러싸고 팔레스타인과 이스라엘 사이에 유혈 사태가 계속되었고, 이로 인해 팔레스타인 문제를 일으키는 원인이 되었다.

앞에서 예루살렘에는 '평화의 도시'라는 뜻이 있다고 설명했는데, 현실에서는 그 이름과 반대로 '민족과 종교의 분쟁'을 상징하고 있다.

히브라이, 이스라엘,
그리고 유대

가나안 땅이 팔레스타인이라고 불리게 된 이유는?

에덴동산에서 쫓겨난 아담과 이브는 카인과 아벨을 낳았다. 카인이 아벨을 죽이고, 낳은 자손 중에 노아의 가족이 선택되었다. 성서에 따르면, 노아의 아들 셈, 함, 야벳은 세계 인류의 조상이 된다. 셈의 자손은 아시리아, 아라비아, 이스라엘 등 서아시아 민족이 되고, 함의 자손은 이집트를 비롯한 아프리카, 가나안(훗날의 팔레스타인)에, 야벳의 자손은 지중해 주변의 해변의 나라에 뿌리내렸다. 셈 계통의 아브라함이라는 남자가 칼데아(메소포타미아)의 우르에 나타나자 절대유일신은 그에게 이주를 권유했다. 아브라함이 가족을 끌고 집을 떠나 가나안에 당도하자, 신이 그 앞에 다시 나타나 '네 자손에게 이 땅을 내리노라'라고 말했다(창세기 제12장 제7절). 또 '히브라이'의 어원 'Eber'는 '저쪽'이라는 뜻으로, 아브라함과 그의 가족들이 유프라테스강 저쪽에서 왔다는 것을 의미한다. 참고로 가나안 땅이 팔레스타인이라고 불리게 된 것은, 기원전 12세기경에 지중해 북부, 크레타섬 부근에서 이주한 '바다의 민족' 필리시테인(Philistines)이 이곳에 이주해 살았기 때문이다.

그런데 아브라함의 가족은 신으로부터 토지를 받았는데도, 기원전 20세기경 기근이 일어나자 풍요로운 땅 이집트로 도망쳤다. 아브라함은 이집트에서 잠시 머물다가, 다시 가나안으로 돌아와서 자식을 낳았다. 우선 노예 하갈과의 사이에서 이스마엘이라는 사내아이가 태어났고, 아내 사라와의 사이에서 이삭이 태어났다. 이스마엘이 태어나자 신은 다음에 탄생하게 될 이삭과 계약을 맺기로 약속하고, 이스마엘을 가리켜 '짐이 그를 축복하노니, 자손을 많이 낳아서 번영하리라. 그는 수장 열두 명의 아버지가 될 것이다'(창세기 제17장 제20절)라고 했다.

지금까지 본 바로는 아담부터 아브라함까지, 유대교, 기독교, 이슬람교의 기원은 같다. 이후, 이슬람교에서는 아브라함(이브라힘)과 아들 이스마엘(이스마일)이 메카의 카바 신전을 세웠고, 예언자 무함마드가 승천한 장소인 바위의 돔은 아브라함이 제단을 세웠다고 본다.

한편, 신은 이삭의 아들 야곱 앞에 나타나서 '너는 신과 사람과 싸워서 이겼노라'(창세기 제32장 제29절)라고 하며 '이스라엘(신의 전사 혹은 신과 싸우는자)'이라고 불렀다. 그리고 '너로부터 하나의 국민, 아니 많은 국민이 일어나고 네 허리에서 왕들이 나온다'(창세기 제35장 제

10~11절)라고 했다. '이스라엘'이라는 호칭은 이때 생기게 되었다.

야곱의 아들 요셉 대에 일족은 이집트로 거주지를 옮겼다. 일족이 모두 이동한 것은 가나안의 땅이 기근에 빠져 있었기 때문이다. '젖과 꿀이 흐르는 땅'이라 칭송받던 곳이 정작 기근으로 먹을 것이 부족했던 것이다.

유대인은 기원전 13세기에 '이스라엘'이란 이름으로 가나안에 정착

성서대로라면 기원전 1650년경부터 약 400년간, 요셉의 자손은 이집트의 보호를 받았고, 모세를 따라 이집트를 극적으로 탈출했다. 성서에서 그들은 이집트의 지배하에서 고통을 받았다고 한다. 탈출하고 황야를 방랑하는 동안에 이집트에서의 풍요로운 삶을 버린 것을 후회한 자도 많았다고 하니 단순히 이집트에서 박해를 받았다고 단정할 수는 없다.

그들은 시나이반도에서 가나안까지 여기저기 방황한 끝에 기원전 13세기에 '이스라엘'이란 이름으로 가나안의 땅에 정착했다. 기원전 11세기에는 이스라엘왕국으로 번영을 누렸고 예루살렘에는 신전도 세웠다. 기원전 10세기에 유대왕국과 이스라엘왕국으로 분열되고, 결국 이스라엘왕국은 멸망의 길을 걸었다.

기원전 586년에는 바빌로니아가 유대왕국을 정복해 왕을 비롯한 1만 명이나 되는 유대인을 포로로 데리고 돌아가는 '바빌론 유수'가 일어났다. 이런 유대왕국의 국민을 '유대인'이라고 한다. 유대왕국이

아일랜드로 떠나는 유대인 가족 일러스트, 1868년, 헨리 에드워드 도일

붕괴된 후 그대로 남은 유대인도 있었으나 이집트 등 주변 나라로 이주한 사람도 적지 않았다. 예루살렘의 신전은 완전히 파괴되어, 유대인에게는 성서밖에 남지 않았다. 유대인에게는 영토도 남아 있지 않았으므로 조국은 성서에 있다는 생각이 이때부터 민족의식으로 자리 잡았다는 게 정설이다.

기원전 538년, 바빌로니아로 끌려간 유대인에게 원래 살던 곳으로 돌아가도 된다는 허락이 떨어졌다. 유대인의 땅 예루살렘에는 다시 신전이 세워졌으나 포로로 잡혀간 유대인 중에는 바빌로니아에 남은 사람도 많았다. 이집트로 도망간 유대인도 정착한 곳에 안주해 돌아가지 않았다. '디아스포라(Diaspora, 팔레스타인 밖에 살면서 유대교적 종교 규범과 생활 관습을 유지하는 유대인과 그들의 거주지를 가리킨다)'가 시작된 것이다.

70년, 로마군의 공격으로 신전이 파괴되면서 나라를 잃고 다시 디아스포라가 시작되었다. 하지만 이미 이 무렵에는 '유대인이 없는 땅을 찾기는 어렵다'라고 기록될 정도로 유대인은 유럽 각지에 퍼져 있었다. 일각에서는 135년에 로마 황제 하드리아누스(Publius Aelius Hadrianus, 오현제의 한 사람으로 하드리아누스 성벽을 구축하고, 게르마니아의 방벽을 강화하는 등 방위를 강화하고 제국의 기초를 닦았다)가 유대인을 박해한 탓에 유대인이 외국으로 뿔뿔이 흩어진 것처럼 말하지만, 사실은 200만 명 가까운 유대인이 이스라엘 북부의 갈릴리로 이주한 것뿐이다.

07

반유대주의를 극복한
유대인의 성공 신화

유대인의 활약이 두드러진 분야는 10세기경 시작한 상업과 금융업

아돌프 히틀러(Adolf Hitler)가 유대인을 박해했다는 것을 모르는 사람은 없을 것이다. 히틀러의 광기와 잔혹함의 희생양이 된 유대인은 유럽에서 기피 대상이었고, 직업과 거주 등에서 차별을 받았다. 물론 지금은 인종 차별과 민족 차별이 완전히 청산되었으며, 절대 있을 수 없는 일이라고 떠들지만 차별은 여전히 계속되고 있다. 특히 기독교는 종교의 성립과 관련되어 있어서 그런지 그 뿌리가 깊다.

신약성서의 '요한복음서'에 유대인이 예수를 십자가에 못 박은 일을 들어 기독교인은 유대인을 용서할 수가 없다. 예수를 재판한 로마 총독 본디오 빌라도(Pontior Pilatos, 로마 티베리우스 황제 때 사마리 · 이도메아 · 유대의 제5대 총독으로 라틴식 이름은 폰티우스 필라투스)는 입증

6장 중동 · 아랍과 유대 — 325

된 범죄가 없으니 예수를 석방하겠다는 뜻을 내비쳤지만, 유대인들은 처벌하라고 항의했다. 또 빌라도가 유월절(逾越節, 기원전 13세기에 이스라엘 사람들의 조상이 이집트에서 탈출한 것을 기념하는 유대인의 축제일) 특사로 예수를 석방하려고 할 때도 유대인들이 거세게 반발해 어쩔 수 없이 예수 대신 폭동과 살인죄로 투옥된 바라바를 석방했다. 배신자 유다와 베드로, 그리고 '예수를 죽이라'라고 합창한 유대인은 기독교인들에게 분노의 표적이 되었다.

기독교가 로마의 국교가 되자 그리스도와 인연이 깊은 팔레스타인 땅에 교회가 세워졌다. 그리고 이곳은 성역이 되어 유대인은 발을 들이지 못하게 되었다.

유대인이 유럽인에게 미움을 산 또 하나의 이유는 선민주의이다. 선민주의란 유대인만이 절대유일신의 선택을 받았다는 뜻이다. 앞에서 설명한 것처럼 이슬람은 포교 과정에서 민족을 뛰어넘어 '무슬림' 혹은 '아랍'으로 모든 것을 포용했다. 기독교 또한 민족과 언어의 경계를 초월해 세계인의 종교로 발전했다.

그런데 유대교는 민족정체성이 유난히 강해 '선택된 민족'만이 종교를 독점한다고 주장했다. 이것이 유대인 이외의 사람들이 반발하는 이유이다. 물론 유대교도가 폐쇄적으로 변한 데는 박해를 받은 것도 한몫했다. 이런 연유로 유대인은 오랜 방랑의 역사를 거치게 된다.

히틀러의 악행에 가려 눈에 띄지 않지만, 유럽 각국에서는 유대인에 대한 괴롭힘과 박해가 심했다. 특히 앞에서 설명한 것처럼 기독교가 로마제국의 국교가 되다시피 한 후, 당시 로마제국의 영향력이 두루 미쳤던 유럽에서 유대인 박해가 광범위하게 일어났다. 로마제국 내에 살던 유대인에 대해서는 기독교도와의 결혼을 금지하고, 기독교 신자를 노예로 갖는 것이 허용되지 않았다. 로마제국이 붕괴된 뒤인 6세기에도 각지에 토지 소유까지 금지되는 등 많은 권리를 박탈당했다. 그래도 유대인은 소작인, 직인(금속세공사, 유리세공사, 피혁 장인, 염색공, 직공 등)으로 일하며 사회에 동화되어 살아갔다.

1095년에 로마 교황 우르바노 2세(Urbanus II, 본명은 오도 드 라주리. 제1회 십자군을 창시한 로마의 교황(재위 1088~1099)으로 교황권의 신장에 노력했다. 이탈리아에 있는 동로마 영토를 회복해 그 지배권을 확립하기도 했다)는 성지 예루살렘을 당시의 지배자였던 아랍으로부터 되찾으라는 명령을 내렸다. 성지순례를 하던 기독교 신자가 수시로 습격과 약탈을 당했기 때문이다. 서둘러 성직자를 불러들여 십자군을 조직했으나 팔레스타인인과 맞붙기도 전에 유대인 박해가 먼저 일어났다. 집이나 가게는 불타서 무너졌고, 수많은 난민이 속출했다. 이런 상황은 13세기가 되어도 나아지지 않아서 많은 유대인이 목숨을 잃었다. 유대인은 기독교도와 같은 옷을 입어서는 안 되고 유대인임을 나타내는 파치(포)를 입어야 했다. 관직에 오르는 것도 금지되었다. 이렇게 사회적 제약을 받다 보니 게토의 전신이 된 유대인 마을에 모여서 살 수밖에 없었다.

유대인들은 이 같은 박해와 차별을 뛰어넘어 여러 분야에서 탁월한 업적을 쌓아나갔다. 그중에서 유대인의 활약이 두드러진 분야는

10세기경 시작한 상업과 금융업이었다. '배금, 탐욕'의 상징으로 종교적으로 부정적인 이미지가 있던 '화폐' 업무를 교회가 유대인에게 일임한 것이 그 기원이었다.

유대인이 금융업에 종사한 다른 이유도 있다. 유대인은 기독교 신자와 함께 도시에서 사는 것이 허용되지 않았고, 교외에서 농사를 지으려고 해도 소작인으로만 가능했기 때문에 엄청난 착취를 당했다. 하지만 금융업에 종사하면 도시에 사는 것이 허용되었다. 유대인은 직업을 선택할 수 있는 폭이 좁아서 할 수 있는 일이 많지 않았다.

금리 제도도 교회가 정했고, 유대인에게는 아무런 결정권이 주어지지 않았다. 그럼에도 불구하고 성공한 사람이 나타났다. 교회를 건설할 때 유대인이 돈을 빌려주고, 전쟁이 일어나면 무기를 조달하기 위해 융자를 해주었다. 마침내 유대인의 재력은 국가 권력을 좌우할 정도로 커졌다. 물론 기독교도가 그것을 그냥 보고만 있을 리 없었다. 기독교도는 유대인에게서 일을 빼앗으려고 했으나 유대인의 번영은 멈출 수 없었다.

전 세계에 연결된 네트워크가 유대인의 사업 확대에 크게 공헌

현재, 유대인이 가장 많이 사는 곳은 미국이다. 미국의 유대인 인구는 약 600만 명으로, 이스라엘에 사는 유대인 인구(약 800만 명)에 버금갈 정도로 많다. 그중에 30퍼센트인 200만 명의 유대인(Jew)이 거주하는 뉴욕은 '쥬욕(Jew York)'이라는 별칭으로 불리기도 한다.

스페인에서 쫓겨난 유대인이 17세기 중반에 신대륙으로 이주를 시작했고, 19세기가 되면서 이주는 더욱 활발해졌다. 프랑스혁명 등으로 유대인을 유럽 사회에 동화시키려는 정책을 펼쳤지만 박해는 근절되지 않아서, 많은 유대인이 신천지를 찾아 아메리카 대륙으로 떠났다.

그들은 주로 금융업, 상업에 진출해 기독교 신자를 상대로 잡화나 옷을 파는 일을 생업으로 삼았다. 독일계 유대인 중에는 투자은행, 백화점 등의 경영자로 성공한 이도 많다.

19세기 말부터 20세기 초까지 동유럽과 러시아에서 유대인을 둘러싸고 일련의 움직임이 있었다. 그때까지 러시아의 혁명 운동에는 다른 민족과 같은 권리를 얻을 수 있다는 조건으로 많은 유대인이 참가해 혁명 러시아의 정치, 문화 등 다양한 분야에 진출했다. 하지만 스탈린 시대에는 민족 이론에 근거해 유대인의 권리를 박탈당하고 심한 박해를 받았다. 이때 미국으로의 이주가 활발해져서 미국에 거주하는 유대인은 약 200만 명까지 늘어났다. 그들 대부분은 숙박업을 비롯해 금융업, 부동산업이나 의약품, 보석, 가죽 제품 등 돈이 되는 업종에는 어디에나 뛰어들었다.

특히 유대인이 미국에서 시작한 일 중에서 가장 주목받은 것이 영화산업일 것이다. 오늘날에는 영화가 최첨단 기술과 관련된 인기 산업으로 인식되지만, 영화산업의 초창기인 19세기 말에는 아무도 거들떠보지 않는 직업이었다.

그런데 많은 사람들의 예상과 달리 영화산업은 번영을 맞이했다.

저렴한 입장권, 격식이 필요 없는 관람 분위기, 무엇보다도 당시에는 무성영화였으므로 여러 민족이 모인 미국에서는 언어와 관계없이 모두 즐길 수 있다는 점이 인기를 끌었다. 유대인이 운영하는 영화관은 미국 전역으로 널리 퍼졌고, 그 재력을 바탕으로 할리우드를 건설했다.

그 외에도 신문방송 등 미디어업계, 청바지로 대표되는 의류업계에서 성공했다. 유대인이 미국에서 이렇게 성공한 데는 유대인의 특수한 환경이 크게 영향을 미쳤다. 앞에서 설명한 것처럼 전 세계로 뿔뿔이 흩어진 유대인의 네트워크가 전 세계에 거미줄처럼 뻗은 것이 사업 확대에 크게 공헌한 것이다.

유대인은 성서를 읽지 않는 것을 죄악시하므로 문맹률이 낮고, 어학에 소질이 뛰어나다. 또 박해와 차별을 받으면서도 유복함을 표면에 드러내지 않고 검소한 삶을 산 것도 성공에 영향을 미쳤다.

08

이스라엘의 건국과 팔레스타인 분쟁

밸푸어 선언으로 유대인이 팔레스타인으로 이주하기 시작

기원 전후부터 나라를 잃고 유럽 각지로 뿔뿔이 흩어진 유대인은 온갖 박해를 받으며 유럽 사회의 주변부에서 살아왔다. 하지만 프랑스혁명으로 촉발된 근대적 시민의식이 유럽 전역으로 확산되는 가운데, 사회에서 격리된 유대인 집단이 주목을 받았다. 그리고 유럽 각국은 유대인에게 시민권을 주고 사회에 동화시키려는 정책을 적극적으로 시행했다.

19세기, 유대인은 표면상으로는 서구 사회에 동화된 듯 보였지만 차별은 여전했다. 차별하는 측에서는 유대인과 동화될까 봐 두려워했고, 이것이 증오심을 부추기는 원인이었다.

이처럼 유대인을 증오하고 동화하는 것을 거부하는 사람들이 생각

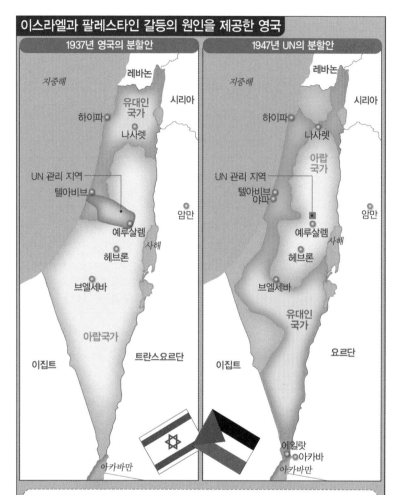

이스라엘과 팔레스타인 갈등의 원인을 제공한 영국

1937년 영국의 분할안

지중해
레바논
유대인 국가
하이파
나사렛
시리아
UN 관리 지역
텔아비브
예루살렘
암만
헤브론
사해
브엘세바
아랍국가
이집트
트란스요르단
아카바만

1947년 UN의 분할안

지중해
레바논
하이파
나사렛
시리아
아랍 국가
UN 관리 지역
텔아비브
야파
암만
예루살렘
사해
헤브론
브엘세바
유대인 국가
이집트
요르단
에일랏
아카바
아카바만

팔레스타인 분할안

팔레스타인 분할안은 1947년에 팔레스타인 문제 해결을 위해서 유엔이 제안한 내용으로 팔레스타인 지역을 유대인 국가, 아랍인 국가, 예루살렘으로 분할하는 안건이다. 유엔총회에서 팔레스타인 분할 결의안은 찬성 33, 반대 13, 기권 10으로 통과가 되었다. 그리고 예루살렘은 유엔이 관할하는 특별지역으로 지정되었다. 유대인들은 이 결의안을 환영했지만 팔레스타인은 격렬하게 반대했다. 당시 인구 비율에서 아랍인의 3분의 1, 전체 면적의 7%만을 소유하고 있던 유대인들에게 팔레스타인 전체의 56%를 분할한다는 내용이 골자였기 때문이다.

팔레스타인의 아랍인들은 분노했고, 중동의 반미주의도 이때부터 싹트게 되었다. 이 분할안은 미국과 소련의 주도로 통과되었으며, 영국은 기권했다.

해낸 방법은 유대인을 자기들 나라에서 쫓아내는 것이었다. 유대인도 자신들에게 쏟아지는 편견과 박해가 생긴 것은 나라가 없고 소수인 탓이라 여기고 시온(예루살렘의 다른 이름)의 땅으로 돌아가기를 간절히 바랐다. 이렇게 각자 동기는 달랐으나 유럽 사회의 일반적인 유대인 문제의 해결 방안은 자연스레 이스라엘 건국으로 모아졌다.

1917년, 제1차 세계대전이 일어나자 유대인 과학자 하임 바이츠만(Chaim Azriel Weizmann, '이스라엘공화국 건설의 아버지'로 불리며 시오니즘 운동을 주도한 정치가이자 화학자. 제1차 세계대전 때 영국에서 폭약 제조에 쓰이는 아세톤의 대량 생산법을 개발했다)은 영국을 위해 새로운 폭약을 개발해 승리에 공헌했다. 그의 친구이자 영국의 외무대신 밸푸어(Arthur James Balfour, 영국의 정치가. 영일 동맹과 영국-프랑스 협약 등을 체결한 외교 정책의 주역)는 그 보답으로 영국의 귀족이자 유대인인 '월터 로스차일드(Walter Rothschild)'에게 팔레스타인 지방에 국가 건설을 지원한다는 편지를 보냈다. 이 편지로 인해 이스라엘을 건국하게 했는데, 보통 '밸푸어 선언'이라고 한다.

그런데 이 일이 있기 2년 전인 1915년에 아서 맥마흔(Arthur Henry McMahon)은 당시 영국과 싸우던 오스만제국에 아랍이 대항한다면 아랍에 중동의 영토를 준다고 약속했다. 그리고 뒤에서는 프랑스, 러시아와도 전후의 중동 지역 분할을 협의하면서 직접 지배하려고 했다. 오래도록 회자된 '영국의 이중 외교'라는 말이 여기에서 나온 것이다. 이후 끝이 보이지 않는 분쟁이 일어났고, 수많은 사람들이 피를 흘리는 결과를 초래했다.

20세기 초, 팔레스타인 지방에는 유대인이 3만여 명밖에 없었다. 하지만 밸푸어 선언에 마음이 움직인 유대인이 팔레스타인으로 이주하기 시작했다. 나치 독일의 불안한 움직임에 위협을 느끼고 이주하는 자도 적지 않았다. 즉, 이주 초기부터 원래 팔레스타인 지방에 살던 아랍인과 분쟁을 일으킬 불씨를 안고 있던 셈이다.

1921년 팔레스타인 지방에 영국의 위임 통치령이 내려지고, 그때까지 터키의 지배지였던 중동에 국경선이 그어졌다. 그리고 처음으로 '팔레스타인'이라는 지역이 확정되었고, 땅의 주인도 다른 아랍인과 구분해 '팔레스타인인'이라고 부르게 되었다.

1936년에는 아랍인이 유대인 개척자에게 대규모 테러 공격을 감행했는데, 이 무렵에는 유럽에서 15만 명이 넘는 유대인이 이주한 상태였다.

1939년에 영국은 유대인의 팔레스타인 이주를 5년 동안 7만 5,000명 이하로 제한하기로 했다. 그사이에 유럽에서는 히틀러의 대량학살이 자행되어 수많은 유대인이 팔레스타인으로 몰려들었으나, 영국은 무정하게도 그들의 상륙을 인정하지 않았다. 그래서 시온을 눈앞에 두고 추방되어 죽음을 맞이한 유대인도 적지 않았다.

영국은 유대인과 아랍인 양쪽으로부터 적대적인 감정을 불러일으키고 테러 위협을 받게 되자, 1947년에 국제연합에 팔레스타인 문제를 위임했다. 국제연합은 서둘러 팔레스타인을 아랍 국가와 유대 국가, 둘로 나누기로 한다. 하지만 원래 그곳에 살고 있던 아랍인이 그 결정에 찬성할 리가 없었다.

이스라엘의 독립 선언으로 제1차 중동 전쟁이 발발

1948년 5월 14일, 영국군이 팔레스타인에서 물러나자 다비드 벤구리온(David Ben-gurion, 이스라엘 정치가·시오니즘 지도자)이 텔아비브에서 이스라엘의 독립을 선언했다. 그다음 날에는 이스라엘의 건국에 반기를 든 이집트, 요르단, 이라크, 시리아, 레바논이 이스라엘의 건국을 막으려고 침공해 제1차 중동 전쟁이 일어났다. 아랍 병력이 워낙 압도적이라서 이스라엘이 잠시도 버티지 못할 것이라고 예상했으나, 예상을 깨고 소수 정예인 이스라엘이 승리했다. 그리고 이것이 실질적인 이스라엘의 독립 전쟁이 되었다.

이 전쟁의 여파로 팔레스타인에 살던 약 100만 명의 아랍인이 '팔레스타인 난민'으로 떠돌게 되었다. 그리고 팔레스타인 난민을 돕기 위해 1964년에 팔레스타인해방기구(Palestine Liberation Organization, 전 세계적으로 445만 명으로 추산되는 팔레스타인인을 대표하는 정치 조직)가 결성되었다.

그 후, 1973년에 일어난 제4차 중동 전쟁에서는 개전 초 이집트와 시리아의 연합군이 우세했으나, 이스라엘이 곧 반격에 나서 팔레스타인 지방의 지배권을 유지했다. 이를 계기로 석유수출국기구(OPEC)에 가입한 페르시아만 연안의 6개국이 원유 공시 가격의 인상과 원유 생산의 감축으로 이스라엘을 지원하는 국가에 대해 수출을 금지하는 조치를 취하자 제1차 오일 쇼크가 일어났다.

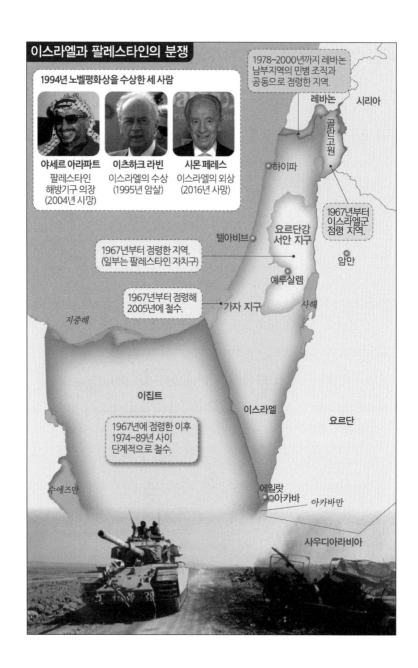

이스라엘과 팔레스타인의 분쟁

1994년 노벨평화상을 수상한 세 사람

야세르 아라파트
팔레스타인
해방기구 의장
(2004년 사망)

이츠하크 라빈
이스라엘의 수상
(1995년 암살)

시몬 페레스
이스라엘의 외상
(2016년 사망)

1978~2000년까지 레바논
남부지역의 민병 조직과
공동으로 점령한 지역.

레바논

시리아

골란고원

하이파

요르단강
서안 지구

1967년부터
이스라엘군
점령 지역.

텔아비브

1967년부터 점령한 지역.
(일부는 팔레스타인 자치구)

암만

예루살렘

1967년부터 점령해
2005년에 철수.

가자 지구

사해

지중해

이집트

이스라엘

요르단

1967년에 점령한 이후
1974~89년 사이
단계적으로 철수.

수에즈만

에일랏
아카바

아카바만

사우디아라비아

팔레스타인해방기구는 비행기 납치 등의 테러 활동을 통해 국제 사회에 팔레스타인 문제 해결을 호소했으나 이스라엘은 물러서지 않았다. 1987년에 문제가 해결되지 않은 것에 분노한 팔레스타인 난민이 가자 지구와 요르단강 서안에서 봉기했다(Intifada, 팔레스타인 사람들의 이스라엘에 대한 저항 운동).

1988년 말 아라파트 팔레스타인해방기구 의장은 제네바의 국제연합 특별총회에서 연설을 통해 팔레스타인 국가가 수립했음을 선언하는 동시에 테러를 멈추고 팔레스타인의 생존권을 승인하라고 주장했다. 1990년에 이라크가 쿠웨이트를 침공한 것을 계기로 걸프 전쟁이 발발했다. 걸프 전쟁이 종결된 후, 페르시아만 연안의 나라로부터 재정 원조가 끊기면서 팔레스타인해방기구는 이스라엘과의 평화·공존 노선을 한층 강화하게 되었다.

1991년 10월, 마드리드에서 중동평화회의가 개최되고, 1993년 9월에 팔레스타인의 자치와 이스라엘의 생존권을 인정하는 팔레스타인잠정자치협정이 조인되었다(1993년 9월 13일에 이스라엘의 라빈(Yitzhak Rabin) 수상과 팔레스타인해방기구의 아라파트 의장이 합의한 오슬로협정. 이 협정으로 이스라엘은 PLO를 합법적인 팔레스타인 정부로 인정하고, PLO도 이스라엘의 존재를 인정해 공존의 가능성을 제시했다). 그리고 1994년에는 팔레스타인해방기구의 아라파트 의장과 이스라엘의 라빈(Yitzhak Rabin) 수상, 페레스(Shimon Peres) 외상이 노벨평화상을 수상했다.

하지만 1995년 11월, 평화반대파의 유대인 청년에게 이스라엘의 라빈 수상이 암살당했다. 이로써 중동 평화의 길에 또다시 암운이

서안 지구의 분리 장벽

레바논

시리아

골란고원

이스라엘 관할 지역

팔레스타인 자치정부 관할 지역

1967년 6일 전쟁 이전 국경

요르단

마흐무드 압바스
(팔레스타인 자치정부 수반)
요르단강 서안 지구를 장악하고 있다.

텔아비브

요르단강
서안 지구

라말라(수도)

이스라엘

예루살렘

베들레헴

헤브론

사해

분리장벽 등 이스라엘의 접경 봉쇄시설

분리 장벽
아리엘 샤론 이스라엘 수상 정부가 2002년에 요르단 강 서안에 건설한 장벽이다. 명분은 팔레스타인 무장단체들의 테러 공격 차단이지만, 이 거대한 장벽을 둘러싸고 통제가 엄격해서 거의 모든 것이 차단되고 있다. 이 장벽은 총 길이가 730km이고, 건설비용만 해도 약 4조 원에 달한다고 알려져 있다. 콘크리트 기반에 5m 높이의 철조망으로 이루어진 장벽 한쪽에는 4m 깊이의 도랑이 파져 있으며, 전기감지기, 2차선 순찰도로가 갖춰져 있다.

드리워졌다. 이스라엘에서는 여당인 노동당이 평화추진파였고, 야당인 리쿠드당이 평화반대파였다. 1996년에는 리쿠드당의 네타냐후(Benjamin Netanyahu) 수상이 집권하고, 1999년에는 노동당의 바락(Ehud Barak) 수상이 집권했지만 아랍과의 관계에 별다른 진전이 없었다.

2000년 7월에는 캠프 데이비드에서 열린 회담에서 미국이 예루살렘 분할안을 제안해 중동 평화에도 서광이 비쳤으나 팔레스타인의 아라파트 의장이 이를 거부했다. 9월에는 이스라엘의 야당 리쿠드당의 당수 샤론(Ariel Sharon, 훗날 이스라엘 수상이 된다)이 예루살렘의 이슬람 성지 신전의 언덕을 방문해 아랍을 자극함으로써 알아크사 인티파다(봉기)를 유발했다. 그 후에는 자살 폭탄 테러가 연이어 발생하면서 양측의 대립이 격렬해져서 수많은 사상자가 발생했다.

그리고 2001년 9월 11일, 미국에서 동시다발 테러가 일어났다. 전대미문의 폭탄 테러에 전 세계가 놀랐다. 미국은 테러 조직과 끝까지 싸우겠다고 선언하는 동시에 중동 평화의 실현을 위해 적극적으로 나서겠다고 표명했다. 아라파트 의장 또한 자살 폭탄 테러를 비롯한 모든 무장 투쟁을 금지한다고 선언했다. 2002년 3월에는 사우디아라비아의 압둘라 황태자(Abdullah bin Abdulaziz al-Saud, 2005년에 국왕에 취임)가 이스라엘이 점령지에서 물러나는 것을 조건으로 이스라엘과의 관계를 정상화할 것을 제안했고, 아랍수뇌회의에서도 이것을 승인했다. 하지만 테러는 여전히 계속되었다.

이스라엘이 설치한 분리 장벽.

이스라엘은 팔레스타인과의 경계에 분리 장벽을 건설하기 시작

　2002년, 이스라엘은 팔레스타인과의 경계에 분리 장벽을 건설하기 시작했다. 지역에 따라서는 팔레스타인의 영역까지 침범하는 부당한 행위도 일삼았다. 이스라엘은 테러 활동과 범죄 방지를 위해서라고 했다. 장벽의 건설로 팔레스타인인은 토지를 빼앗기고 가족과 헤어지는 등 또다시 고통을 받게 되었다.

　2003년 4월 미국, EU(유럽연합), 러시아, 국제연합은 이스라엘과 팔레스타인 두 나라가 공존하는 길을 제시한 '로드맵'을 발표하고, 이스라엘과 팔레스타인 쌍방이 이 제안을 받아들인다고 표명했다. 같은 해 6월과 7월에는 부시 미국 대통령, 아바스(Mahmoud Abbas) 팔레스타인 수상, 샤론 이스라엘 수상이 함께 참석한 수뇌회담을 열었다. 이 회담 결과 이스라엘은 팔레스타인 자치구 일부에서 철수하고, 봉쇄 시설을 완화하고 이동의 자유를 보장하기로 합의했다. 팔레스타인 측도 일시 정전을 표명하고, 일부 과격파를 적발하는 데 착수했다.

2004년에 국제연합 총회가 분리 장벽의 철거를 요구하는 결의안을 채택하고, 국제사법재판소도 위법이라는 견해를 표명했지만 이스라엘은 귀담아듣지 않았다. 같은 해 11월에 아라파트 의장이 사망하자 아바스 전 수상이 팔레스타인해방기구 의장을 맡았다. 그리고 2005년 1월에는 팔레스타인 자치정부의 대통령으로 취임했다.

2005년 4월에는 미국의 부시 대통령과 이스라엘의 샤론 수상이 회담을 열고 같은 해 8월에 가자 지구 내 유대인 정착촌에서 이스라엘이 철수하는 것을 논의했다. 하지만 이 회담의 이면에는 요르단강 서안 지구에 있는 유대인 정착촌을 그대로 남겨두려는 노림수가 있었다. 8월 17일에 가자에서 치안부대가 철군 작업을 시작하고 얼마 안 있어 가자 지구의 유대인 정착촌이 해체되었다. 하지만 이것은 국제사회의 관심을 돌리기 위한 이스라엘의 연출에 불과했다.

2006년 1월에 치러진 팔레스타인 총선거에서는 하마스(HAMAS, 1987년 이스라엘에 저항하는 팔레스타인 무장 단체로 창설해 저항 활동을 전개해오다가 2006년에 팔레스타인 자치정부의 집권당이 되었다)가 파타(Fatah, 1956년 '팔레스타인민족해방운동'이라는 이름으로 창설되었으며, 1965년경부터 무장 투쟁을 전개해오고 있다)를 이기고 제1당이 되어, 파타의 아바스가 대통령으로 있는 가운데 하마스의 하니야(Ismail Hanieh)가 수상에 취임했다. 하마스는 과거 팔레스타인 민중으로부터 시작된 저항 운동인 인티파다를 계기로 태어난 조직으로 가자 지구를 거점으로 삼았다. 하마스란 이름은 이슬람 저항 운동을 의미하는 아라비아어의 머리글자에서 따왔다.

6월 27일에는 아바스 대통령과 하니야 수상이 1967년의 국제연합 정전 협의에 근거해 국경선을 합의했다. 하지만 지금에 와서 그 국경선을 이스라엘이 받아들일 리가 없었다. 이스라엘은 국제적으로 비난을 받으면서도 미국의 비호를 등에 업고 유대인 정착촌을 확대했기 때문이다.

09

중동의 화약고,
레바논의 종교 분쟁

고대 레바논은 지중해를 지배한 페니키아인의 심장부

레바논도 중동에서 분쟁이 끊이지 않는 나라이다. 1991년 내전이 종결되면서 2004년까지는 분쟁의 상처를 털어내고 부흥하려는 움직임도 보였는데, 분쟁의 이유를 알아보기 위해 레바논의 역사를 거슬러 올라가 보자.

레바논은 지중해 연안에 자리한 나라이며, 수도 베이루트는 '지중해의 진주'라는 형용사가 붙은 관광지로 옛날부터 번영을 누렸다. 레바논에는 '하얀(설산)'이라는 의미가 있다. 남북으로 길게 뻗은 지형에 해발 2,000미터 이상의 산이 줄줄이 이어진 레바논산맥이 있다. 겨울에는 눈 덮인 레바논산맥이 장관을 이루어 '중동의 스위스'라고도 한다.

1289년 4월에 맘루크 왕조에게 함락된 트리폴리.

고대 레바논은 페니키아인의 땅이었다. '하얀색'이 레바논을 나타
낸다면, 페니키아는 '심홍색(불사조 벼슬의 색깔)'이 상징색이다.

기원전 3000년 전부터 이 지역은 이집트와 메소포타미아의 목재
공급지였다. 목재가 풍부한 산악 지형인 데다 배를 건조하는 솜씨가
뛰어나서 기원전 13세기경부터 지중해 각지에 진출해 도시를 건설했
다. 기원전 6세기에는 그중 하나인 북아프리카의 카르타고(현재의 튀
니지)를 중심으로 지중해의 패권을 차지했다. 또 알파벳의 기원이 되
는 페니키아문자를 고안하고, 교역을 통해 주변 국가의 문화를 흡수
해 주변의 어떤 국가보다 경제적·문화적으로 우위에 있었다. 그런
페니키아인의 후예임을 자부하는 레바논인, 특히 마론파(Maronites,
동방정교회에 속하는 한 종파로, 그 시초는 5세기로 거슬러 올라간다. 오늘날
마론파는 레바논에서 가장 유력한 종교 집단의 하나이다) 기독교도 사이에
서 20세기 중반에 민족과 문화의 우수성을 주장하는 페니키아주의
운동이 일어났다.

로마 시대에 레바논 일대는 로마가 기독교를 국교화하면서 기독
교가 성행했다. 레바논의 기독교는 5세기 초기부터 마론파가 득세했
다. 마론파는 그리스도 단의설(Monotheletism, 성육신의 그리스도는 신인
양성을 갖추고 있으나, 오직 하나의 의지를 가지고 있다는 그리스도론의 한 학
설)을 근간으로 하여 성 마론이 창시한 일파로, 680년에 콘스탄티노
플 공회의에서 이단으로 규정되었다. 마론파는 훗날 이슬람교도와의
전쟁을 피해 산악 지대로 은둔한 덕에 별다른 박해를 받지 않고 존속
할 수 있었다.

하지만 11세기에 이슬람에서도 소수파인 시아파, 그중에서도 독특한 교리를 가진 드루즈파(Druze)가 산악 지대로 거점을 옮겼다. 이때 북부에는 마론파 기독교도, 남부에는 드루즈파 이슬람교도가 살게 되었는데, 갑작스러운 인구의 증가로 충돌이 일어나는 것은 시간문제였다. 1860년, 오스만제국 시대에 드루즈파 이슬람교도가 마론파 기독교도를 학살하는 사건이 일어났다. 이때, 유럽에서 프랑스가 마론파를 지원해 마론파를 위한 자치구를 확보했다.

레바논은 각 종파의 인구에 맞게 의원 수가 결정된다

제1차 세계대전에 패한 후 오스만제국이 붕괴하자 레바논과 시리아는 프랑스의 위임통치령이 되었다. 그리고 레바논의 자치구를 바탕으로 양국의 국경이 확정되고, 1943년에 독립했다.

레바논에서는 프랑스의 지원을 받아 당시 최대 종파가 된 마론파 기독교도가 실권을 잡았다. 레바논은 각 종파의 인구에 맞게 의원 수가 결정된다(레바논 국민협약). 그래서 대략 계산하면 기독교도가 6, 이슬람교도는 5의 비율이었다.

그런데 얼마 안 있어 각 종파의 인구에 변화가 찾아왔다. 1960년대에는 이슬람 인구가 눈에 띄게 늘어났는데, 주도권을 잃고 싶지 않았던 마론파 측은 종파별 인구조사를 거부했다(1980년대 실시한 조사에서 기독교 신자가 110만 명이고, 이슬람교 신자가 190만 명이었다). 한편 이슬람 측에서는 강경파가 팔레스타인해방기구와 결합해 기독교 신자를 탄압하자고 주장했다.

마침내 1975년에 내전이 발발했다. 1년 9개월에 걸친 내전은 시리아군의 개입으로 진정되었으나 사망자 6만 명, 피해자 170만 명이 나올 정도로 큰 피해를 입었다. 팔레스타인해방기구는 이 기회를 놓치지 않고 게릴라 활동의 거점으로 레바논 남부를 점거했다. 이스라엘군이 레바논 남부를 목표로 군사행동에 나서는 데는 이런 배경이 있었다.

시리아군의 레바논 주둔도 내란의 한 요인이었다. 팔레스타인해방기구가 남부에 거점을 두고 이스라엘과 전투를 시작하자, 원래부터 그곳에 살던 시아파 이슬람교도가 수도 베이루트로 피신했다. 1980년대에는 수니파가 드루즈파와 주도권 다툼을 시작했다. 마론파 내부에서도 친시리아파, 반시리아파로 나뉘어 분쟁이 일어나면서 레바논 국내 상황은 점점 혼란에 빠졌다.

아랍 국가들은 레바논의 평화를 위해 1989년에 사우디아라비아의 타이프에서 종파별 불평등을 개선하고, 시리아군의 부분 철군을 결의한 국민화해헌장(타이프협정)을 채택했다. 이런 노력에도 1990년에 시리아군의 철군 시기를 둘러싸고 대립해 총격전이 펼쳐졌지만 시리아가 개입해 분쟁이 종결되었다. 그리고 마침내 기독교도와 이슬람교도의 국회 의석 배분이 종래의 6 대 5에서 5 대 5로 변경되고, 헤즈볼라 민병 조직이 무장 해제하면서 4년마다 국정 선거가 실시되는 등 레바논 국내의 정세가 정상화되었다.

레바논과 이스라엘의 대치

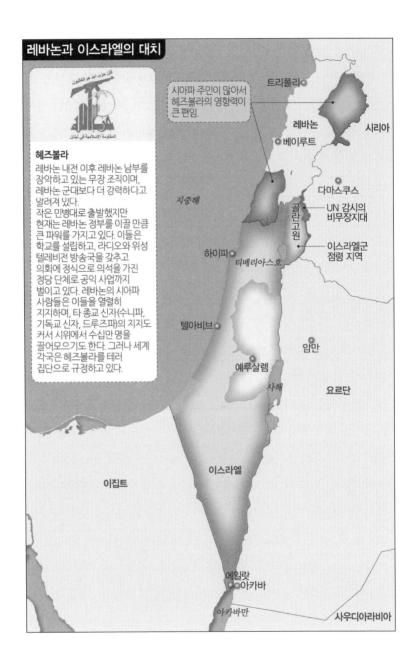

헤즈볼라

레바논 내전 이후 레바논 남부를 장악하고 있는 무장 조직이며, 레바논 군대보다 더 강력하다고 알려져 있다.

작은 민병대로 출발했지만 현재는 레바논 정부를 이끌 만큼 큰 파워를 가지고 있다. 이들은 학교를 설립하고, 라디오와 위성 텔레비전 방송국을 갖추고 의회에 정식으로 의석을 가진 정당 단체로 공익 사업까지 벌이고 있다. 레바논의 시아파 사람들은 이들을 열렬히 지지하며, 타 종교 신자(수니파, 기독교 신자, 드루즈파)의 지지도 커서 시위에서 수십만 명을 끌어모으기도 한다. 그러나 세계 각국은 헤즈볼라를 테러 집단으로 규정하고 있다.

시아파 주민이 많아서 헤즈볼라의 영향력이 큰 편임.

트리폴리

레바논

베이루트

시리아

다마스쿠스

UN 감시의 비무장지대

골란고원

이스라엘군 점령 지역

지중해

하이파

티베리아스호

텔아비브

암만

예루살렘

사해

요르단

이스라엘

이집트

에일랏

아카바

아카바만

사우디아라비아

레바논이 '종교의 모자이크 국가'로 불리는 역사적 배경

다음으로 레바논이 '종교의 모자이크 국가'로 불리는 역사적 배경을 살펴보자.

내전 종결 후 레바논에서는 재건 작업이 진행되었다. 레바논 남부에 주둔하던 이스라엘군도 2000년 5월에 철군했고, 철군 후에는 헤즈볼라가 레바논 남부를 거점으로 삼았다. 하지만 그 후에도 레바논은 시리아의 영향력에서 벗어나지 못했다.

사실 2004년 11월에는 대통령 선거가 예정되어 있었으나, 시리아의 입김이 작용해 친시리아파인 라후드(Emile Geamil Lahoud) 대통령의 임기가 3년 연장되는 일까지 있었다. 그후 이런 움직임에 대해 국제 사회의 압력이 거세지자, 국내에서는 국제 사회의 압력에 대해 유연하게 대응해야 한다고 주장하는 하리리(Rafic Baha El Deen Al-Hariri) 수상과 라후드 대통령이 대립했다.

그리고 2004년 10월에 하리리 수상이 사임하고, 다음 해 2월에 암살되었다. 이후 베이루트 시내와 근교의 기독교도 거주 구역에서 암살 및 폭탄 테러 사건이 연이어 발생하면서 레바논의 치안 상태는 악화되었다.

헤즈볼라도 남부 지역의 영토에 대해 문제를 제기했다. 국제연합은 이스라엘이 남레바논에서 철군을 완료한 것을 확인했다고 했으나, 이스라엘이 여전히 일부 지역에서 철군하지 않은 상태였다. 레바논은 이스라엘군의 철군을 요구하며 저항 운동을 계속하고 산발적인

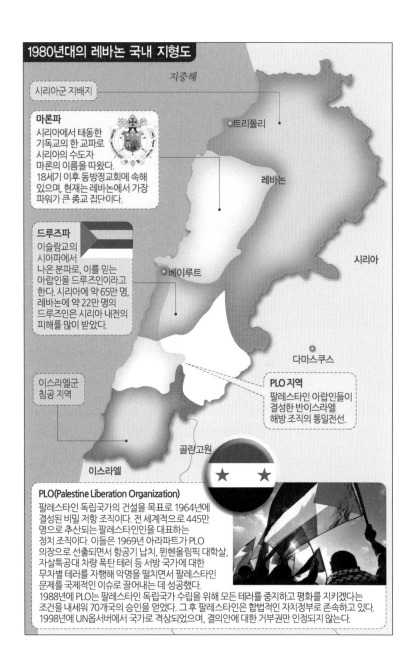

1980년대의 레바논 국내 지형도

지중해

시리아군 지배지

마론파
시리아에서 태동한 기독교의 한 교파로 시리아의 수도자 마론의 이름을 따왔다. 18세기 이후 동방정교회에 속해 있으며, 현재는 레바논에서 가장 파워가 큰 종교 집단이다.

트리폴리

레바논

드루즈파
이슬람교의 시아파에서 나온 분파로, 이를 믿는 아랍인을 드루즈인이라고 한다. 시리아에 약 65만 명, 레바논에 약 22만 명의 드루즈인은 시리아 내전의 피해를 많이 받았다.

베이루트

시리아

다마스쿠스

이스라엘군 침공 지역

PLO 지역
팔레스타인 아랍인들이 결성한 반이스라엘 해방 조직의 통일전선.

골란고원

이스라엘

PLO(Palestine Liberation Organization)
팔레스타인 독립국가의 건설을 목표로 1964년에 결성된 비밀 저항 조직이다. 전 세계적으로 445만 명으로 추산되는 팔레스타인인을 대표하는 정치 조직이다. 이들은 1969년 아라파트가 PLO 의장으로 선출되면서 항공기 납치, 뮌헨올림픽 대학살, 자살특공대 차량 폭탄 테러 등 서방 국가에 대한 무차별 테러를 자행해 악명을 떨치면서 팔레스타인 문제를 국제적인 이슈로 끌어내는 데 성공했다. 1988년에 PLO는 팔레스타인 독립국가 수립을 위해 모든 테러를 중지하고 평화를 지키겠다는 조건을 내세워 70개국의 승인을 얻었다. 그 후 팔레스타인은 합법적인 자치정부로 존속하고 있다. 1998년에 UN옵서버에서 국가로 격상되었으며, 결의안에 대한 거부권만 인정되지 않는다.

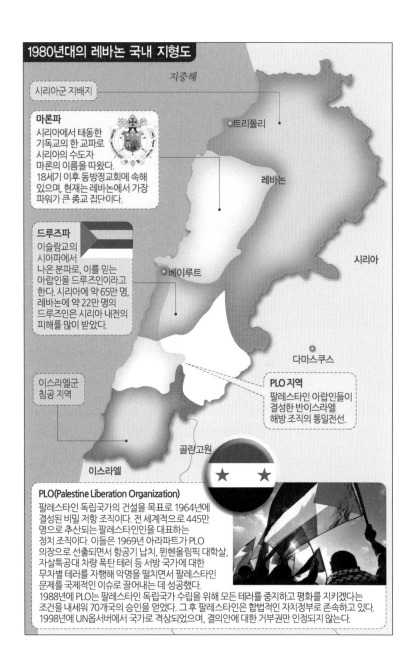

교전을 벌였다. 이 일의 연장선상으로 2006년 7월 12일에 이스라엘과 레바논 사이에 격렬한 전투가 벌어졌다. 헤즈볼라가 이스라엘 병사를 포로로 잡고, 이스라엘 형무소에 수감된 동료의 석방을 요구했기 때문이다.

헤즈볼라는 아라비아어로 '신의 당'을 의미하며, 하마스와 달리 시아파 조직으로 1982년에 이스라엘이 레바논을 침공한 직후에 조직되었다. 이란이나 시리아에서 무기와 자금의 지원을 받으면서 이스라엘에 대한 무력 저항 운동을 하는 한편, 이슬람의 부흥과 이슬람공화국의 수립을 목표로 한다. 그리고 이슬람교의 상호 부조 이념에 바탕을 두고 빈민을 원조하고 학교와 병원을 운영하며, 레바논 정부의 공인 정당으로 각료도 배출했다.

레바논은 이스라엘과 2006년 8월 14일에 정전에 합의했다. 합의 후에도 일부 지역에서 충돌이 일어나기는 했지만, 9월에 이스라엘군이 레바논의 국경 봉쇄를 해제함으로써 두 나라는 평화를 향해 한발 다가섰다. 하지만 분쟁의 역사를 돌이켜보면 이것이 영구적인 평화로 이어질지는 의문이다.

10

나라가 없는
쿠르드 민족의 비극

쿠르드인은 나라가 없는 민족 중 세계 최대의 민족

중동의 정세는 하루가 다르게 변하고 있다. 그런 중동 정세에서 강대국의 이해관계에 따라 이리저리 휘둘리는 민족이 있다. 바로 쿠르드 민족이다.

쿠르드인은 나라가 없는 민족 중 세계 최대의 민족이다. 페르시아어계 쿠르드어를 쓰고, 종교는 이슬람 수니파가 많다. 인구는 2,500만 명에서 3,000만 명으로 추산된다. 터키, 이라크, 이란의 산악 지대에 있는 그들의 거주지를 가리켜 쿠르디스탄(Kurdistan, 쿠르드족이 압도적 다수를 차지하는 고원과 산악으로 이루어진 지역)이라고 한다.

이렇게 광대한 지역, 그리고 한 나라를 구성하기에 충분한 인구를 갖추고 있음에도 역사상 쿠르드인은 나라를 가진 적이 거의 없다. 과

쿠르드족이 거주하는 지역

쿠르드인 분포

흑해
러시아
우즈베키스탄
앙카라
조지아
카스피해
아르메니아 아제르바이잔
1,400만 명 터키
쿠르드인 자치구
(이라크 북서부)
투르크메니스탄
키프로스
100만 명
키르쿠크
테헤란
지중해 레바논
시리아
바그다드
이란 600만 명
410만 명 이라크
요르단
쿠웨이트
이집트
사우디아라비아
카타르
아랍에미리트
오만
수단
아라비아해

쿠르드족 분리·독립 투표를 둘러싼 각국 입장

이라크	키르쿠크주 등 주요 유전 지대 상실 우려에 반대
터키, 이란, 시리아	자국 내 거주하는 쿠르드족 동요 우려에 반대
미국, EU, 사우디	IS 격멸 후 중동 질서 혼란 우려에 독립 투표 연기
이스라엘	유랑 민족 공통점과 중동 교란 노려 적극 지지

쿠르드족

메소포타미아 지역(현재 터키의 동남쪽, 시리아 북서쪽, 이라크의 북쪽, 이란의 북서쪽, 아르메니아의 남쪽)의 토착민들을 말한다. 지금까지 자신들의 나라를 가져본 적이 없고 뿔뿔이 흩어져 살았지만 문화와 언어, 인종이 비슷하고 강력한 민족성을 가지고 있다. 대부분 이슬람 수니파이며 인구는 2,500만 명~3,000만 명 정도로 추정된다. 각국에서 독립, 자치요구 활동이 활발하며, 형식적으로나마 자치가 제도화되어 있는 것은 1970년에 쿠르드 자치구가 세워진 이라크뿐이다.

A RAID BY KURDS

거에는 페르시아나 이슬람 왕조의 지배를 받았고, 17세기에는 이란의 사파비 왕조와 오스만제국의 지배를 받았다. 근대 이후에 일으킨 민족주의 운동도 강대국에 이용되기만 하고 결실을 맺지 못했다.

예를 들어, 제1차 세계대전 후에 오스만제국이 붕괴하자 영국과 프랑스가 오스만제국의 영토를 분할하기로 마음대로 결정했다. 이때, 영국과 프랑스는 당시에 제창되었던 '민족자결'의 원칙에 따라 현 터키령에 쿠르드인 국가를 건설하는 것을 승인했다. 영국과 프랑스의 목적은 오스만제국의 영토 계승을 최소한으로 억제하는 것이었다. 하지만 케말 파샤가 이끄는 터키의 민족 운동이 성공하자 터키공화국이 수립되면서 쿠르드인의 국가를 건설하겠다는 꿈은 무산되어 버렸다. 더구나 터키에서는 쿠르드인이라는 민족의 존재 자체를 부정하고, 쿠르드어의 사용을 금지하는 등 오랫동안 탄압 정책을 폈다.

제2차 세계대전의 혼란기에는 이란을 침공하려던 구소련이 이란의 쿠르드인 독립운동을 지원하기도 했다. 대전이 종결된 직후인 1946년에 구소련의 지원을 받아 쿠르디스탄공화국 건국을 선언했으나 반년도 지나지 않아서 구소련군이 철군해 공화국은 일 년도 안 되어 사라지고 말았다. 이후 이란의 쿠르디스탄공화국에서 군사령관을 맡았던 무스타파 바르자니(Mustafa Barzani)가 이라크의 쿠르드 민족 운동을 이끌게 되었다.

바르자니는 이라크의 바르잔 마을에서 태어난 바르자니족 출신의 지도자이다. 국경을 넘어 이란의 쿠르드 동포를 돕고, 이란군이 쿠르디스탄공화국을 해체할 때는 구소련령으로 도피했다. 1958년에 이

라크 왕조가 무너지고 공화제로
이행하자 곧바로 귀국해 쿠르드
의 영웅으로 환영을 받았다. 무스
타파 바르자니와 그 아들 마수드
바르자니는 이라크령 쿠르디스탄
의 자치권을 얻기 위해 오랫동안
투쟁했다.

하지만 후세인 정권을 몰아내
려는 외세의 계략에 이라크의 쿠
르드인이 이용되면서 일반 시민
을 포함한 많은 희생자와 난민이
발생했다. 특히 이란-이라크 전

쿠르드의 영웅으로 불리는 무스타파
바르자니.

쟁에서는 이란군이 이라크의 쿠르드인 무장 세력을 이용하려고 했
는데, 이에 격노한 후세인 정권은 자국 내에 있는 쿠르드인의 마을에
화학 무기를 사용했다(반대로 이라크도 이란 내에 사는 쿠르드인을 지원해
반정부 운동을 부추겼다).

또 걸프 전쟁에서 미국이 이라크의 쿠르드인 조직을 지원한다고
표명하자, 반정부 조직이 무장 봉기했지만 제대로 미국의 지원을 받
지 못한 채 이라크군에 대패해 수많은 난민이 발생했다. 그 후 1991
년에 미국과 영국은 이라크 북부에 비행기 금지 지역을 설치했고, 다
음 해인 1992년에 쿠르드인 자치구가 만들어졌다.

쿠르드 민족주의를 말살하려는 이란과 터키 등 주변국의 간섭

　이렇게 쿠르드인은 늘 외부 세력에 휘둘렸다. 하지만 쿠르드 민족도 분열된 채 하나로 단결하지 못하고 있다. 앞에서 소개한 바르자

호라만의 전형적인 쿠르드인 마을, 2015년, ⓒ Hawrami90, W-C

니 부자가 실권을 장악한 쿠르드민주당과 거기에 반대하는 쿠르드 애국동맹이 군사 충돌을 반복하면서 이라크의 쿠르드 민족 운동을 더욱 어렵게 만들었다. 쿠르드 민족주의의 맥을 끊어놓으려는 이란 과 터키 등 외부 세력의 간섭에도 영향을 받았지만, 두 세력이 대립 하는 근본적인 원인은 쿠르드인 사회에 깊이 뿌리내린 부족주의에 있었다.

그래도 쿠르드민주당과 쿠르드애국동맹은 2005년 선거에서는 통일회파를 결성했다. 쿠르드애국동맹의 당수 잘랄 탈랄바니(Jalal Talabani)는 자치정부의 대통령에 선출되었다. 자치정부의 각료 37석 중 쿠르드인은 7석을 얻었다. 또 신생 이라크 헌법에서는 아라비아 어 외에 쿠르드어도 공용어로 삼았다. 이렇게 사담 후세인 정권을 축 출한 이후 미국의 후방 지원으로 쿠르드인은 이라크 국내에서 착실 히 영향력을 넓혀가고 있다.

한편 분리 · 독립의 움직임마저 보이고 있는 이라크의 쿠르드 문제 에는 큰 쟁점이 하나 더있다. 쿠르디스탄 지역에 속해 있지만 자치구 에는 속하지 않은 키르쿠크 문제가 바로 그것이다.

쿠르드인과 투르크멘인이 주로 살던 쿠르디스탄 남부의 도시 키르 쿠크는 어마어마한 원전이 있기 때문이다. 후세인이 집권하던 시절 에 쿠르드인들은 키르쿠크 밖으로 강제로 이주되었다. 키르쿠크 원 전의 석유 채굴량은 이라크 전체의 약 70퍼센트에 이르러, 쿠르드인 민족주의자는 호시탐탐 키르쿠크 지배권의 탈환을 노리고 있기 때문 이다. 아래 사건도 일어났다.

키르쿠크를 수도로 삼으려는 쿠르드 세력과 키르쿠크의 병합을 막으려는 투르크멘인 사이에는 일촉즉발의 긴장이 계속되었고, 일부 지역에서는 테러 사건도 일어났다.

그런데 주변국인 이란과 터키도 쿠르드 세력이 커지는 것을 가만히 두고 보지는 않을 전망이다. 이란군은 이라크의 쿠르드 세력이 자국 내에서 활동 중인 쿠르드인 분리 · 독립 운동을 지원한다고 주장하며, 2006년에 수차례에 걸쳐 쿠르드 자치구에 폭격을 가했다. 또 쿠르드인을 오랫동안 억압해온 터키도 이라크의 쿠르드 세력이 날로 커지자 국내의 반정부 쿠르드 세력에 영향을 미칠까 봐 촉각을 곤두세우고 있다.

하지만 쿠르드 문제는 터키가 유럽연합에 가입하는 데 족쇄가 되고 있으므로, 표면적으로는 쿠르드어 사용 금지 등의 정책을 폐기할 수밖에 없다는 게 팩트이다. 물론 최근에는 쿠르드어 방송과 출판물도 합법적으로 인정받게 되었다. 하지만 국내의 쿠르드 세력을 되도록 억누르고 싶은 것이 터키 정부의 속내로 보인다. 유럽의 눈치를 살피랴, 이라크 정세를 경계하랴, 터키 정부의 국정 운영에 쿠르드 세력이 부담스럽기 때문이다.

지도로 읽는다

한눈에 꿰뚫는 세계민족 도감

초판 1쇄 인쇄 | 2018년 9월 17일
초판 1쇄 발행 | 2018년 9월 19일

지은이 | 21세기연구회
옮긴이 | 전경아
펴낸이 | 황보태수
디자인 | 정의도, 양혜진
인쇄 · 제본 | 한영문화사
펴낸곳 | 이다미디어
주소 | 서울시 마포구 양화진4길 6, 2층
전화 | 02-3142-9612, 9623
팩스 | 0505-115-1890

이메일 | ida@idamedia.co.kr
블로그 | https://blog.naver.com/idamediaaa
페이스북 | http://www.facebook.com/idamedia
인스타 | http://www.instagram.com/idamedia77
네이버 포스트 | http://post.naver.com/idamediaaa

ISBN 978-89-94597-96-6 14900
      978-89-94597-65-2 (세트)